決定版

邪馬台国の全解決

中国「正史」がすべてを解いていた

孫 栄健

言視舎

序章　未完の謎解き

昭和五十七年、一九八二年、私は六興出版より『邪馬台国《やまたいこく》の全解決』という本を出した。まだ米ソは冷戦中、バブルはまだ先、といった頃だ。

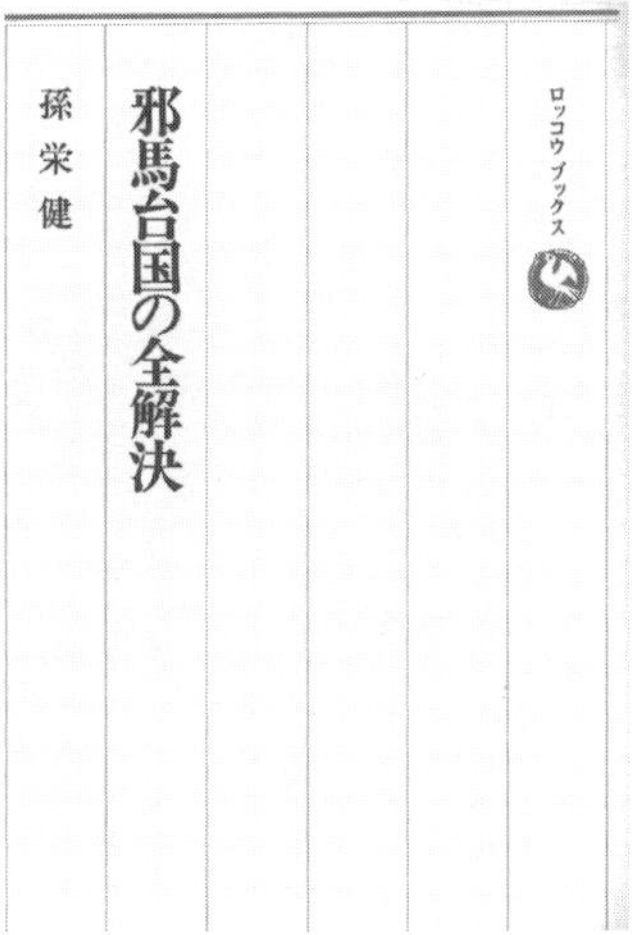

すると、その数カ月後に、安本美典氏が主宰し、梓書院から刊行されていた『季刊邪馬台国』十四号・昭和五十九年冬号に、驚いたことに、私の本の特集が組まれた。「魏志《ぎし》は春秋《しゅんじゅう》の筆法《ひっぽう》で読めるか」というテーマであり、雑誌のかなりのページが私の本の特集に使われ、論者は、東大教授の井上光貞氏、同じく東大教授の榎《えのき》一雄氏、京大教授の尾崎雄二郎氏、邪馬台国研究者で著書のある佐藤鉄章氏、白崎昭一郎氏、張明澄氏、駒澤大学教

『季刊邪馬台国』14号の表紙

授三木太郎氏だった。

井上光貞氏は日本古代史の大家であり、榎一雄氏といえば、東洋史の研究者であり『魏志《ぎし》』「倭人伝《わじんでん》」里程記事の、放射コース読法で有名であり、尾崎雄二郎氏は京大の東洋学文献センターの教授で、中国文献研究の専門家だ。この扱いに、三十代の私は、さすがに驚いたが、悪い気がするはずがない。

その本で、これらの方々がとくに興味を持たれたのは、①中国史書に独特の「春秋の筆法」という記述原理を『魏志』「倭人伝」に適用したこと、②「露布《ろふ》」の仕組み、つまり当時において「数字を十倍」して表現する記述原理があり、それを女王国への里数記事に適用したこと、③中国史書には「前史《ぜんし》を継《つ》ぐ」という原則があるが、『三国志』と前史関係にある『後漢書《ごかんじょ》』と『晋書《しんじょ》』の解読結果を補助仮説として『魏志』「倭人伝」の解釈を試みたことだ。

これは、中国史書を読む際の普通の方法論なのだが、それまでの邪馬台国論争の中では、なにか新鮮だったらしい。

その特集での評価は、「近来まれにみる好著」、「画期的」、「結論の当否をぬきにして、長く記憶にのこるもの」、「とりあげるほどの著述ではない」、「この本に一回ほど目を通すことは、三時間以上の時間を浪費することに等しい」など、まあ、それは様々で、喜んだり、腐ったりしたが、特集のはじめで、安本美典氏が、「本書の著者に匹敵《ひってき》するだけの知識をもち、問題点を指摘することは、すくなくとも、ふつうの読者にとっては、容易ではないはずである」と評していただいたのは、ちょっとニコニコものだった。

　当時、大和書房の社長の大和岩雄氏が、『東アジアの古代文化』という雑誌を主宰されていた。一九八六年、チェルノブイリ原発事故の頃だが、その大和書房より『魏志東夷伝《ぎしとういでん》の一構想』という本を出した。大和岩雄氏に、原稿の第一読者になっていただいた。

『魏志』「倭人伝」は、前半三分の一が地理記事、中間が社会風俗記事、後半三分の一が政治交渉記事になっている。六興出版刊の『邪馬台国の全解決』は、前半三分の一の地理記事をテーマとし、『魏志東夷伝の一構想』は、中間三分の一をテーマとしていた。だが、その後のバブル崩壊と共に、六興出版が倒産した。これも驚いた。

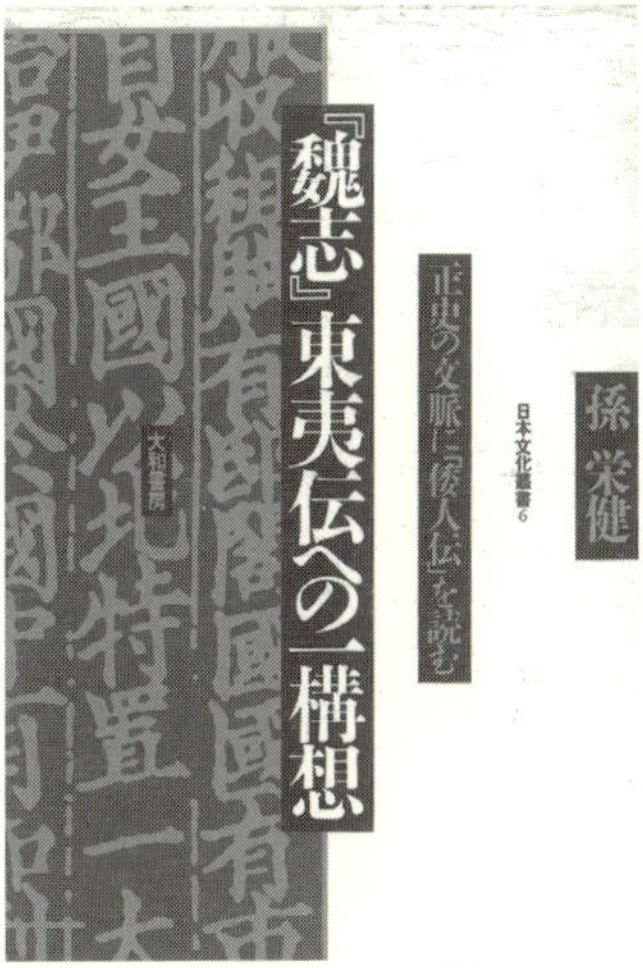

　その後、なにやらうやむやになり、私は小説や評論や、果てはコンピュータのプログラミングの本を書いたりしていた。

　あれあれと思ううちに、ソ連もバブルも崩壊し、二十一世紀になり、最近、二〇一六年冬、中国数学の本

(『古代中国数学「九章算術《きゅうしょうさんじゅつ》」を楽しむ本』言視舎)を出した。そして、古典漢文をいじっているうちに、三十年前に、『魏志』「倭人伝」後半三分の一、政治交渉記事を放り出していたことを思い出した。

というわけで、前著の『邪馬台国の全解決』と『『魏志』東夷伝の一構想』の内容と文章も取り込んで、『魏志』「倭人伝」の前三分の一、中三分の一、そして新しく後三分の一の内容を追加し、すべてを纏《まと》めて、この本にした次第だ。

でも、前著でも『季刊邪馬台国』の特集が組まれたが、読者の皆さん、この本も、意外と面白いかも知れませんよ。人類はホモサピエンス=考える人間と呼ばれるが、ホモルーデンス、つまり遊び人間でもある。なかでも、もっとも楽しいのは、脳《のう》みその遊びだ。この本は、学術論文の形ではないが、それ以上の中身はあるかも知れないし、まあ遊びの本、「探偵小説」と思って読んでいただければ、著者は満足。

目次

第二章 中国史書の論理に学ぶ 80

第一章　魏志の再発見へ

一　中国史書とその論理の特徴

弥生後期の日本列島

三世紀の後半に、中国で書かれた史書『魏志《ぎし》』「倭人伝《わじんでん》」は、日本の遠い昔を語る最も古い書物として有名だが——同時にその文章が難解であることによっても有名だ。

その頃の日本は、弥生《やよい》時代の後期にあたる。鉄器によって稲作農業が飛躍的に進歩し、静岡県の登呂《とろ》遺跡にみられるような、比較的大きなムラ（農耕の集落）が発達することになった。部族国家の誕生——日本の夜明けだった。だが、当時の人々は固有の文字を持っておらず、みずからの手に

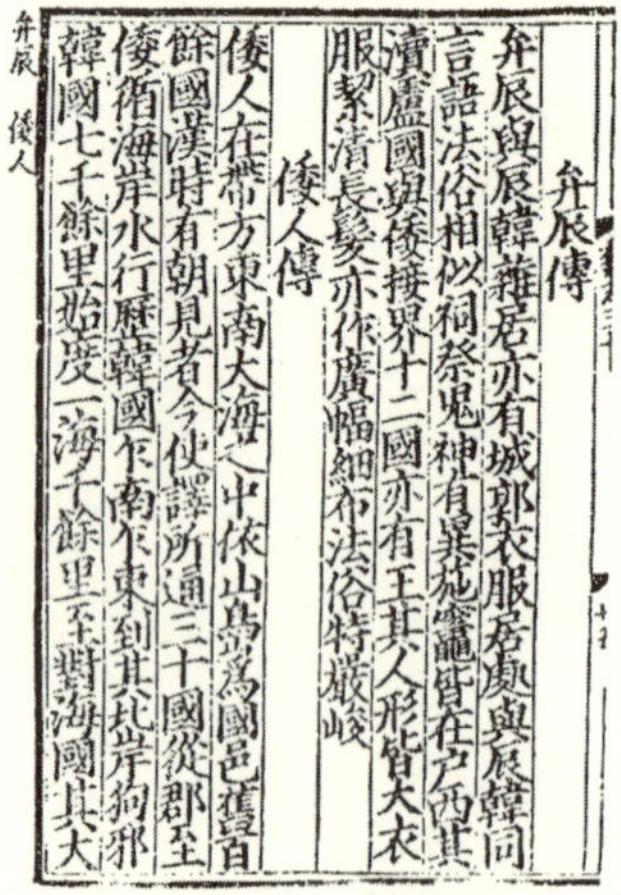
弁辰傳
弁辰與辰韓雜居亦有城郭衣服居處與辰韓同
言語法俗相似祠祭鬼神有異施竈皆在戸西其
瀆盧國與倭接界十二國亦有王其人形皆大衣
服絜清長髮亦作廣幅細布法俗特嚴峻
倭人傳
倭人在帶方東南大海之中依山島爲國邑舊百
餘國漢時有朝見者今使譯所通三十國從郡至
倭循海岸水行歴韓國乍南乍東到其北岸狗邪
韓國七千餘里始度一海千餘里至對海國其大
弁辰　倭人

『魏志』「倭人伝」の最初の部分

なる叙述、歴史記録もまったく遺《のこ》さなかった。

　しかし、文字のない原始的な民族のそばに、古い文明国があって、その間に交渉がおこると、その文明国の歴史書にその民族の状態がはっきり書かれることがある。

　今日でこそ科学の国として誇り高いドイツ人も、二千年前のローマ人に言わせれば野蛮人だった。この原始ゲルマン人の社会や歴史が、はじめて文字に記録されたのもゲルマン人自身によるものではない。まだ文字はなかった。彼等の生活状態は、紀元前一世紀のローマ帝国の英雄シーザーの『ガリア戦記』及び紀元百年頃にローマの歴史家タキトゥスの書いた『ゲルマニア』によって、はじめて知ることができる。

　ドイツ史の第一歩は、ローマ帝国の歴史書を読むことから始まるが、おなじことが、日本史についても言える。文字による歴史をもたなかった倭人《わ》（弥生日本人）の状態が、これと交渉をもっていた中国の魏《ぎ》王朝の歴史書――『三国志《さんごくし》』のなかの日本を扱っている部分、つまり『魏志《ぎし》』の「倭《わ》人《じん》伝」に記録されている。

果てしない邪馬台国論争

　中国（魏《ぎ》王朝）の使節団がはじめて日本列島に上陸したのは、三国時代の魏《ぎ》の年号で正始《せいし》元年。

西暦でいえば紀元二四〇年だ。

その二年前の景初《けいしょ》二年(三年説あり)、紀元二三八年(二三九年説あり)の十二月に、当時は倭《わ》国《こく》と呼ばれていた日本の最大勢力であるらしい邪馬台国(普通ヤマタイ国と読まれている)の女王卑弥呼《ひみこ》が、魏《ぎ》の都洛陽《らくよう》に使者を送った。中国の使節団派遣は、この答礼と外交関係の樹立のためだ。このとき史上はじめてかどうかわからないが、中国の役人が公式に日本の土を踏んだ。

その実際に見聞したところは、魏の朝廷に伝えられた。そして約四十年後、魏の次の政権である晋《しん》の王朝が魏時代(三国時代)の歴史書『三国志』を編纂《へんさん》したとき、その一部として日本関係の項目が、――『魏志《ぎし》』「倭人伝《わじん》」に収録された。

その史書には、朝鮮から日本列島の国々にいたる距離、国々の戸数、人々の衣食住や習俗・宗教がのべられているし、女王国の政治や、歴史についても書かれる。女王卑弥呼《ひみこ》は、年老いた独身のシャーマンだったが、次の女王の壱与《いよ》(台与《とよ》説あり)はまだ十三歳のうら若い少女だった、とある。

この「倭人伝」一、九八五字は、三世紀の中国人が同時代の日本の状態を語った唯一の記録だ。日本の古代を知ろうとすれば、この書物が最大の手がかり、頼みの綱だ。だが、この書物には重大な謎がある。

それは、肝心の女王卑弥呼が都したという邪馬台国《やまたいこく》の位置についての地理記事が、ひどく曖昧《あいまい》なのだ。それは九州地方か、あるいは大和地方か一通り読んだくらいでは、さっぱり見当がつかない。

そこで『魏志』「倭人伝」をどう読むか、つまり邪馬台国は日本のどこに在ったのか、という論争が起こった。これが名高い邪馬台国論争だ。

この問題は、江戸時代の新井白石《あらいはくせき》・本居宣長《もとおりのりなが》をはじめとして、昔から今日までの多くの学者、歴史愛好家を熱狂させ悩ませはした。しかし、『魏志』「倭人伝」は今日に至っても解読されていない。『魏志』「倭人伝」は、中国の使節団が韓国のソウルあたりを出発して、対馬《つしま》島、壱岐《いき》島をへて松浦半島あたりに上陸し、福岡県に達したことを記録している。そこから「女王の都する所」の邪馬台国への方位・距離も記している。それは次の図の通りだ。

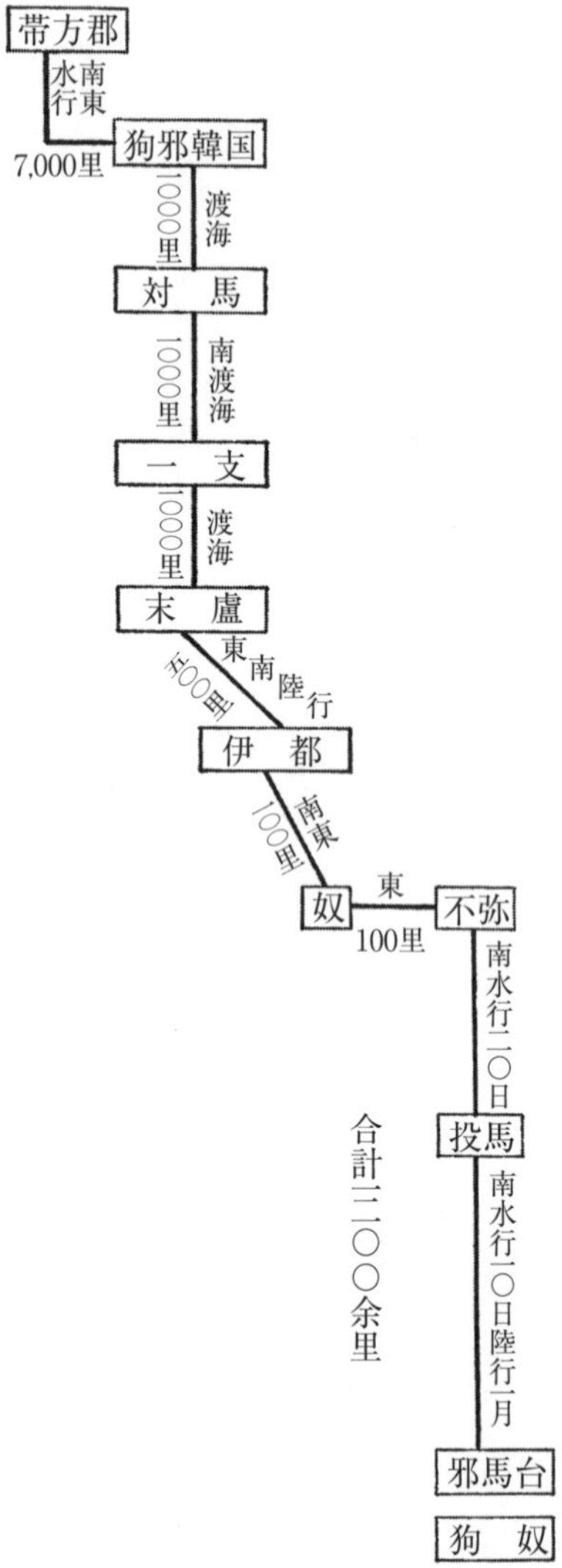

倭人伝記載順のコース

ところが、このコースを記事の通りにたどると、つまり地図上で福岡県から「南」の方向に水行二〇日、さらに水行一〇日・陸行一月を求めてみると、そこは沖縄近くの海の上なのだ。これは具合が悪い。

よく知られるように、最近までふたつの相反する解釈が提示されてきた。ひとつは「倭人伝」の福岡県から「南」という方位を重視（方位論）して、九州内部のどこかだと見る考え方。これが九州説。

いまひとつは「水行三〇日・陸行三〇日」という距離を重視（里程論）する考え方。すると、この長い距離は小さい九州内部には収まらないが、後に日本の都のあった奈良県のあたり、つまり大和《やまと》地方なら一致する。これが大和説だ。

「筆法」という歴史書の文体

さて、本題に入ろう。

今は昔だが、一九八〇年代は、デリダというフランスの哲学者や、ホールというアメリカの文化人類学者の本が、比較的、読まれた。

たとえば、「ペンは剣よりも強し」の英語「The pen is mightier than the sword.」を、フランス語に翻訳し、さらにロシア語に翻訳して、さらに元の英語に再翻訳すると「ワインはパンより美味《おい》しい」となるという。

コミュニケーション理論では、聞き手は相手の言葉の意味を、自分なりのコンテクスト、つまり脳みその中身や経験レベル（文脈や状況）に応じた解釈をするとされる。このコンテクストは、「文脈・背景」などと訳され、コミュニケーションを成立させる共有情報だ。

さらに「ロー・コンテクスト（Low context）」、「ハイ・コンテクスト（High context）」という二つの「読み方」があるとされる。

ロー・コンテクストとは、言葉の背景、つまり文脈や共通の文化観の理解が無かったり、かなり低《ロー》くて、ただ言葉の表面だけを読む。だが、ハイ・コンテクストは言葉だけでなく、その背後の文化の文脈を理解する割合が高《ハイ》い「読み方」とされる。だが、異言語、異文化の交流は、このロー・コンテクストの典型例で、相互理解はなかなか難しい。本当はその言葉の歴史的・文化的背景は何なのかを、双方がじゅうぶんに理解しなければ、コミュニケーションは非常に難しいとされる。

そして、日本における『魏志』「倭人伝」の「読み方」、邪馬台国論争は、そのロー・コンテクストの典型的な例の一つだろう。

一九八二年に、私の前著『邪馬台国の全解決』が特集された時の特集題名は、「魏志は春秋の筆法で読めるか」だった。つまり、テキストの「読み方」が問題となった。

前述したように、私の読み方は、

① 中国史書に独特の「春秋《しゅんじゅう》の筆法《ひっぽう》」という記述原理を『魏志』「倭人伝」に適用したこと、

② 「露布《ろふ》」の仕組み、つまり当時において「数字を十倍」して表現する社会慣例があり、それを女王国への里数記事に適用したこと、

③ 中国史書には「前史《ぜんし》を継《つ》ぐ」という原則があり、『三国志』と前史関係にある『後漢書《ごかんじょ》』と『晋書《しんじょ》』の解読結果を、補助仮説として、逆算して『魏志』「倭人伝」の解釈をする、というものだった。これは、中国史書を読む際の普通の方法論なのだが、それまでの邪馬台国論争の中では、新鮮な読み方だったらしい。手前味噌《てまえみそ》だが、比較的、ハイ・コンテクストな読み方となる。

まず、『魏志』「倭人伝」は一冊の独立した書物ではない。三世紀に編纂された歴史書『三国志《さんごくし》』のなかの『魏志』の、さらになかの「東夷《とうい》伝」のなかの、ほんの一部のみを「倭人伝」と呼んでいるだけだ。ふつう『魏志』「倭人伝」と呼びなれているこの書物は、正式には『三国志』「魏書」の巻三十・東夷《とうい》伝の倭人《わじん》条」。つまり、『三国志』（中国の三世紀、三国時代を語る正史《せいし》）という全六十五巻の歴史書のうちの一巻、『魏志』「東夷伝」の、さらに一項目にすぎない。ただ日本では、日本関係の記事があるので特別扱いをし、『魏志倭人伝』と、まるで一冊の独立した書物であるかのような呼び方をする。

さらに私は、もう一つ至極《しごく》あたり前のことに、当時、気付いた。それは、「そもそも、中国の古典歴史書は、春秋学《しゅんじゅうがく》の立場から書かれている。したがって春秋学式に読むべきではないか」という

ことだ。

『三国志』は、前四史の一つと称されるが、また中国正史は、その記録の正確性では世界随一との評価を得ており、清《しん》の時代の考証学者たちも『三国志』の高い正確性を証明しているのに、『魏志』「倭人伝《わじんでん》」（もう一つ『魏志』「韓伝《かんでん》」）に限ってのこの記事の混乱は、一体、なぜなのか。

ある夜、私は「アッ」と一つのことに気付いた。「これは〝筆法《ひっぽう》〟ではないか」というインスピレーションが閃《ひらめ》いた。

「筆法」や「春秋学」といっても、東洋史に詳しくない人には全然ピンとこないだろう。かなり詳しい人でもその細部についてては『春秋』三伝をある程度は勉強していないと、理解できないだろう。だが、中国史書には「筆法」という独特の文章術《レトリック》がある。「筆法」とは何なのか。それが『魏志』「倭人伝」にどう用いられているかの検証は、後に詳しく述べたい。

とにかく私は、この気づきによって目から鱗《うろこ》が落ちた思いがし、「筆法」の教科書（三世紀、杜《と》預《よ》の『春秋経伝集解《けいでんしっかい》』）を取り出し、それを読み進めながら、『魏志』「倭人伝」を読みなおした。

そして、『魏志』を見直し、特に「東夷伝」全体から「倭人伝（条）」を見直し、いくつかの「筆法」のルールを当てはめた。すると、今まで難関、矛盾とされていた個所が、一気にサーッと読めたのだ。

東夷伝に見付けた解読の手がかり

まず、論証の便宜上、具体的な事実から入ってみたい。

前述したように、『魏志』「倭人伝」は独立した一冊の本ではない。『三国志』六十五巻のうちの三十巻目である『魏志』「東夷《とうい》伝」の一項目にすぎない。この「東夷伝」とは、三世紀の極東アジアの人文地理を記録するものであり、満州（現在の東北地方）から朝鮮半島、そして日本列島（倭人）の事情を伝える。その中味としては「夫余《ふよ》・高句麗《こうくり》・東沃沮《よくそ》・挹婁《ゆうろう》・濊《わい》・韓《かん》・倭人《わ》」の「伝《でん》」（正しくは条＝項目）がある。つまり「東夷《とうい》」とは、中国人から見て東の野蛮人というくらいの意味だ。

私は、この「東夷伝」を繰り返し注意深く眺め比較した。するとこのうちの二つ――「韓伝《かんでん》」と「倭人伝《わじんでん》」には奇妙な現象があることに気付いた。

『魏志』「韓伝」は、三世紀の韓国（南部朝鮮）の事情、「倭人伝」は、日本列島の事情を伝えるが、当時の両国には未だ統一国家はなく多数の小国家（現在の市町村規模）があったと述べる。その各国名も三つのグループに書きまとめ、いちいち書き出している。「東夷伝」中で小国名まで記録されているのは、何故《なぜ》か「韓伝」と「倭人伝」のみ。

その各国名の羅列のなかに、私の注意を強くひいたことがある。

まず『魏志』「韓伝《かん》」だが、三世紀の韓国は三韓《さんかん》とも呼ばれるように、馬韓《ばかん》（韓国の西部）、辰韓《しんかん》（東部）、弁韓《べんかん》（南部）の三つに分かれていた。『魏志』「韓伝」は、これを三つのグループに分け、

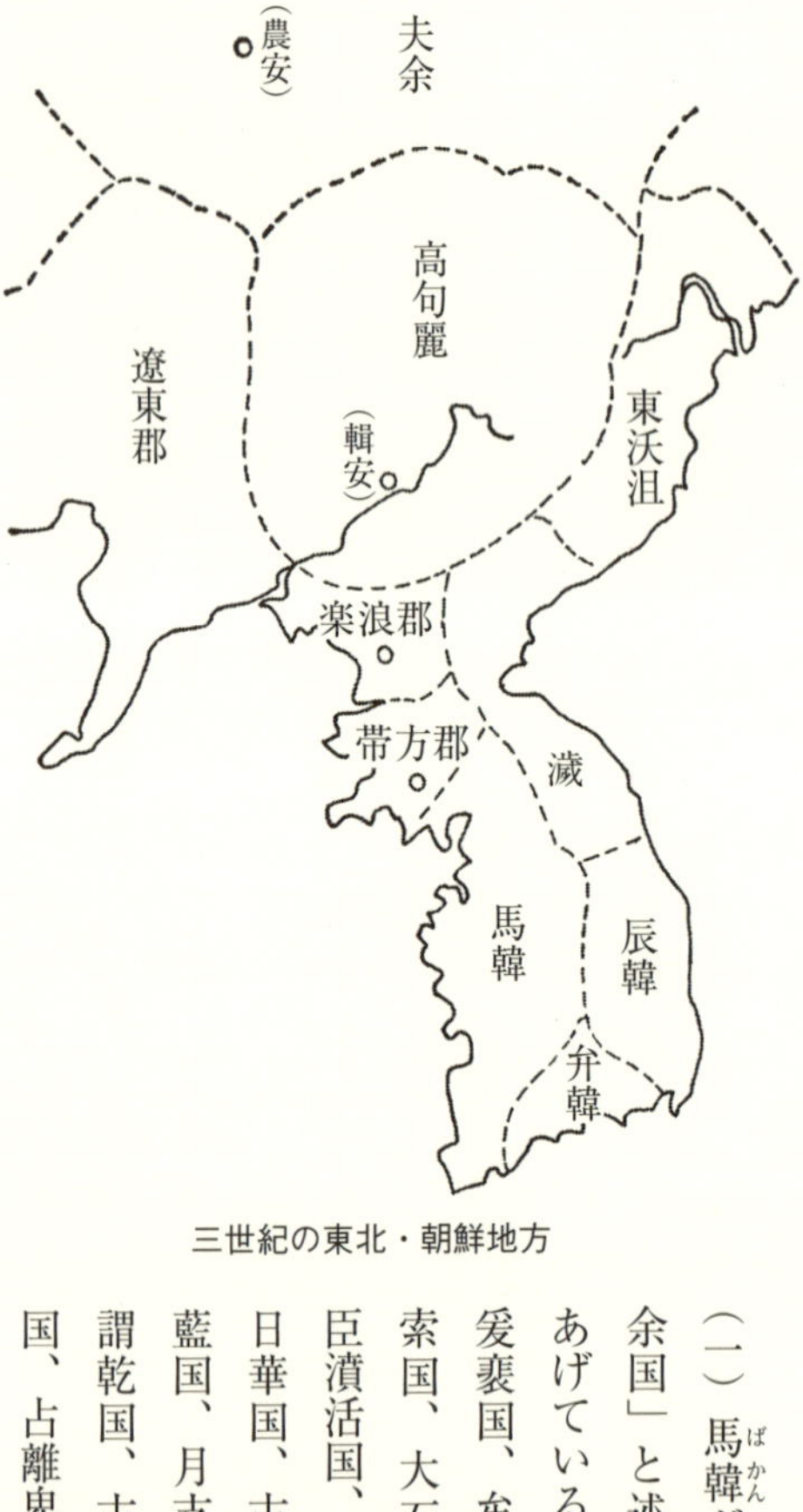

三世紀の東北・朝鮮地方

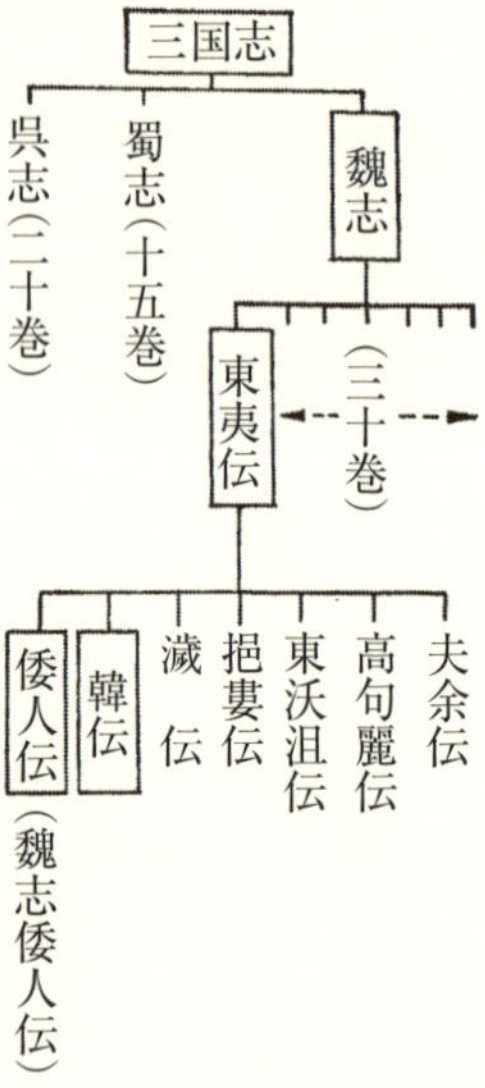

馬韓《ばかん》だけを一群《グループ》、辰韓《しんかん》・弁韓《べんかん》を一群《グループ》として、まとめて小国家名を書き並べる。一見、単純な国名の羅列にすぎない。しかし読者も、この部分を繰り返し読んでいただきたい。

（一）馬韓《ばかん》グループは「凡《およ》そ五十余国」と述べ、次の国名を書きあげている。

爰襄国、牟水国、桑外国、小石索国、大石索国、優休牟涿国、臣濆活国、伯済国、速盧不斯国、日華国、古誕者国、古離国、怒藍国、月支国、咨離牟盧国、素謂乾国、古爰国、莫盧《ばくろ》国、卑離国、占離卑国、臣釁国、支侵国、狗盧国、卑弥国、監奚卑離国、古蒲国、致利鞠国、冉路国、児林国、駟盧国、内卑離国、感奚国、萬盧国、壁卑離国、白斯鳥旦国、一離国、不弥国、支半国、狗素国、捷盧国、牟盧卑離国、臣蘇塗国、莫盧《ばくろ》国、古臘国、臨素半国、臣雲新国、如来卑離国、楚山塗卑離国、一離国、狗奚国、不雲国、不斯濆邪国、爰池国、乾馬国、楚離国。

（二）辰韓《しんかん》・弁韓《べんかん》グループ。『魏志』「韓伝」は、辰韓は「十二国」と述べ、弁韓も「亦《ま》た十二国」であり「弁辰韓、合わせて二十四国」と数え、次の国名を書きあげている。

己柢国、不斯国、弁辰弥離弥凍国、弁辰接塗国、勤耆国、難弥離弥凍国、弁辰古資弥凍国、弁辰古淳是国、冉奚国、弁辰半路国、弁楽奴国、軍弥《ぐんみ》国、弁軍弥《べんぐんみ》国、弁辰弥烏邪馬国、如湛国、弁辰甘露国、戸路国、州鮮国、馬延《ばえん》国、弁辰狗邪国、弁辰定漕馬国、弁辰安邪国、馬延《ばえん》国、弁辰瀆盧国、斯盧国、優由国。

（三）『魏志』「倭人伝」は「使訳《しやく》（外交関係）の通ずる所三十国」と述べ、まず韓国から女王の都への道中の国として対海（対馬《つしま》）国、一大（一支《いき》）国、末盧《まつら》（松浦）国、伊都《いと》国、奴《な》国、不弥《ふみ》国、さらに投馬《つま》国、そして邪馬台国をあげる。

次に「其《そ》の余の旁《かたわ》らの国」として、斯馬国、巳百支国、伊邪国、都支国、弥奴国、好古都国、不呼国、姐奴国、対蘇国、蘇奴国、呼邑国、華奴蘇奴国、鬼国、為吾国、鬼奴国、邪馬国、躬臣国、巴利国、支惟国、烏奴国、奴《な》国をあげ、「これ女王の境界の尽《つ》くる所なり」と述べる。その他の国々、女王の勢力外の国々としては、狗奴《くな》国、女王国の東の倭種《わ》（日本人）の国、侏儒《しゅじゅ》国、裸《ら》国、黒歯《こくし》国なども記録されている。

以上の（一）（二）（三）は、ただ国名を書き並べたという単純なものだ。一見、無意味な記録にすぎない。したがって、今までのこの秘《ひ》められた意味について、誰の注意も引かなかった。

しかし「読書百遍《ひゃっぺん》、義おのずから見《あらわ》る」と昔の人も教える。漢文でもとくに史文は、行間に意味を隠すことが多い。この部分に細心の注意をはらい、繰り返し読んでみる。何度も何度も読んでみる。すると、そこに意外な事実が発見できるものだ。

東夷伝の三大グループに国名重出の謎

私の発見は、こうだ。

まず気付いたことは、（一）馬韓《ばかん》、（二）弁《べん》・辰韓《しんかん》、（三）倭国《わこく》（倭人の国＝古代日本）と、グループで国名を書きまとめられている三集合に、（一）（二）（三）に共通する不可解な特徴があることだ。――それは何か。

それは、三集合のなかに、何故か同じ名前の国名が一組ずつセットしてあることだ。「各グループ各一組」の規則的な「国名重出《じゅうしゅつ》」が発見できる。

読者も、もう一度、前掲した（一）（二）（三）の国名を読み直してほしい。すると、（一）の馬韓グループは、莫盧《ばくろ》国が十八番目と四十三番目に二度出てくる。つまり「国名重出」している。
（二）の弁・辰韓グループは、十九番目の馬延国《ばえん》が二十三番目にも出てくる。同じく「国名重出」している。
（三）の倭国グループは、行程記事に奴国《な》が記され、そして二十一の旁国《ぼう》の最後にもまた出てくる。奴国の「国名重出」現象がみられる、という事実に気付かれるだろう。
奇妙にも、同じ国名が繰り返して現われる。つまり『魏志』「東夷伝」は、三世紀の韓国と日本において、三ブロックの地方に、あたかも「各グループ各一組」の「規則的《きそくてき》な国名重出」があったかのように書いている（邪馬台国論争に詳しい人は、この「国名重出」の範囲――『魏志』「韓伝」と「倭人伝」――と「誇大里数《こだいりすう》」の範囲が一致することに気付かれるだろう。詳しくは後論する）。
（一）（二）（三）は、一見単純な国名の羅列にすぎないかのようだ。しかし、二つの莫盧国《ばくろ》が実際にあったのか。二つの馬延国《ばえん》があったのか。二つの奴国《な》が、果たしてあったのか。この「国名重出の謎」が、私の解読の出発点となった。

何故か合わない国数の合計

まず、（一）（二）（三）を、じっくりと見直してみる。すると、記事中の合計国数（例えば、弁・辰韓合わせて二十四国）の数字と列挙されている国名の数が、まるで一致しないことに気付く。
（一）の馬韓グループを見ると、五十五個の小国名が書き並べられる。しかし「韓伝」は奇妙にも

「凡《およ》五十余《よ》国」とぼかして書いている。全部の国名を書き出してあるのだから、「凡《およ》……余国」などという不正確で、漠然とした表現をする必要はないが。

ちなみに、この記事をもとに編纂《へんさん》された五世紀の『後漢書《ごかんじょ》』の「韓伝」は五十五個を一つ減らし「五十四国」と計算している。

(二)の弁・辰韓グループは、「合わせて二十四国」と明記されているのに、書かれた国数の合計は二十六個だ。弁・辰韓グループは辰韓と弁韓の二つの地方に分けられ、その観点からは、馬延国の重出と同じく、十二番目の軍弥国と十三番目の弁軍弥国も重出と考えられる。つまり、馬韓・辰韓・弁韓の各グループで、ともに正確に一個ずつ「国名重出」している。

(三)の倭国グループは、狗奴《くな》国や狗邪《くや》韓国を数えるか否か解釈に差がでてくるので、一応保留とせねばならないが、単純に「三十国」の数値に合わないのは(一)(二)と同じだ。

——とくに気になるのは「各グループ各一組」という規則性《きそくせい》だ。

(一)は、五十五個の書き出し数より、莫盧国の重出分一個を差し引いたのが実数だろう。『後漢《ごかん》書《じょ》』(『三国志』のあつかう三国時代より一つ前の後漢時代をあつかう歴史書。五世紀に南朝宋の范曄《はんよう》の撰)の「韓伝」は『魏志』に基づいて書かれたのだが、その書では、

「韓に三種有り……馬韓は……五十四国有り……」

と書き直している。『魏志』の五十五個より重出分の一個を引けば、『後漢書』の計算のように「五十四国」となる。すなわち、『後漢書』の著者(范曄《はんよう》)も、この「国名重出」に気付いていたと

思われる。
（二）は、二十六個の書き出し数より馬延国と軍弥国（国名重出を一個ずつのみにするためか、弁軍弥国――弁韓の軍弥国とされる）の重出を引くと、記事のとおり「合わせて二十四国」となる。
（三）も、奴国の「国名重出」を一個引き、それからの合計国数（使訳通ずる所）が「三十国」となるべきだろうか。
要するに、国名が二度書き出される矛盾と、合計国数と記載個数が一致しないという矛盾が、きっちり符合する。「国名重出」の莫盧《ばくろ》国（馬韓グループ）、馬延《ばえん》国（弁・辰韓グループ）、奴《な》国（倭国グループ）は、合計個数から、間違いなくはみ出している。

果たして、これは何を意味するか。二つの莫盧《ばくろ》国、二つの馬延《ばえん》国、二つの奴《な》国が何故《なぜ》存在するのか、なぜ『魏志』にはこのような奇妙な叙述、がなされるのか。

国名重出を推理する

少し推論してみよう。

問題は「各グループ各一組」という「規則的な国名重出」をどう考えるか、ということだ。どう答えれば、最も合理的な説明ができるか。

私もそうだったが、読者も、まず次の三つの理由は思いつかれるかも知れない。

第一の意見は、三世紀の韓国と倭国において、各グループ各一個の、同一名称の小国家が実際に存在（二個の莫盧国、二個の馬延国、二個の奴国）した、という極めて素直な考え方。

第二は、「国名重出」は、誤写（昔の本は古くは筆写され、後に木版印刷された）、杜撰《ずさん》、虚構などによる誤りであり、特別の意味はない。規則的なのは〝偶然〟だ、というような思考停止、黙殺的な見方。

第三としては、これは後代の筆写・刊本のときに誤って混入（重出各一個分）したものであり、『魏志』原本（編纂二七〇年代）の時点では存在しなかった誤りだ、という辻褄合わせ的な考え方。

これらは、ごく自然な思いつきなので、私の解釈をのべる前に検討を加えておく必要がある。

まず、第一の意見について。

この説に従えば、三世紀の極東アジアの隣り合う三地方で、同一の地名が「規則的《きそくてき》に各一組」在ったという珍現象を認めることになる。一地方のみの特殊な例外ならともかく、三地方全部でそんなことが同時に起こったなどは、その可能性は限りなく0《ゼロ》に近いだろう。ない。

それに加えて、記載される国名を実際に当時在ったとして受けとるのは、記事の合計国数と矛盾（例えば、弁《べん》・辰《しん》韓を二十四国と書きながら二十六個を並べる）する。つまり「国名重出」分は余りもの。したがって、第一の意見は成立できない。

第二と第三の意見は「国名重出」を何かの「誤り」とみる立場だ。「国名重出」が不合理である以上、その理由を何らかのミスにあると考えるわけだ。

しかし、果たしてミスだろうか。実は、先程から私が特に問題にしているのは「国名重出」そのものではない。そうではなく、それが「各グループ各一組」の存在と「規則的」に現われるという事実、この「規則性《きそくせい》」を問題にしている。

第二、第三の説に従えば、「偶然に規則的に誤った」ということになる。これでは論理的にまったく誤りだろう。

読者も考えていただきたい。「規則的な誤り」とか「規則的な偶然」などということは、有り得るのか。偶然とは、無作為に結び付きが無いように起こるからこそ偶然と言う。順序正しい偶然、などというものは無い。誤りについても、まったく同じことが言える。両者は形容矛盾、反対概念だ。

更に第三の意見について少し付け加えておこう。

古記録においては、筆写や刊本のとき、写し誤る可能性は常にある。しかし、中国正史《せいし》（『三国志』のように時代別の歴史書を王朝が権威として公認）に於いては、仮りに文字の写し誤りはあっても、字数の誤りは無い。というのは、筆写・刊本のときは、楷書によってタテ列とヨコ列を整えるからだ。このために、誤写や誤刻はあっても、混入や脱落による字数の増減は、まず無い。

歴史学の専門家であれば、このような場合は、史料批判が必要だ。すなわち、中国正史は十世紀位から版本として刊行されているので、最良のテキストを求め、また他の版本とも比較考証する基礎作業が要求される。

ともかく『魏志』「韓伝」と「倭人伝」における「国名の謎」は、今の『三国志』版本《はんぽん》にある記載国名、国数が、原本（三世紀）にも有ったとして解明せねばならない。

中国古典を読みなれた方、春秋学《しゅんじゅう》を学ばれた方、「筆法《ひっぽう》」に詳しい読者は、私が何を言いたいのか、そろそろお気付きだろうか。

規則的な矛盾

では、何故《なぜ》こんな現象「規則的な矛盾」が、起きたのか。これが自然現象ならば、自然科学者達は何らかの法則性を発見して、自分の名前をつけて何とかの法則などと言い出す。

しかし『魏志』は自然現象ではない。書物だ。人間が書いたものだ。その人間が書いたものに「規則性」が有る、とはどういうことか。

答えは簡単だ。誰にでもわかる。率直にいえば、『魏志』の著者は陳寿《ちんじゅ》という三世紀の歴史家だが、彼が規則的に国名を書き加えたからこそ、今日の『三国志』版本に「規則的な矛盾」が正確に残るということだ。

今、仮りに「規則的な矛盾」と呼んでいるが、これは中国史書にとって本来深い意味をもつルールに基づく。それは何か、『三国志』の著者は何故こんな書き方をしたのか。これは後に「筆法《ひっぽう》」

について述べるとき、充分に御理解いただけるだろう。

その前に『魏志』「韓伝《かん》」と「倭人伝《わ》」における「規則的な矛盾《むじゅん》」を、別なアプローチからも掘り下げてみたい。

「誇大里数」あるいは「短里」の問題

邪馬台国論争に詳しい読者は、一つの事実に気が付かれたかも知れない。それは、この「規則的な矛盾」の範囲（「韓伝」と「倭人伝」）と「誇大《こだい》里数」の範囲が、ぴたりと一致することだ。『魏志』「倭人伝」の謎の一つとして、昔から色々論議されてきた「誇大里数」の問題がここで重なる。


まず、この「誇大里数」問題について少し説明が必要だろう。

三世紀の中国里は、メートルに換算すると一中国里は約四三四メートル（呉承洛『中国度量衡史』）だ。したがって三世紀の歴史を、三世紀の人間が書いた『三国志』六十五巻の里数単位も、当然これに一致する。これはあたり前だ（今の一日本里は、三・九キロメートル）。

ところが、何故かあたり前でない例外が、二つある。それは前に書いたように『魏志』「韓伝《かん》」と「倭人伝《わ》」に用いられている里数表示だ。

今までも多くの学者達が考証したのだが、『三国志』の他の里数表示は、すべて一里約四三四メートルとして、地図上で検査すれば、正確に一致する。しかし、何故か「韓伝」と「倭人伝」に限ってはまるで合わない。一里約四三四メートルどころか、その数分の一にすぎない四〇―九〇メートルの数値しか示さない。

逆に言えば、これらの里数表示は実距離より数倍に「誇大」にされる。まるで例外的に「特別の物差し」でも使われたかのようだ。

少し例証をあげてみよう。

時代(年代) ＼ 単位		1尺 cm	1　里 m
周〔春秋・戦国〕	(　　—前225)	19.91	358.38
秦・前漢	(前300—後9)	27.65	497.70
新・後漢	(　9—220)	23.04	414.72
後漢	(81—　　)	23.75	427.50
魏・西晋	(220—273)	24.12	434.16
西晋	(274—316)	23.04	414.72
東晋	(317—430)	24.45	440.10
宋・南斉	(430—502)	24.51	441.18
梁	(502前後)	24.66	443.88
	(502—557)	23.20	417.60
梁・陳	(502—589)	24.51	441.18
		23.55	
後魏	(386—　)	27.81	500.58
		27.90	502.20
後魏・西魏	(386—557)	29.51	531.18
後魏・東魏・北斉	(495—557)	29.97	539.49
	(557—566)	29.51	531.18
北周	(566—581)	26.68	480.24
	(557—581)	24.51	441.18
隋	(581—602)	29.51	531.18
	(589—606)	24.51	
	(　　590)	27.19	
	(603—618)	23.55	423.90
唐・五代	(618—960)	31.10	559.80
宋		30.72	552.96
元		30.72	552.96
明		31.10	559.80
清		32.00	576.00
民国		33.33	500.00
日本(明治以後)		30.30	3,927.27

中国歴代度量衡基準単位表

『魏志』「明帝紀」に、洛陽《らくよう》――遼東《りょうとう》（襄平―今の遼陽）の間を「四千余里」と記している。もちろん直線距離ではない。これを一里約四三四メートルで換算すると約一七四〇キロ。これは実地理とぴたりと符合する。このように『三国志』の里単位は「韓伝」と「倭人伝」を除けば、すべて魏《ぎ》晋《しん》里と一致し、これは多くの学者達によって考証済みだ。

ところが『魏志』「韓伝」は、三韓（朝鮮半島南部）を「方《ほう》（四角形の一辺）は四千里ばかり」と形容する。

韓国を方形としてみた場合、一辺はせいぜい約三〇〇キロ。「四千里」とは一七四〇キロで、つまり洛陽《らくよう》――遼東《りょうとう》間の距離と同じだ。中国大陸を横断するくらいの長さと、韓国の一辺の長さが同じというから、その「誇大」さは、一目瞭然《りょうぜん》だ。

『魏志』「倭人伝」にも、十三個の里数表示があるが、すべて同一の「誇大里数」。「倭人伝」読者の悩みの一つがこれだった。例えば、末盧国《まつろ》――伊都《いと》国間の距離は「五百里（約二一八キロ）」と記される。定説によれば、末盧国の中心は唐津《からつ》市の桜馬場《さくらのばば》遺跡。伊都国は福岡県糸島郡の平原《ひらばる》弥生遺跡。この間は直線距離で、せいぜい二四・五キロ。十倍に近い「誇大」が見られる。

このような事情から、一般に『魏志』「韓伝」と「倭人伝」に用いられている里数のことを「誇大里数」（学者によっては短里）と呼ばれる。

だが、読者はこの「誇大里数」の範囲と「国名重出」の「規則的な矛盾」の範囲が完全に一致《いっち》し、『三国志』全六十五巻中の特異な例外《れいがい》である点を、よく注意してほしい。資料の特徴をつかむことは、暗号や古代文字の解読技術にも通ずる史書理解の第一歩であり、そこから、何かの意味をひきだせるかも知れない。

韓伝と倭人伝はワンペア

「誇大里数」には、まだ特徴がある。

それは「韓伝」と「倭人伝」の里単位の使用が、まったく同じ立場から、まったく同じ「特別の

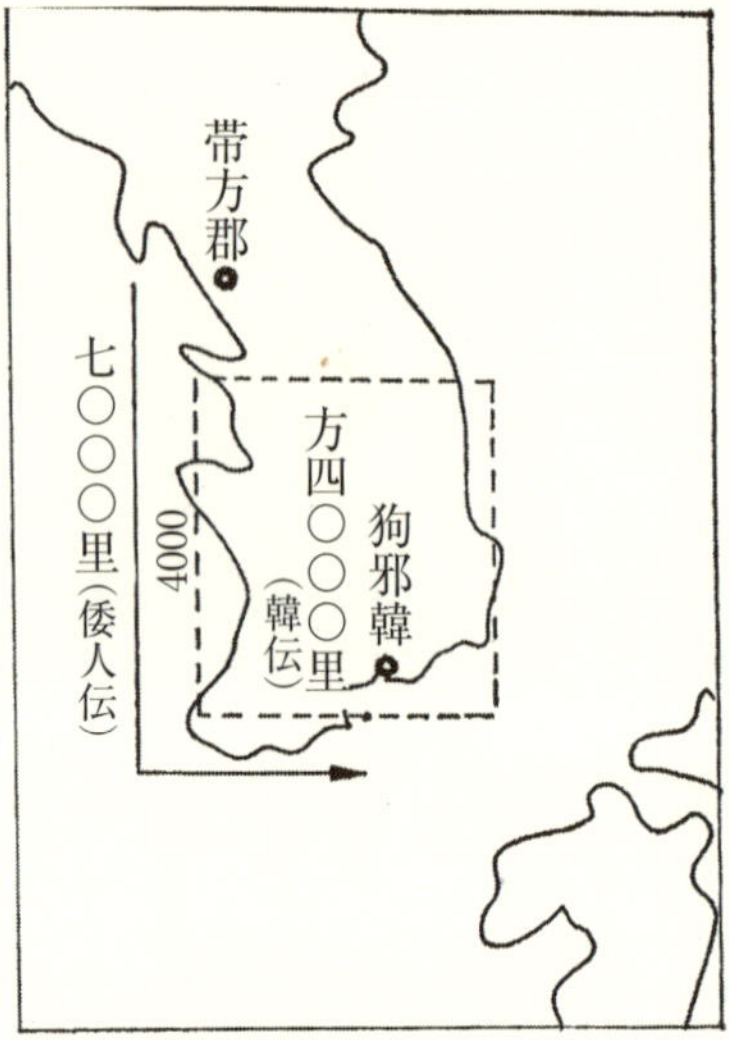

『魏志』「韓伝」の方四千里

物差《ものさ》し」が使われているかのようだ。

例えば、「倭人伝」は帯方《たいほう》郡（韓国のソウル附近に在った中国の出先機関）から女王国への距離を「万二千余里」とする。『魏志』「倭人伝」の行程記事を読めば明らかだが、この数字は通過の国々の里数を合計したものだ。そしてその行程記事は、帯方郡より狗邪《くや》韓国（韓国の南端にあった国、釜山附近か）の間を「七千余里」と書く。

前述したように『魏志』「韓伝」によれば、韓国の一辺は「四千里」。したがってこの「七千余里」は、朝鮮半島南部の西海岸と南海岸を船で進む行程（「海岸に循《したが》って水行」）であるから「方四千里」の韓国を、西の一辺と南辺の半分くらいを進んだことになる。つまり、同じ物差しが使われている。

このように『三国志』著者の地理感覚では、韓国《かんこく》と倭国《わこく》をワンペアとして扱っている。ただし、『三国志』全六十五巻中の、特異な例外としてだ。

当時の中国の外交事務において、韓国・倭国関係は帯方《たいほう》郡の役人が管掌し、帯方郡は本国の幽州《ゆうしゅう》刺史（今の北京が所在地）の管轄下にあった。また東洋史に詳しい人は、この時期の中国の極東進出は司馬懿《しばい》という将軍が指揮し、韓国と倭国を勢力下におさめ、その将軍の孫が中国皇帝となり、『三国志』の著者の陳寿《ちんじゅ》は、その皇帝の臣下だった史実を思い出すかも知れない。

里数は誇大だが比率は正しい

このように『魏志』「倭人伝」と「韓伝」の里数は「誇大」だ。だと言って、まるで出鱈目《でたらめ》な数字でもない。それどころか、一面では極めて正確だ。

それは「誇大里数」は「比率としては正しい」という性質だ。このことは、今は詳述できないが、第三章で実地に検証したいと思う。いずれにせよ、帯方《たいほう》郡より不弥《ふみ》国まで（里数記事の部分）の記述は、誇大ではあるが「比率としては正しい」と考える点で、ほとんどの意見は一致する。これは九州説の論者、大和説の論者、ともに同じだ。

さて問題は、正しい比率にある。それが成り立つには、次の二つの最低条件が必要だろう。

その一つは、正しい地理知識を前提とする。読者も考えていただきたい。誤った地理知識から、果たして正しい「誇大」の比率が得られるか。混乱した知識からは、混乱した比率しか得られない。

もう一つは、『魏志』「韓伝」と「倭人伝」には、同一の誇大係数（倍率）が用いられている。比率が正しいから、これは当然だ。すると問題は、なぜ全部の実距離（その一のように、正しい地理知識があった）を一律に何倍（誇大）させたのか、ということだ。

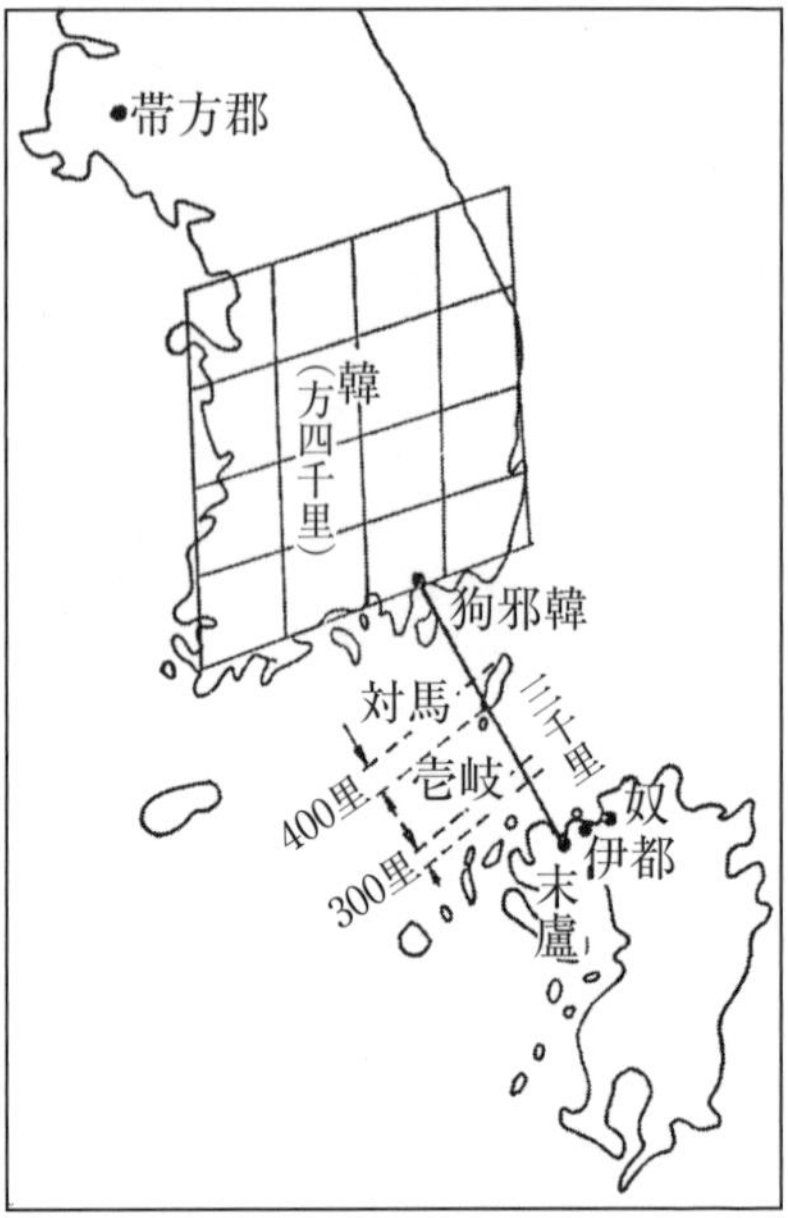

比率は正しい誇大里数

さて、ここが考えどころだ。

① 正しい比率《ひりつ》の「誇大里数」は、必ず正しい地理知識を前提とするのではないか。言い換えれば『三国志』の著者や地理情報提供者は、韓《かん》国と倭《わ》国についての正しい知識を持っていたはずではないか。

② それなのに『魏志』「韓伝」と「倭人伝」の里数は、あえて現実と「矛盾」して書かれ、数倍に「誇大」されている。これも「規則的（正しい比率）な矛盾（誇大）」だ。「誇大されている」を言い換えれば「誇大にしてある」となる。

例えば、カメラで写真をとる場合、レンズがモデルを正確に何分の一かに縮める。そして、印画紙に実物の正しい比率の映像が焼き付けられる。カメラマンの意志とレンズの働きによって、モデルの正確な比率の映像が残った。すると『魏志』の場合はどうか。すると陳寿の使ったレンズ、あるいは史書編纂《へんさん》の手法とは何か。

「誇大里数」は、現実と合わない、だから問答無用だと切り捨てるのは、荒っぽい。私の場合は、昔から趣味として、歴史小説を読むつもりで『春秋』の解釈書である『春秋左氏伝《さしでん》』を愛読し、その時代の空気、その表現法を面白がり、また別な『春秋』の解釈書である『春秋公羊伝《くようでん》』の、やや無理やりな深刻ぶった「筆法」解釈や、こじつけのような、屁理屈のような「義例《ぎれい》」解釈を遊びとして面白がり、比較的、中国史書の「思考の型《パターン》」と、その史文のルールに慣れているので、すぐに「ははあ、あの手か」と思った。

魏志のパラドックス

邪馬台国《やまたいこく》論争が未決着なのも、そのすべての原因は、『魏志』「倭人伝」地理記事の奇妙さにあった。古代史家も考古学者も、このどう考えても筋のとおらない文章に当惑した。

しかし『魏志』「韓伝」と「倭人伝」に共通する「規則的な矛盾」を発見した今、問題の性格は一変する。そこには、確実に「何か」が有《あ》る。

私はこの観点に立って『三国志』を読み返し、ようやくこの謎を鮮明に分析できる興味深い「法則」を発見した。

実は私が発見した、などと言うのは大袈裟《げさ》だ。その「法則」とは、中国史書に詳しい人なら、誰でも知っている。私はただ、中国史書を、その伝統的なルールに従って読んだ、というだけのこと。その「法則」とは、ルールとは何か。『魏志』はどう読むべきか。これから、このテーマへと話を進めてみたい。今までは、もつれた糸をほぐすのが仕事だったが、これから先は、手がかりとなった一本の糸を静かに引っ張ってみたい。これから読者のみなさんを、紀元前はるか昔に生まれた中国史書の、へんてこきわまる世界にご案内するが、おそらく、こんな物の見方、考え方、表現の仕方ははじめてだ、と思われるはずだ。

二　孔子が書いたとされる『春秋』の筆法

中国史書のルーツ『春秋』

誰の目にも明らかなように、『魏志』「韓伝」と「倭人伝」の地理記事には、奇妙な矛盾がある。『魏志《ぎ》』の表面しか読もうとしない読み手にとって「倭人伝」の史料としての不適当さは、疑いの余地は無い。一見して、混乱し、辻褄《つじつま》が合わない。

だが、今一度原点に立ち返って、その「奇妙」さと「矛盾における規則性《きそくせい》」のもつ意味を考え直してみる必要はないか。つまり、前述したように「中国史書を、改めてその伝統的なルールに従って読んでみよう」ということだ。

では、その原点とは何か。中国史書の伝統とは、何だったのか。

実は意外な話かも知れないが、『三国志』を含む中国二十五正史《せいし》（上古から明《みん》代に至るまでの二十五種の歴史書）の原点とは『春秋《しゅんじゅう》』なのだ。あの孔子《こうし》（前五五二―前四七九）が、紀元前五世紀に書いた（異論あり）といわれる歴史書こそが、原点なのだ。

御承知のように『春秋』とは、孔子の生まれた魯《ろ》国（山東省にあった封建小国家）の年代記で、紀元前七二二年から紀元前四八一年までの二四二年間を語る。この時代を「春秋時代」と呼ぶのは、これに基づく。

中国の歴史書の始まりは、紀元前十二世紀以前の古代殷《いん》帝国の甲骨卜《ぼく》辞からともいえるが、年表的な記録がいくつかできたのは前十世紀から前九世紀のあいだだった。前八世紀になると、列国で史書がつくられるようになり、晋《しん》では『乗《じょう》』、楚《そ》では『檮杌《とうこつ》』、そして魯《ろ》では『春秋《しゅんじゅう》』とよんだ。これは、もともとは春夏秋冬の略で、一年間という意味から起こったのだといわれる。

ところがのちに、『春秋』は儒《じゅ》学の聖人孔子《こうし》が、この年代記に筆を加え、編集し直したと誰かが言い出した（『孟子《もうし》』「滕文公篇」）。そのため、儒学《じゅがく》の経典「五経」の一つに数えられた。儒学といえば、すぐ『論語《ろんご》』を思い出すが「五経」の中でも、孔子自身が直接に筆をおろしたのは、『春秋』が唯一だとされ、この書物は、古来儒家《じゅか》の非常に尊《とうと》ぶところとなった。キリスト教で言えば、『聖書《バイブル》』、イスラム教で言えば『コーラン』のようなものだ。

さて読者は、私が『魏志』「倭人伝」の解釈に突然『春秋』をもち出したことに、疑問を抱《いだ》かれるかも知れない。『三国志』より八百年も前に書かれたこの書物が、「倭人伝」地理記事の奇妙さと、何のかかわりがあるのか。女王卑弥呼《ひみこ》と孔子《こうし》のあいだに何の因果《いんが》関係があるのか、と。

『魏志』に「規則的な矛盾」の見られることは、繰り返し述べたが、どうもこの『魏志』の奇妙さは、『春秋』の影響から来ているらしい、と言うより、『魏志』の奇妙な性質と『春秋』の文の持つ奇妙な性質、文体が、非常に似かよっているのだ。

中国正史は『春秋』を書き継いできた

この中国史学に決定的な影響を与え、それを通じて漢字文明圏にも大きな影響を与えた『春秋《しゅんじゅう》』も、日本では「四書五経」の一つとしてより、歴史小説的な翻訳をされているため、かえって一般の人々に読まれていない。したがって、その文の奇妙な特徴も知られていない。『春秋』と後代の中国史書との関係も、よく知られていない。

中国史書の筆頭といえば、紀元前一世紀に書かれた司馬遷《しばせん》（前一四五？—八六？）の『史記《しき》』だろう。古代ギリシャにも、ヘロドトスの『歴史』という名著があるが、司馬遷の書もアジアを代表するものだ。この書は、中国の歴代王朝が交替するごとに、つぎの王朝の歴史編纂《へんさん》官によって編まれる「正史《せいし》」のトップに位置する。

司馬遷は、『史記』の序論にあたる「太史公自序」のなかで、執筆の目的を「春秋を継《つ》ぐ」ことだと明言する。『春秋』は単なる歴史の記録に終わらず、そこには史的事実に対する孔子の毀誉《きよ》褒貶《ほうへん》の意、歴史への批判があると見なされた。司馬遷も、孔子がそうしたように、社会を批判し、歴史を批判する精神を受け継ぎ、歴史を書き継いでいくのだ、と言う。

ここが肝心な点だが、「春秋を継《しゅんじゅう》ぐ《つ》」、これこそが中国史書の最大のテーマだった。『春秋』のあとを『史記《しき》』が書き継ぐ。そのつぎの漢の時代の歴史を『漢書《かんじょ》』が書き継ぐ。次の後漢《ごかん》の時代は『後漢書《ごかんじょ》』。そしてその次の三国時代こそ私たちが問題とする『三国志』。そのあとは『晋書《しんじょ》』……これがずっと続く。

このように『春秋』とその精神を出発点として、各時代ごと（断代史《だんだいし》）に何百年にもわたって歴史を書き継ぐことを、「前史《ぜん》を継《つ》ぐ」と言う。言ってみれば『春秋』と中国正史のあいだには、親子関係がある。もとより、『春秋』が父親と見なされよう。『史記』が偉い長男。『漢書』が真面目な次男。『後漢書』がヤクザな三男、『三国志』が苦労人の四男……と続く。これが二十五もあり、二十五史とよばれる。とくに『史記』『漢書』『後漢書』『三国志』は高く評価されて、「前四史」と呼ばれる。

さて、子供に苦情があるときは、どこに文句をつけにいったらよいか。その時は、子供の親《おや》に会いに行くのが最も話が早い。まして『三国志』（『魏志』）と『春秋』のように、どちらも実によく似た「奇妙」な特徴を持っている場合は、なおさらだ。

中国の有名な歴史家、章学誠《しょうがくせい》（一七三八―一八〇一）も、その著『文史通義』で言う。「史の大原《おおもと》は『春秋』に本《もと》づく」と。つまり史学の根本は『春秋』だ、というのだ。

今日私たちは、歴史を研究する学問を史学とか歴史学とか呼ぶ。しかし、昔の中国ではこの学問を「春秋学《しゅんじゅうがく》」と呼んでいた。

中国史書のレトリック

ところで『春秋』と聞けば、「春秋の筆法《ひっぽう》」という言葉を思い出す読者も、多いのではないか。

『春秋』は、孔子《こうし》が世の乱れを憂《うれ》い「善を勧《すす》め、悪を懲らしめる」ため、魯《ろ》国の年代記を特別の意味をこめて編集し直して完成させたと伝説される。それによって、理想社会への道（礼の義の大宗）を示したものだとか。その孔子が、年代記を書き直した部分、文章術《レトリック》を「春秋《しゅんじゅう》の筆法《ひっぽう》」や「義例《ぎれい》」と呼ぶ。これには、独特なルールがある。私が、『魏志《ぎし》』の「規則的な矛盾」を考えるとき『春秋』を持ち出したのも、実は、この点にある。

では、「春秋の筆法」とは、具体的にどういうものか。どういうルールのレトリックか。『魏志《ぎ》』を考える前に、まずこの点を少し掘り下げてみよう。例として、魯《ろ》国の十一代の君主の死亡記事を書き出してみる（『春秋』は、魯国十二代二百四十二年間の年代記）。

①隠公　十一年、冬、十有一月壬辰、公が薨《こう》ぜられた。
②桓公　十八年、夏、四月丙子、公が斉で薨ぜられた。
③荘公　三十二年、八月癸亥、公が路寝《ろしん》で薨ぜられた。
④閔公　二年、秋、八月辛丑、公が薨ぜられた。
⑤僖公　三十三年、十有二月乙巳、公が小寝《しょうしん》で薨ぜられた。
⑥文公　十八年、春、王の二月丁丑、公が台下で薨ぜられた。
⑦宣公　十八年、冬、十月壬戌、公が路寝で薨ぜられた。
⑧成公　十八年、八月己丑、公が路寝で薨ぜられた。

⑨襄公　三十一年、夏、六月辛巳、公が楚宮で薨ぜられた。
⑩昭公　三十二年、十有二月己未、公が乾侯で薨ぜられた。
⑪定公　十五年、五月壬申、公が高寝で薨ぜられた。

まことに簡潔な文章だ。ただ、事実を形式的機械的に記録しただけ。一見、特別の意味もなく、ただ「何年の何月、魯公がどこそこで亡くなった」と、味もそっけもない。

ところがなんと、これこそ「春秋の筆法」を用いたものであって、その簡潔な文の文字の裏や行間に、表面の記事には一切あらわれない裏の史実や、孔子の深い褒貶《ほうへん》の意がこめられているというから、話は大変だ。

筆法の解読例

『春秋』と「春秋の筆法」を解説するため書かれた書物『春秋三伝《さんでん》』（伝とは注釈）は、この単調な記事について驚くべき説明をしている。

読者も十一個の記事をもう一度、注目してほしい。よく見ると後半の公（魯《ろ》公）が薨《こう》（死亡）じた場所の表現に、微妙な違いのあるのに気付くだろう。さて『三伝』は、公の亡くなった原因が四種類あったため、四種類の書き方がされている、と解説する。
（一）③⑤⑥⑦⑧⑨⑪は、公が宮殿の室内（路寝・小寝・台下は室名、廟室名）で亡くなったと書いている。つまり、安楽往生したわけだ。この形式が、中国式記録の正式の慣例だ。

（二）①④は「公が薨《こう》じた」とのみ記され、場所が書いてない。（一）の正式慣例と相違する。これは、実は国内で暗殺されたのだ。死亡場所をあえて書かないことによって、逆に特別な事情、即ち暗殺された史実を語る。沈黙は最大の雄弁ということだ。

（三）⑩は、公が他国の都市（乾侯）で薨《こう》じたと書かれる。これは、公が国外亡命中に他国の町で病死したことを語る。

（四）②は、公が他国（斉）で薨《こう》じたと書かれる。（三）のように、他国の都市で薨じたと書かれるのなら病死（その国に責任はない）だが、他国で薨じたと書かれるときは、他国の斉《せい》で、斉によって暗殺されたことを秘《ひそ》かに語っている。

このように、四種の書き分けと、四種の事情が見事に一致している。（一）が薨去《こうきょ》記録の正しい形式なのだが、（二）（三）（四）は、あえてそれに反して（矛盾して）いる。そして形式に反することによって、言い換えれば文を「規則的《きそくてき》に矛盾」させることによって、亡命中の病死や陰謀・暗殺のような、自国の君主のきわめて不名誉な死の真相を、文の表面には一字一句も出さず、しかし確実に記録している。

中国は、古くから文字の国だった。見事なものだ。これなど「言外の言」「文外の文」とでも呼ぶべき文章術だろう。

この例でもわかるように「筆法《ひっぽう》」とは単純なレトリックでは、決してない。形式に反《はん》することにも厳重な形式があり、その矛盾形式を読むことによって、歴史の真相がわかる。つまり、これも「規則的《きそくてき》な矛盾」なのだ。

「春秋の筆法」を簡単に言えば、「文を規則的に矛盾させながら、その奥に真意を語る」ということだ。したがって史書著者の真意は、文の表面の割り切った言葉としては必ずしも現われない。捕捉しにくい、複雑で婉曲《えんきょく》な文章術《レトリック》なのだ。

このルールを、更に詳しくみることにしよう。

言外の言をくむ

まず『春秋』経文の冒頭である、隠《いん》公の元年（前七二二）の記事を挙げる。

①元年、春、王の正月。
②三月、公、邾《ちゅ》の儀父《ぎほ》と蔑《べつ》に盟《あ》う。
③夏五月、鄭伯《ていはく》、段に鄢《えん》に克《か》つ。

読書百遍《ひゃっぺん》とは言うが、「筆法」のルールを知らない人が①②③の文を何百回読んでも、その意味をわかるのは、無理だ。『左氏伝《さしでん》』は次のように解説している（『春秋』の本文を経《けい》文といい『左氏伝』の解説を伝《でん》文という）。

①「元年、春、王は周《しゅう》の正月、即位を書《しょ》せざるは、摂《せつ》なればなり」

正式には、各公の元年には「公に即位した」という即位記事があるはずだ。しかし、『春秋』の経文には、それが書かれてない。本来書かれるべきことが書かれない（矛盾）時には、必ず何かの理由がある。この場合は、隠公が摂政《せっしょう》として国政をみたので、実は正式の魯公ではなかった。

②邾の儀父とは、邾子（邾国の子爵）の克のこと。邾国の君主は、子爵を授けられるはずだが、この時はまだ周王朝から正式の沙汰《さた》を受けていなかったので、子爵と書かれない。本来は「邾の儀父」と書かず「邾子」と書くのが正しい。また、邾のような小国が魯のような大国にくるときは、普通は名を書くのが慣例であるのに、名を書かずに儀父と字《あざな》を書いたのは、その人に敬意を表わすためだ。

③「鄭伯、段に鄢《えん》に克《か》つとは、段は不弟《ふてい》なり。故《ゆえ》に弟と言わず。二君の如《ごと》し。故に克《か》つと曰《い》う。鄭伯と称するは、教えを失うを譏《そし》るなり。之《これ》を鄭志と謂《い》う」

鄭伯すなわち鄭国の長男の荘公と、段とは同母兄弟だった。しかし段は、本来ならば「弟」と書かれなければならないのに、あえて名を書かれたのは、弟の道に背《そむ》き、兄の国を奪おうとしたからだ。兄弟の内戦だから、本来は「伐《う》つ」（内戦の用字）とされねばならないのに「克《か》つ」（対外戦の用字）と書くのは、一つの国であるべきなのに、まるで外国同士のように戦ったことを批判する。「荘公」と書かずに「鄭伯《はく》（鄭の国の長男）」と書くのは、弟を正しく指導せず、国を分裂させ内戦を起こした責任を追求し、筆誅《ひっちゅう》を加えるためだ。

この『左氏伝《さしでん》』の解説のように、『春秋《しゅんじゅう》』の文は、意図的に矛盾させてある。もし、正式の書例に従えば、①の「元年、春、王の正月」は、「元年、春、王の正月、公即位す」となるべきであり、②の「三月、公、邾《ちゅう》の儀父と蔑《べつ》に盟《あ》う」は「三月、公、邾子の克と蔑に盟う」となり、③の「夏五月、鄭伯、段に鄢《えん》に克つ」は「夏五月、荘公、弟を鄢に伐つ（あるい誅《ちゅう》す）」となるはずだった。

読者も、ここまで来れば「筆法《ひっぽう》」のルールが、よく理解できるだろう。あえて「誤った用字、表現」を用い、文のルールを破り、それによって、文の裏に真意を秘める。野球でいえば単純な直球ではなく、カーブやシュートのような高等技術だ。ストレートのつもりでバットを振ると、大きく空振りしてしまう。

宋の程伊川《ていいせん》（一〇三三―一一〇七）はその著『漢書評林《ひょうりん》』のなかで次のように述べている。「妙旨《みょうし》を文外に託し、浮言《ふげん》を越《こ》え、文字を超《こ》える者であって、始めてその意がわかる」と。つまり「筆法」を読むときは、文の表面を越えて、文外の文を読み言外の言を汲め、と言っている。

文の錯えと筆法の解読

しかし、あまりにも簡潔、あまりにも微妙な表現なので、なまなかの読み方では孔子《こうし》の深意（大義）を読み取ることはできない。そこで注釈書が生まれた。最も古く、基本的なものは『公羊伝《くようでん》』『穀梁伝《こくりょうでん》』と『左氏伝《さしでん》』だ。普通これを「春秋三伝《さんでん》」と呼ぶ。ともに別々の立場から「筆法」を解説している。

漢の時代からのち、史学者の資格とは『春秋』と「春秋三伝」に精通することだった。当時の中国の史学者は今日の歴史学者とは少しおもむきが違い、それよりも儒学者《じゅがくしゃ》、春秋学者《しゅんじゅうがくしゃ》という面が強かった。

『史記《しき》』の著者の司馬遷《しばせん》、『漢書《かんじょ》』の著者の班固《はんこ》、『三国志』の著者の陳寿《ちんじゅ》……皆、そうだった。漢《かん》から魏《ぎ》の時代は、官学として、筆法理論と「微言大義《びげんたいぎ》」の追求を重視する春秋公羊学《くようがく》が盛行した。『漢書』「芸文志《げいもんし》」にのる『公羊董仲舒治獄《くようとうちゅうじょちごく》』十六篇にみられるように、当時の裁判所は「春秋を以って治獄《ちごく》した」、つまり被告人への判決の根拠として『春秋』を法典としてあつかい、「春秋の筆法」の解釈がこうであるから、被告は無罪、あるいは有罪とやった。『春秋』は憲法であり「春秋の筆法」は、法解釈としてあつかわれた。陳寿の師である譙周《しょうしゅう》も、当時を代表する公羊学《くようがく》の大家だった。陳寿も、基本的に春秋公羊《くよう》学派の歴史家なのだ。

さて、具体的な問題として「筆法」のある部分——これを義例《ぎれい》という——は、どうすれば発見できるか、また、その部分をどう読み取ればよいのか。

この問題については、非常によい教科書がある。それは三世紀に杜預《とよ》（二二二―二八四）の著《ちょ》した『春秋経伝集解《しっかい》』だ。その中でも「春秋左氏伝序」の部分だ。この杜預は、晋《しん》王朝の重臣で『左氏伝』研究家としても著名だったが、『三国志』著者の陳寿《ちんじゅ》とも親しい友人（庇護者）だった。

「春秋左氏伝序」には「筆法の原理」として、《春秋は文を錯《たが》うるを以《も》って義を見《しめ》し、一字を以《も》って褒貶《ほうへん》を為《な》す》と、論断してある。

その原理は「文を錯《たが》える」こと、つまり、文を意図的に「矛盾」させ、それによって文の奥に真実の情報（「義」）を秘める、と杜預は言っている。さらに『左氏伝』のルールを三つに分類し「春秋の筆法」も五つの原理に分類する。

この叙述のルールは、読者も前掲した『春秋』の経《けい》文と『左氏伝』の伝《でん》文を照らし合わせてみれば、よく納得できるだろう。「義《ぎ》」つまり著者の真意は、常に文の内容や用字が、形式、慣例、常識などと合わないところ、文の前後の辻褄《つじつま》が合わないところにあった。つまり、文の矛盾する（文の錯《たが》えてある）ところにあった。

こうした、二重人格的な面が、中国の史書には伝統的にあった。

春秋公羊学と「属辞比事」

以下、『魏志』「倭人伝」を読む前に、前提として知っていただきたいことがある。それは春秋学で「属辞比事《しょくじひじ》の書法」と称するレトリックだ。属辞比事とは、辞《ことば》を続き合わせ、事柄を揃えるとの意。古い史書、とくに同時代史においては、編年体《へんねんたい》だけではなく紀伝体《きでんたい》の史書においても、各種の事件が分散され、断片が個々に一見無連絡に記されることがある。そのため、一文章一表現だけなら、殺風景で、何の変哲もない。

ところが、43ページの魯《ろ》国の君主の死亡記事のように、一定の事件や人名に着目し、同類事項を寄せ集め、記事文を読み直し、表現の違い（微言《びげん》）をみれば、道筋が現れ、無表情な記事短文が相互に連なり始め、その奥から真の映像が醸《かも》し出されてくる、との文章術である。

まるで言葉のジグソーパズルであり、その義法《ぎほう》理解が厳密に正しいかはともかく、私たちが注意せねばならないのは、それが漢《かん》・魏《ぎ》・晋《しん》の時代には固く信じられていたという事実、つまり当時の歴史家の「方法論」でもあったという事実であり、そこに史書解読の核心があることだ。

杜預『春秋経伝集解《しっかい》』のいう「数句を須《ま》って言《げん》を成《な》す」規則であり、今の言葉ですれば、言語・文（言）だけではなく言述《ディスクール》の構造分析より真相の抽出を行なえとの発想だ。

これは、『礼記《らいき》』「経解第二十六」の「属辞比事《しょくじひじ》なるは春秋の教えなり——属辞比事して乱れざるは則《すなわ》ち春秋に深き者なり」の解釈を継《つ》ぐものだ。清《しん》朝経学の大家毛奇齢《もうきれい》『春秋毛氏伝』『春秋属辞比事記』においても強く説かれる文化伝統である。

このような史書の書き方も読み方も、既に、近代のものではない。だが、漢《かん》・魏《ぎ》・晋《しん》の学術は、前二世紀の漢の武帝《ぶてい》の時、『春秋』の経文措辞《そじ》解明を眼目とする董仲舒《とうちゅうじょ》『公羊《くよう》伝』学派が官学とされており、春秋公羊《くよう》学が経学の中心となり、文化の軸となった。後論するが、陳寿もその学統に連なる。

この旧中国学術の支配的精神を知れば、その春秋学的文化体系の産物である『魏《ぎ》志』も、その文化の源流のうちに置き直して、洗い直す必要を、私は感じる。

微言大義の原理とは

現代人の感覚では、「文章に一つの矛盾もない」ということが、当然のこととして記述の信頼性を保証するものとされる。もし文章の辻褄《つじつま》が合わなければ、知識の混乱と見なされ、字句が不適当であれば、著者の無能力のせいとされる。

現代の文章について言えば、その通りだ。当然の発想だ。しかし、中国史書の場合は違う。まったく逆なのだ。

文章に矛盾があるから、ノーなのではない。あるからこそ、イエスなのだ。発想のコペルニクス的転回が必要だろう。読者もここで『魏志』「倭人伝」のケースを思い起こしていただきたい。

中国流の用語では、「筆法《ひっぽう》」による文の矛盾（文の錯《たが》え）を「微言《びげん》」と呼び、その意図を「大義《たいぎ》」と呼ぶ。普通『春秋』における孔子の深意を「微言大義《びげんたいぎ》」と呼ぶのだ。

ここに、中国史書の独特の弁証法がある。すなわち、「微言」と「大義」の弁証法とでも言うのだろうか。常識の逆をとって、意図的に文章を誤らせ、混乱させることによって、真意を語ろうとする。

したがって、「筆法」を解読する場合は、まったく逆の手続きが必要だ。まず矛盾「文の錯《たが》え」つまり「微言《びげん》」を発見し、次に、その真意である「大義《たいぎ》」をもとめねばならない。

まことに、不思議なレトリックだ。

だから読者も、これから、中国史書を読んでいるときに、文章に矛盾（文の錯《たが》え）を発見したら、今までのように嘆《なげ》いてはならない。逆に、喜ばなくてはならない。そこから、史書の本当のページが開《ひら》かれる。もちろん、『魏志』「倭人伝」もだ。

春秋の筆法と魏志の関係

このような「筆法」による文外の文、言外の言、そして「思考の型《パターン》」は、古典中国独特（ただし教養人限定で、一般レベル中国人は対象外）のものだ。「春秋学《しゅんじゅうがく》」の知識と、儒学《じゅがく》の教養を前提とする。そのため、相当に中国史書がわかっているつもりの人にとっても、一種の謎だ。

『魏志』「倭人伝」について見ても、今までの「読み方」は、テニスの試合にピンポンのルールを持ち込んで、「反則だ、反則だ」などと叫《さけ》んでいるようなものかも知れない。

すると、ここに、新しく問題が生じる。すなわち、『魏志《ぎし》』の「規則的な矛盾」はもしかしたら「筆法」なのではないか。その整然とした矛盾（文の錯《たが》え）は、「春秋の筆法」のルールと、充分な共通性を持つのではないか。

もし、この仮説が正しいものであり、『魏志』に「筆法」を確認できるのであれば、それは邪馬台国問題についても、まったく新しい結論を導き出してくれる。もし「筆法」なら、必ず解読できる。

どうか読者は、紙とペンをご用意ねがいたい。こんな時代だ。ネットで検索のご用意もねがいたい。便利な時代だ。さて、今から、三世紀に、女王国旅行にご招待もうしあげる。

なお、卑弥呼の使者が魏《ぎ》の帯方郡《たいほうぐん》(今のソウルあたり)に朝貢《ちょうこう》を願い出た年は、現行版本《はんぽん》では「景初《けいしょ》二年六月」となっているが、この時期魏は、帯方郡をまだ接収していない。景初年間(二三七-二三九)に魏は、遠征軍を派遣し、遼東《りょうとう》半島の軍閥《ぐんばつ》の公孫淵《こうそんえん》を倒し、帯方郡を奪い、朝鮮半島に進出した。『魏志』「公孫淵伝」では、公孫淵の死は景初二年八月二十三日だ。したがって、公孫淵が帯方郡を支配している景初二年六月に、倭国の使者が魏の帯方郡に朝貢を願い出ることは起こりえない。『梁《りょう》書』「倭伝」にも、「魏の景初三年、公孫淵が誅《ちゅう》されて後《のち》、卑弥呼始めて使を遣《つかわ》し朝貢す」とある。

したがって、本書は卑弥呼の使者が魏に朝貢を願い出た年は「景初三年六月」が正しいとする。西暦二三九年だ。

三　魏志は春秋の筆法で書かれている

三国志の時代

いよいよ『魏志《ぎ し》』の解読にかかるが、それに先立って『三国志』は、誰がどのような環境で書きあげた書物か、ということを知っておかねばならない。

読者のなかにも、小説『三国志』を読んだ人は多いだろう。時は三世紀の魏《ぎ》・呉《ご》・蜀《しょく》の三国が中原に鹿を逐《お》う戦国乱世、魏の奸雄曹操《そうそう》に対し、桃園の約《やく》をむすんだ劉備《りゅうび》・関羽《かんう》・張飛《ちょうひ》の義兄弟が戦いを挑み、名軍師の諸葛亮孔明《しょかつりょうこうめい》が縦横の奇略をふるう痛快歴史小説だ。もとよりこれは物語で、歴史書ではない。この小説は、正史『三国志』を題材に明《みん》の羅貫中《らかんちゅう》の著した『三国志通俗演義《えんぎ》』だ。この小説「三国志」の舞台となった時代、これが三国時代（二二〇―二八〇）だった。

空前の大帝国を築いた漢《かん》の王朝も、黄巾《こうきん》の乱（一八四年）によって衰弱したころ、朝廷に乗り込んできたのは西北の荒くれ軍団を率い「山犬」と恐れられた董卓《とうたく》だった。彼は首都洛陽《らくよう》で破壊と殺《さつ》戮《りく》をほしいままにしたあげく、皇帝と百官たちを連れ出して長安《ちょうあん》遷都を強行した（一九〇年）。

この事件によって、後漢《ごかん》王朝は事実上崩壊した。地方では強大な私兵をたくわえた軍閥たちが割拠し、乱世に突入した。

この乱戦のなかから、急速に頭角をあらわしたのが、のちに魏《ぎ》を建国した曹操《そうそう》だった。流浪していた皇帝を、自己の根拠地の許《きょ》に迎え入れた（一九六年）ことによって、錦の御旗を手に入れ、天下最強の軍団をつくりあげた。紀元二〇〇年、北方に雄拠していた袁紹《えんしょう》の大軍を「官渡《かんと》の戦い」で撃破するにおよんで、ついに天下第一の実力者となった。

紀元二〇八年、南方攻略に着手して大軍を発したが江東の軍閥の孫権《そんけん》と歴戦の傭兵隊長の劉備《りゅうび》の連合軍のため、赤壁《せきへき》で大敗した。こののち劉備は益州を占拠して蜀《しょく》の地盤を固め、孫権は江東、曹操は華北の勢力圏をさらに拡大して、ここに三国鼎立《ていりつ》の形がさだまった。

曹操は魏《ぎ》公から魏王に進み、帝位に昇る直前に没《ぼっ》すが（二二〇年）、この年、子の曹丕《そうひ》（魏の文帝）が漢から帝位を譲られる（禅譲）という形で魏《ぎ》王朝を創建する。つづいて劉備《りゅうび》と孫権《そんけん》もそれぞれ呉《ご》、蜀《しょく》を建国して帝位につき、完全な三王朝鼎立《ていりつ》時代を迎えた。

三国の攻防は、一進一退があったが膠着《こうちゃく》した。魏・呉・蜀の三国は、勢力の拡大とその背後を固める必要から、盛んに外部の経略に手をのばした。蜀は、諸葛亮《しょかつりょう》が成都を発して越嶲《えつすい》（四川《しせん》南部）から雲南の滇池《てんち》を征した（二二五年）。また呉は、江西、浙江方面を征し荊州方面の土着民を討った。さらに海外に進んで、海南島を手に入れベトナム・カンボジアとも通交した。

また魏も、大尉《だいい》（軍総司令官）司馬懿《しばい》の軍団を進発させ、遼東の軍閥である公孫淵《こうそんえん》を征し、朝鮮の楽浪《らくろう》・帯方《たいほう》の二郡を収め、朝鮮半島の国々と、日本の邪馬台国の女王卑弥呼らを朝貢させた（二三九年）。韓国や日本の同時代記録が残るのは、これ以後のことだ。『三国志』の『魏志』「東夷伝」が書かれたのは、この司馬懿《しばい》による魏の東方進出の結果だった。

蜀《しょく》では諸葛亮《しょかつりょう》が、有名な出師《すいし》の表を発して、魏討伐の軍を起こすが、魏の名将司馬懿《しばい》と五丈原《ごじょうげん》で対峙の間に陣没（二三四年）、二六三年、ついに蜀は滅亡した。

魏でも、二代皇帝の没後、重臣司馬懿がクーデターによって政権を奪い（二四九年）、その孫の司《し》馬炎《ばえん》（晋の武帝）が魏の帝位を簒奪し、晋王朝《しん》を建てた（二六五年）。呉《ご》も、晋《しん》の大軍の前に崩れ去って、二八〇年、晋《しん》の天下統一で、三国時代は、終わりを告げた。

陳寿と『三国志』の辿った運命

この時代をあつかう正史《せいし》が、すなわち『三国志』だった。『魏国志《ぎ》』三十巻、『蜀国志』十五巻、『呉国志』二十巻から成る。

著者の陳寿《ちんじゅ》（二三三―二九七）は字《あざな》を承祚《しょうそ》と言い、四川省《しせん》の巴西郡《はせい》安漢県《あんかん》の人だ。『晋書《しん》』「陳寿伝」によると、若くして学を好み、同郡の先輩で術数の学に詳しい譙周《しょうしゅう》に師事して学を修めた。

この譙周は春秋公羊学《くよう》の大家だった。

ある時、師の譙周が陳寿にこんな忠告を与えたことがある。

「君の才能と学識をもってすれば、必ず名をなすにちがいない。それだけに風あたりも強くなるだろうがそれは決して不幸なことでもない。深く慎しんで、細心の注意を払って生きていくことだぞ」

この師の予言は的中し、心配したとおりになった。蜀《しょく》の政府に仕えて、歴史編纂の官となったが、その才能とプライドの高い性格がわざわいしてか、高い評価のわりには、蜀での官運はあまり充分ではなく、なんどか左遷《させん》の憂《う》き目にあった。

蜀《しょく》の滅亡（二六三年）後は、彼の才能を高く評価していた晋《しん》の重臣の張華《ちょうか》の引き立てで晋の政府に仕えた。やがて著作郎《ちょさくろう》（主席歴史編纂官）となり、『魏国志《ぎこくし》』『呉国志《ごこくし》』『蜀国史《しょくこくし》』の三国の歴史書を著わした。これは唐代に『三国志《さんごくし》』六十五巻として、一つにまとめられた。

この『魏国志（魏志）』を読んだ時の人々は、

「善《よ》く史実を叙《の》べてあるものだ。陳寿の歴史家としての才能はすばらしい」

と高く評判した。そのころ夏侯湛《かこうたん》という人が『魏書』を書きあげていたが、陳寿の著作を見るや、その場で自分の書を破り捨ててしまった。陳寿のパトロンともいえる張華《ちょうか》も、深く喜んで、「立派な史書だ。晋の歴史も、この史書に継《つ》いで書かれるべきだ（当以晋書相付耳……文意は『三国志』は正史となるべきだ）」

このように、陳寿の『三国志』は、当時の人々から高い評価をうけた。

陳寿の官界におけるパトロンである張華は、陳寿を皇帝秘書に推挙するつもりだったが、皇帝秘書長の荀勖《じゅんきょく》は、張華と派閥対立していたので、自然、張華派の陳寿をも嫌い、彼を中央から追い払おうとした。

これを見ていた、陳寿の支持者である重臣の杜預《とよ》（左伝研究家『春秋経伝集解《しっかい》』の著者）が、皇帝に「陳寿をぜひ皇帝侍従長に」と進言してくれた。その結果、朝廷に返り咲いた。

やがて、母が亡くなったとき、陳寿は、遺言どおり母を洛陽《らくよう》に葬った。しかし、故人は貫籍《かんせき》のある地（故郷）に埋葬するのが習慣だったので「母を故郷に葬らなかった」と非難される破目になり、陳寿は官界を追われたが、また高官に復職したりした。

陳寿は、晋の元康七年（二九九年）、六十五歳で亡《な》くなった。しかし陳寿の没後、梁《りょう》州の人事院長官で皇帝政務秘書の范頵《はんきん》らが「陳寿の『三国志』は実に見事な史書にございます、どうか官《おかみ》の書としておとり上げ下さいませ」と皇帝に上表した。その結果、首都圏長官と洛陽の知事に詔《みことのり》が発せられ、『三国志』は、晋王朝公認の史書の扱いを受けた。

歴史家の立場と史官としての立場

陳寿は、三国時代を活写するには、打ってつけの歴史家だった。動乱の世に生きた歴史家が、自ら直接に見聞したこと、政府の歴史編纂の官として見ることのできた軍事、政治面にわたる三国の資料、政府公報、「秘府・秘閣」の機密文書（250頁の陸機の例を参照）をもとに書きあげた。

しかし、陳寿が完全に自由な立場、自由な考え（春秋の継承者として）で『三国志』を書いたかと言えば、実はそうではない。彼には晋の王朝に仕えた御用史官としての立場があった。

たとえば、かってのソ連共産党の機関紙「プラウダ」が、ソ連政府の悪口を書いたりしただろうか。宗教団体の新聞が、その団体の幹部を批判したりするのか。まず、起こり得ない。

これと同じことが、陳寿についても言える。彼は、晋の王朝に仕えた史官（史臣《ししん》）だった。ところが、三国の歴史とは、別な目でみれば、晋《しん》王朝建国の歴史、見方を変えれば、司馬《しば》氏による魏《ぎ》王朝簒奪の歴史だ。

晋《しん》とは、魏《ぎ》の重臣の司馬懿《しばい》将軍が、魏の帝室である曹《そう》一族を倒し、魏の実権を奪い、その息子たちが建てた国だ。大義名分論（春秋学の君臣《くんしん》の義《ぎ》）から言えば、家来が主君一族を殺して国を奪うという謀叛《むほん》の所産だ。

つまり、陳寿は、『三国志』のなかで、自分の仕《つか》えている皇帝の祖父や父の、血なまぐさく、きわどい史実も書かねばならなかった。

普通、中国の史書は、前王朝の歴史を次の王朝が書き継《つ》ぐ慣例になっていた。時代が違うから、史官は事実を事実として書くのに、何の遠慮もいらない。これは、異時代史になる。

ところが、『三国志』は、三国時代と晋時代、一見、時代が違うようだが、前述したように同時《どうじ》代史《だいし》だった。魏晋革命は、宮廷クーデターであり、魏の政府も晋の政府も、その実体は、まったく同じだった。ここに、『三国志』の特色がある。不注意な記述もできないため、陳寿の文章は、自然と晦渋《かいじゅう》な姿とならざるを得ない。

清《しん》の時代の高名な歴史考証家趙翼《ちょうよく》（一七二七—一八一二）は、その正史を考証した著書『二十二史劄記《さつき》』のなかで、『三国志』を分析して「寿は司馬氏において最も多く廻護《かいご》す」と断じている。

「廻護《かいご》（の法）」とは、「春秋の筆法」にある「内なる恥を諱《い》む」というルールで、帝室の悪業に対し、婉曲《えんきょく》な遠慮した筆づかいをすることをいう。ソンタク（忖度）するのだ。

このことは、陳寿『三国志』の、最大の弱点と見なされている。司馬氏によってはじめられた晋王朝の史官だった陳寿は、司馬氏側の一方的な言い分を、徹頭徹尾、支持しているように見えるからだ。

二六〇年、魏の帝室はまだ残っていたが、実権は完全に司馬一族が握っていたころのこと、若い血気の四代皇帝は、司馬一族の専横を悔《くや》しがり、数百名の僮僕《こしょう》軍をひきいて自暴自棄《じぼうじき》の抵抗を試みた。

「命など惜しくはないわ」と、自ら剣をとって宮廷から突出したが、たちまち大将軍司馬昭《しばしょう》の腹心、賈充《かじゅう》にかかって斬死した。世が世ならば弑逆《しいぎゃく》事件、儒学の倫理に最も反する大犯罪だが、『三国志（魏国史）』は、

「五月己丑《つちのとうし》、高貴郷公卒《しゅつ》す、年は二十」

と、まるで病死でもしたようなそっけない書き方をし、司馬氏に殺されたことを明記しない。

とは言え、前述した「春秋の筆法」の魯の十一公の薨去《こうきょ》記事のように、陳寿が「帝崩《ほう》ず」と書かず「高貴郷公卒す」と書いたこと、「某所に卒す」と書かずに、ただ「卒す」と書いたことに、『春秋』に従った陳寿の微言大義《びげんたいぎ》が読みとれるが。

『三国志』は、このような一面を持っている。したがって『三国志』を読む場合には、この陳寿と

司馬氏の関係に注意し、司馬《しば》氏の関係する史実は、「廻護《かいご》の法」というフィルターを通して読む必要がある。

司馬仲達と東夷伝の関わり

では『魏志《ぎ》』「東夷伝《とうい》」は、どうだろうか。司馬氏関係の史実だったのだろうか。

答えは、その通りだ。二三八年、遼東に割拠する地方軍閥、公孫淵《こうそんえん》を討伐するため、魏《ぎ》の明帝は軍司令官の司馬懿《しばい》に、四万の軍を率《ひき》いさせて進発させた。

司馬懿（一七九—二五一）は、晋の武帝の祖父、字《あざな》は仲達。通俗物語『三国志演義《えんぎ》』では、秋風吹く五丈原《ごじょうげん》で天才軍師諸葛亮孔明《こうめい》のひきいる蜀《しょく》軍に対して、魏《ぎ》の大軍をひきいて対決。長期戦に持ち込んで、病弱な孔明を陣没させたが、追撃戦のとき蜀のトリックにかかって敗走、

「死せる孔明、生ける仲達を走らす」

と語られたが、魏《ぎ》第一の名将だ。

この名将軍の前に、田舎の大将が対抗するべくもなく、たちまち公孫淵は滅びた。同時に、山東半島より船出した別働隊が、朝鮮半島に上陸、楽浪《らくろう》・帯方《たいほう》の二郡を接収した。その結果、韓《かん》国や倭《わ》国の国々が帯方郡を通して魏に通交するようになったのだった。

この軍事上の成功は、司馬懿を政界の中心に押し上げた。二三九年、魏の皇帝はなくなるが、司馬懿は、八歳の新帝の補佐役として太傅《たいふ》となり、侍中・持節・都督中外諸軍・録尚書事という魏王

朝の最高位者として、以後の魏の政治と軍事の中心人物となる。

やがて二四九年、この政治的地盤を元手《もとで》に、政権の奪取を図りクーデターを決行。曹《そう》一族を倒して魏の実権を独占した。二五一年のその没後は、息子の司馬師・司馬昭があいついで政権を執《と》り、二六五年になると、司馬昭の子の司馬炎《えん》が魏《ぎ》に替《かわ》って晋《しん》朝を開いた。この司馬炎《えん》に、陳寿は仕《つか》えたのだ。

そうしたわけで、公孫淵《こうそんえん》の故地だった東北（満州）方面、極東アジア諸国方面は、晋《しん》の王朝にとっては創業の地であり、大事な地盤だった。『魏志』「東夷伝《とういでん》」に登場する幽州刺史毌丘倹《かんきゅうけん》（のちに反乱）、玄菟《げんと》太守王頎《き》、楽浪太守劉茂《りゅうも》、帯方太守弓遵《きゅうじゅん》、そして二四〇年に倭国に派遣された建中校尉梯儁《ていしゅん》、二四七年派遣の塞曹掾史《えんし》張政など、みな司馬懿麾下《きか》の軍人たちだった。

『三国志』に唯一の地理誌である『魏志』「東夷伝」が立てられたのも、こうした事情による。それは単なる外国の話ではなく、実に、皇帝の祖父の偉大さを立証する、司馬氏の晴《は》れの舞台の物語だった。したがって、この地方について陳寿が書けば書くほど、皇帝の祖父の功績、晋王朝の正当性が顕揚《けんよう》される効果がある。

ここで陳寿は、政治のタブーとかかわり合う。『魏志』「韓伝」と「倭人伝」に「誇大里数」が用いられることは、繰り返し述べたが、この司馬氏と東夷諸国（極東アジア諸国）の深い関係に注意すると、そこには、何らかの「廻護《かいご》の法」が有るのかも知れない。つまり、例の「筆法《ひっぽう》」が使われている可能性があるのだ。

春秋公羊学の「三世異辞説」

歴史書も、昔の話として書くのであれば、そこには後代の人間の自由がある。書かれる登場人物も遠い昔の人々であって、悪く書いても化《ば》けて出てくる虞《おそれ》はない。

しかし『三国志』のような同時代史は、まったく事情が異なる。書かれるべき本人や、その縁者が著者の周りに現に生きており、たとえ真実であっても、彼らの悪業は容易には書けない。中国人は面子《メンツ》を大事にし、同族愛の極めて強い民族だ。たとえ何代前の話でも、非常に腹を立てる。したがって、陳寿とすれば、言論弾圧の独裁国家での新聞記者のような気苦労が必要だったと思われる。

このプレッシャーの下で「実録《じつろく》」しようとすれば、どうすればよいか。正義のためでも、極端に走るのは、君子の道ではない。そのためにこそ「筆法」のレトリックが開発されていた。

いったい、『春秋』は孔子の手に成り「春秋の筆法」は孔子が作ったものだ、と最初に言い出したのは、戦国時代の孟子《もうし》あたりからだ（『孟子』「滕文公篇」）。

そのため「春秋の筆法」は、儒学《じゅがく》の立場からの「微言大義」、つまり歴史批判の文章術《レトリック》としての側面が、強調され過ぎている、と私には思われる。『三国志』を読む場合には、「筆法」のもう一つの側面、同時代史における言論弾圧の回避という役割をも、考えてみるべきではないか。

春秋学では、これを「三世異辞説《さんせいいじせつ》」という。陳寿は、春秋公羊学者《くようがくしゃ》になるが、これは『春秋公羊伝』の「見る所、辞《じ》を異《い》にし、聞く所、辞《じ》を異にし、伝聞する所、辞《じ》を異にする（所見異辞、所聞異辞、所伝聞異辞）」という説だ。つまり史書が、同時代（所見世）を扱うか、近い過去（所聞世）を扱うか、過去の遠い伝聞の時代（所伝聞世）を扱うかで、話は違ってくる。

同時代史として、同時代の権力者や、その一族にかかわる歴史記述などは、簡単にはできない。そりゃ、怖い。ヘタをうったら、命がない。この三世（時代区分）では、とうぜんに史書の書き方が異なる（異辞《いじ》）のであり、それに応じた読み方がもとめられる、これが「三世異辞説《さんせいいじ》」だ。

なぜ彼らは沈黙するのか

私が『魏志』に「筆法」が用いられている、と考えたのには、前述した「規則的な矛盾」の発見もあったが、もう一つの別のきっかけもあった。

それは『晋書《しんじょ》』の「陳寿伝」だ。『晋書』は、三国時代の次の晋時代を語る正史で、撰者は唐《とう》の房玄齢《ぼうげんれい》らだが、この書が陳寿について残した話は前に触れた。そこで私は、陳寿の『三国志』を、張華《ちょうか》と杜預《とよ》が高くかっていることを『晋書』に記されていると述べた。

その「陳寿伝」を読んだとき、何故に、張華《ちょうか》や杜預《とよ》らは『魏志』「韓《かん》伝」と「倭《わ》人伝」の明らか過ぎる「矛盾《むじゅん》」に、気付かなかったのか、という疑いが起こった。

『魏志』の「矛盾」は、気付きにくいものではない。弁・辰韓を二十四国と記して置きながら、実際は二十六個の国名を書き並べるように、一目瞭然《りょうぜん》だ。

ところが、『晋書』「陳寿伝」に出て来る人々は、当時一流の知識人たちだった。彼らはこの「矛ので盾」に、誰一人気付かなかったのか。いや、よく読んで高く評価したからこそ、皇帝に薦《すす》めたのではなかったか。――このことを考えれば考えるほど、なぜ『魏志』に「矛盾」が残るのか、と疑問を抱《いだ》くようになった。

『魏志』の「矛盾」が、ミスによると仮定する。すると編纂《へんさん》のときに、陳寿が歴史編纂官（著作郎・年俸六百石）であった時は、八人の佐《すけ》著作郎（年俸三百石）という部下がいたが、偶然にも規則的なミスが生じ、同時代人の皆が、また偶然にもその規則的なミスを見逃し、裴松之《はいしょうし》（三七二―四五一。この書を注釈）ら後代の考証家もまた、偶然にも、誰も気付かなかった。このような何重もの、「加重された偶然」が、実際有り得るものか。

中国における史書の編纂《へんさん》と正史への公認は、国家的大事業だった。現代の憲法制定作業にも匹敵する。文字の一字一句から、事実関係、表現の仕方、内容などを徹底的に考証・検閲される。なのに、文中には「規則的なミス」が手付かずに残っている。当然気付いたはずなのに、誰も、文句をつけた様子がない。「火の無いところに煙は立たぬ」というが、この明らか過ぎる「矛盾」に対し、一筋の煙《けむり》も立っていない。水に石を投げこめば、波紋が拡がるはずなのに、水面はまったく静かなように見える。

変な話だ。

沈黙を以ってする論証

ここで、私の論理を整理してみよう。

歴史学においては、しばしば「沈黙の論証」という論証形式が使われる。もしAが実際に起こったのであれば、必ずBの歴史叙述に記されているはずだ。だが、Bには記されていない。――ゆえに、Aは実際には起こらなかった、という形式の論証だ。

たとえばプラトンの『ソクラテスの弁明』には、ソクラテスがペロポネソス戦争に出陣したと書かれている。しかし、この戦争に関する最善の史書であるトゥキュディデスの『ペロポネソス戦役《せんえき》史』には、これが記されていない。この細部にまで詳しい記録に、ソクラテスのような有力市民の参戦が書かれないはずはないのに――したがってソクラテスの出陣は嘘だ、という論法だ。

これと同じことが『魏志』の「矛盾」についても言えはしないか。

たとえば、杜預《とよ》（二二二―二八五）。彼は当時を代表する『春秋』学者で、また晋の重臣だった。官僚としては律令の制定、農政の改革、行政組織の再編、大蔵大臣としての経済政策、軍司令官としては異民族反乱の平定、鎮南大将軍としての対呉《ご》平定戦の指導に至るまでまさに行くところ不可能はないような才能を発揮した。今でいう人間コンピューターで、人々は彼を「杜武庫《ぶこ》」とよんだ。「そこに無いものが無い庫」の意味だ。若い役人たちには彼が理解を絶する怪物にみえ、同座することすらを憚《はばか》ったという。

この政治の鬼才《きさい》は学問の世界でも鬼才だった。晋《しん》の武帝（二六五―二九〇年在位）から、「おまえには何の癖《このみ》があるか」と問われたとき、「左伝《さでん》の癖《へき》（左伝マニア）にございます」と答えたのは有名な話だ。

祖父の代からの左伝学者で、その著『春秋経伝集解《しっかい》』と『春秋釈例《しゃくれい》』は、後世の体系的春秋学の基礎を築き、唐代になると国定教科書とされた。

彼の研究方法は、当時としては、驚くべき精密なものだった。『左氏伝《さしでん》』の古地名を当時の地名に比定して、古今地名対照一覧と対照地図を作り、人名は姓別にまとめて世代関係を含む一覧を作り、日蝕・月蝕などの自然現象を含む一覧を整理した。これによって『左氏伝』に書かれた事実関係を正確に把握した上で『左氏伝』が「春秋の大義」について解説した諸例を集め、「春秋の筆法《しゅんじゅうひっぽう》」の諸原則を、抽出し、整理したのだ。

さて『魏志』だ。

この杜預《とよ》のような史学の大家「筆法」のオーソリティーが、『魏志』の「矛盾」がミスと仮定すると、そんな子供にも発見できるようなミスを、見逃すだろうか。彼は『春秋経伝集解《しっかい》』と『春秋釈例《しゃくれい》』の著者であり、歴史書の考証は、その最も得意とするところだ。ところが、文句をつけた様子もない。逆に『三国志』を高く評価し、皇帝に対して「陳寿をぜひ皇帝侍従長に」と推挙までした。

おかしなことだ。私は、そう思って『魏志』の「規則的な矛盾」を眺めていると、杜預が「沈黙」していることに、重大な意味があるように思えてきた。

もう一人の理解者の沈黙

分からぬことは、まだある。

張華《ちょうか》（二三二―三〇〇）についても、同じことがいえる。読者のなかで漢詩に親しまれている人は、晋《しん》代の代表的な詩人として彼を、よく御存知だろう。すぐれた知識人で、ひろく物ごとについて知識をもっており、一種の百科事典『博物志』を著わし、「張華博物」と称されていた。

また、有力な政治家でもあり、とくに二八二―二八七年のあいだは、幽《ゆう》州、今の北京《ペキン》に駐在して極東方面軍司令官（持節・都督幽州《ゆうしゅう》諸軍事・領護烏桓《うがん》校尉・安北将軍）の職にあった。『漢書』「地理志」に「楽浪《らくろう》は幽州《ゆうしゅう》に属す」とあるように、昔から満州・朝鮮・日本方面への行政・外交事務は、幽州軍管区の取り扱いだった。二三七年、二四四年の魏《ぎ》軍団の極東侵攻戦も、幽州の長官の毌丘倹《かんきゅうけん》が指揮した。

つまり張華は、陳寿が『三国志』を執筆した時期（二七〇年代）直後での、極東アジア諸国に対する行政の最高責任者だった。張華は、『魏志』「倭人伝」の時代、邪馬台国が魏と通交した時代の、二八〇年代の、魏側の総責任者だったのだ。

彼の極東アジア政策は、成功し、『晋書』「張華伝」には「東夷の馬韓の新弥《しんみ》の諸国の、山に依り海を帯《お》び、歴世いまだ附したことのなかった者の二十余国が、並びに使を遣わして朝献《ちょうけん》した」とある。馬韓の諸国のなかで、まだ中国と通交していなかった国々が、彼の働きで帰順《きじゅん》して、張華《ちょうか》の極東アジア諸国への外交は成功し、大いに成績をあげた。

『晋書』の「帝紀」に、東夷諸国からの朝献《ちょうけん》の記事は多くあるが、彼が責任者だった時だけでも、

二八二年　東夷二十九国　帰化

二八六年　東夷十一国　内附

　　　　馬韓等十一国　遣使来献

二八七年　東夷二国　内附

とある。

また『晋書』「地理志」には、朝鮮半島にあった楽浪郡（ピョンヤン附近）・帯方郡（ソウル附近）の、この時代の正確な記録（その戸数が何戸かまで記録する）がある。つまり晋の政府は、この地方の正確な地理知識があったわけであり、当然に、その総責任者の張華も熟知していたはずだ。

この張華は陳寿の才能を早くから認め、官界における庇護《ひご》者だった。陳寿の『三国志』に感心し「晋書《しんじょ》はこの書を継いで書かれるべきだ」と語ったことは前に書いた。

では、この文章に明るく『魏志』「東夷伝」の記述と、つまり韓国や倭国とも直接に関係している張華が「韓伝」と「倭人伝」の叙述に、クレームをつけた形跡がないのはなぜか……。彼も、偶然にも、「東夷伝」の「偶然による規則的なミス」に気付かなかったのか。

幽州《ゆうしゅう》に司令部（北京）を置き、安北将軍として韓国・倭国対策の実務をした張華が、三韓の地形

を「方四千里」とか、帯方郡から女王の都までが「万二千余里」などと、本当に思っていたのか。古くから幽州刺史府は、扶余《ふよ》・高句麗《こうくり》・三韓《かん》・倭国《わ》への方面軍司令部として、それらの使者を受け入れるだけでなく、刺史府よりこれらの東夷諸国に使者を派遣し、場合によっては軍隊まで派遣し、討伐戦・鎮圧戦を行なう。また楽浪郡《らくろう》・帯方郡《たいほう》も経営する。

張華は、その総責任者だったのだ。

沈黙こそ最大の雄弁

これは、非常に不思議なことだ。

私には、史学の権威で「筆法」の解明者である杜預《とよ》が、弁・辰韓を二十四国としながら二十六個の国名を書き出したり、各一個の「国名重出」があったりするような「偶然のミス」を、偶然にも見逃したとは考えられない。

また、安北将軍として現地に六年間駐在し、極東アジア諸国との外交に功績をあげた張華《ちょうか》が、朝鮮半島や（『博物志』には朝鮮半島の消息や事物についても書かれている）日本列島の地理を知らず、『三国志』と自分も関わりあう部分――『魏志』「東夷伝」を読んだとき「偶然のミス」を、偶然にも、気付かなかったとは、到底信じられない。あり得ない。

唐の劉知幾《りゅうちき》の『史通《しつう》』「史官建置篇」によると、魏の太和年間に著作郎《ちょさくろう》（歴史編纂官・年俸六百石）が置かれ、一人の大著作の下に八人の佐《すけ》著作郎（年俸三百石）がおかれたとある。晋朝も魏制を継いだので、陳寿の下には八人の歴史編纂官が働いていた。また、執筆から正史への公認まで約十数年はたっているので、晋の史局には、別の多数の専門家（そのなかには、有名な詩人で軍人の陸機《りくき》もいた）がいた。すると彼ら全員も、偶然にも『魏志』の「偶然による規則的なミス」に、揃いも揃って、誰一人気付かなかったのか。

中国の史学は、訓詁《くんこ》注釈の学といわれるように、文字の一字、一字を吟味するのが常道であるのに……。自分の『魏書』を破りすてた夏侯湛《かこうたん》は。尚書郎（皇帝政務秘書官）で『三国志』公認を上表した范顗《はんぎん》は。この二人までもが「沈黙」している理由は、何か。

前述したように『魏志』の「矛盾」は、微妙でおぼろなものではなく極端に明らかで、一読して、誰にでも発見できる。

だが、『魏志』「韓伝」と「倭人伝」の明らかすぎる「矛盾」が指摘されず、逆にこの件に影響力・評価能力と校訂の義務をもつ人々が「沈黙」したのは、なぜか。それどころか、陳寿の『三国志』の出来映えを大いに高く買っているのだ。単純なミスとすれば、それが誰にでも気付くミスであるだけに、校正されずに手つかずで残ったことが、なんとも不可解だ。

私に言わせれば、この問題に対する可能な説明は、一つしかない。そして、中国史書の伝統と『三国志』の立場を想い合わすとき、それこそ唯一の答えと思われる。

つまり『魏志』の「規則的な矛盾」が、決して偶然ではなく、「時の人々」に充分に納得のできる理由がはっきりとあった。「沈黙」していたのは、彼らがその必然性を理解していた証拠ではないか。あるいは、「書くに書けない事情（後論）」があり、書き手と読み手のあいだに暗黙の合意のうえの、阿吽《あうん》の呼吸があったのではないか。

『晋書』「陳寿伝」が、「時のために重んじられた（其為時所重如比）」と述べるのは、このような事情を言っているのではないか。

かなり回り道をしたが、私は、これまで見てきた『魏志』「韓伝」と「倭人伝」の「規則的な矛盾」を、今や明確な言葉で表現することができる。

（1）明確な「矛盾」が、同時代人に肯定されていること（沈黙の論証）。

（2）偶然とは考えることのできない、正確な「規則性」を持つこと（「春秋の筆法」との類似性）。

（3）『魏志』「韓伝」と「倭人伝」は、晋《しん》王朝の事実上の創始者である司馬懿《しばい》関連の史実であり、「廻護《かいご》の法」を用いた可能性が想定されること。

この三つを組み合わせれば、『魏志』の「矛盾」とは、「春秋の筆法」の伝統を受け継ぐ「陳寿の筆法」の可能性が有ると、とりあえず私には予測される。

名と実の二重構造こそ「筆法」

あるいは、読者は、奇妙な論と思われたかも知れない。我田引水の屁理屈《へりくつ》と思われたかも知れない。ところが、中国の史書が「筆法」をしばしば用いるのは、きわめて常用のテクニックであって、

『魏志』のみが決して特異なケースではない。

例えば、正史の一つの『五代史記』。これは宋の欧陽脩《おうようしゅう》（一〇〇七―七二）の著で、十世紀に五王朝が乱立した五代時代を語る。

「甚《はなは》だしき哉《かな》五代は不仁の極《きわみ》なり」と乱世の道義の頽廃《たいはい》をなげき、その論賛《ろんさん》（伝末の筆者の批判）は「嗚呼《ああ》」ではじまるところから、「嗚呼史」ともよばれる。

この書などは、陳寿のように部分的に「筆法」を用いるのではなく、全巻「筆法」のオンパレードだ。「春秋の筆法」を忠実に守ろうとし、一字褒貶《いちじほうへん》の意によって、文字の使いわけまで試みる。賞賛の言葉が実は皮肉の辞であり、嘆声が実は軽蔑を示すという、まことに意地の悪い書き方だ。その「筆法」の解説として徐無党《じょむとう》の注釈がついているが、これも著者自らが口授して書かせたといわれる。つまり、欧陽脩は自分の「筆法」を自分で解説するくらい「筆法」に凝《こ》っていたのだから、陳寿どころではない。読者も、ここに中国の歴史書の独特の肌触《はだざわ》り、あるいは「思考の型《かた》」を、感じていただくしかない。

以上、今まで述べてきたように、中国史書には二つの顔があった。

その（1）は『春秋』の伝統を継ぐ歴史書（直筆《ちょくひつ》・歴史批判の書）という顔であり、

その（2）は、現政権が過去の王朝の説明をするという政治的な顔だ。

（1）と（2）の立場が同じ場合、つまり（2）の現政権が史実と無関係であり、堂々と（1）の大義名分論を行なえる場合は、「筆法」などは必要ない。直接な表現をしたとしても、何ら差し障《さわ》りもなく、言論弾圧などもない。

しかし、直接な表現が、現政権の旧悪を暴露し、あるいは政治的な事情があって史実をそのまま公表できないとき、伝統的な「筆法」が用いられる。

すなわち『春秋』のように、記事の表面には慣例や公式見解である立前《たてまえ》を置く。そして「筆法」のルールにより、文を「矛盾（錯《たが》え）」させ、文の奥に本当の史実・著者の真意である本音《ほんね》を隠す。文外の文、言外の言としてだ。このような工合に、中国流の史文は巧妙だった。立前《たてまえ》を前に出して書きながら、しかも、きちんと本音《ほんね》をつらぬく工夫をする。長い歴史の知恵なのだろう。

この「春秋の筆法」は、東洋史に詳しい人には周知のことだが、多くの読者にはきわめて耳新しいのではないか。「筆法」とは「名」と「実」を同時にとろうとする、二重構造とでも称すべき、実に高度の文章術《レトリック》なのだった。

《春秋は文を錯《たが》うるを以って義を見《しめ》し、一字を以って褒貶《ほうへん》を為す。》

これが、中国史書の伝統原理なのだ。こうした点、同じ歴史書といっても、史実や史観をすべて文の表面にあらわそうとするヨーロッパの歴史書とは、まさに対蹠《たいせき》的だ。

『魏志』研究の新しい出発

日本における伝統的な中国古典の読み方には、大きな問題があるのかも知れない。中国においては、文明の風習として確立しているレトリック――筆法《ひっぽう》――は、完全に見落とされているかのようだ。

中国は、歴史においても文化においても、古く大きい国だ。そこでは複雑極まる人間関係をさばくため、いろいろな知恵が発達する。この「筆法」も、時世に応じて本音《ほんね》⟷立前《たてまえ》を使い分ける工夫の一つなのだ。

そこのところの機微が、現代日本の研究者には、全然わからない（江戸時代の林羅山《らざん》は『春秋公《く》羊《よう》伝』の解説書を書いている）。基になる文化の基盤が、既に変化してしまったからだ。また、普通レベルの現代中国人に読ませても、これは同様。絶対になにもわからない。彼らは、中国語は話せても、特殊な古典漢文は読めない。まして、史書とは無縁だ。これは、過去の知的特権階級の世界、きわめて特殊な教養人だけの間の、ハイ・コンテクストな話だからだ。

さて、本題にかえり、『魏志』はどうだろうか。

過去の論争は、「倭人伝」の最も「矛盾」する部分、つまり地理記事の「方位」と「里程」のどちらを信用するかの対決だった。しかし今、中国史書伝統の「筆法」を知ったとき、邪馬台国問題についても、根本的な再検討が必要だと思われる。

私の考えを要約すると、

（一）『魏志』「韓伝」と「倭人伝」に共通する「規則的な矛盾」が発見されること。

（二）その規則性が偶然とは思われないこと。
（三）中国史書の淵源《えんげん》である孔子の『春秋』の「筆法」と強い類似性のあること。
（四）『三国志』は同時代史であり、「筆法」を用いる必然性のあること。
（五）「沈黙の論証」形式が当てはまること。

以上の五つの理由によって陳寿は『三国志』において「筆法」を用いており『魏志』「東夷伝」にもその文章術《レトリック》があると、とりあえず予測する。

そして今、なすべきことは、もしそうなら「魏志の筆法」を解明して、陳寿の文外の文を読み取ることであり、「東夷伝」についても、彼の志の通りに読んでみることだろう。

「筆法」による記述の肝心要《かなめ》の点は、それが文の「矛盾（文の錯《たが》え）」という形をとるところにあった。この中国流の学術の核心をとらえて、彼らの思想や理論の背景をはっきり見抜かなくてはならない。その時初めて、この修飾され隠蔽《いんぺい》された史料に対して、洗い落としと組み立て直しの作業ができる。そういう立場で、これから『魏志』を読み直そう、というわけだ。

「史之成文」について

ただ、注意も必要だ。

《春秋は文を錯《たが》うるを以って義を見《しめ》し、一字を以って褒貶《ほうへん》を為す。》

これが「筆法」の原理だ。

だが、文に矛盾や混乱、表現の不統一があれば、必ずそこに「義例《ぎれい》」が有るということでもない。つまり、表面的に見える、すべての「文の錯《たが》え」のすべてが「義例《ぎれい》」ではない。史書の編述過程で、著者の叙述と原史料の流用の痕跡の「二つの層」がある。

もともとの史料の表現が、そのまま残っている部分を杜預《とよ》は「史之成文《しのせいもん》」と『春秋経伝集解《しっかい》』『春秋釈例』で定義して、「史之成文、非義例所存也」と述べる。「義例《ぎれい》」と「非例《ひれい》」だ。すべての文章上の矛盾点が「義例」ではなく、原文書の表現が、そのまま史書に残っていることも留意せよ、と言うのだ。

史書を読むにあたって、「義例《ぎれい》」と「非例《ひれい》」、この区別の感覚も必要だ。読者も、「春秋の筆法《ひっぽう》」「微言大義《びげんたいぎ》」「属辞比事《しょくじひじ》」「三世異辞《さんせいいじ》」「廻護《かいご》の法《ほう》」「史之成文《しのせいもん》」など、このような言葉、つまり史書記述の方法論を知った上で、『魏志』を読み進まれたら良いと思う。具体的には、その記述の簡単ルールは、以下の感じだ。

①「文を錯《たが》えるを以て義を見《しめ》す」
②「一字を以て褒貶《ほうへん》を為す」
③「数句を須《ま》って言を成す」
④「事《こと》同じくして文異《こと》なる」

本というものは、著者が書いたように、読むしかない。陳寿の書いたものは、春秋公羊《くよう》学者である陳寿が書いたように、その彼の公羊《くよう》学のゲームのルールで、読むしかない。著者の真意が、文の表面にではなく、行間に書かれている以上は、その行間を読むしかないのだ。読み手には、自分の意見や学説など、必要ないのだ。

第二章　中国史書の論理に学ぶ

一　前史の伝統と筆法

筆法も一種の暗号

前章において、『魏《ぎ》志』「韓《かん》伝」と「倭《わ》人伝」にある「規則的な矛盾」に気付き、それが中国史書に伝統的な「筆法《ひっぽう》」の文章術《レトリック》だ、と論じてきた。

そこで、次には、どこが「筆法」部分——微言《びげん》であり、それは何を語る——大義《たいぎ》なのか、これが問題となる。しかし、この「筆法」による文外の文、言外の言は、儒学と「春秋学」に基づくため、ある程度の前提知識、感覚が必要となる。まして陳寿『三国志』の文章は、無愛想なほど簡潔であって、『五代史』の欧陽脩《おうようしゅう》のように、自分で自分の「筆法」を解説してくれるような親切心はなかったようだから、なおさらだ。

とすれば、私たち異邦人が「筆法」解読に取り組む道は、二つしかないだろう。

第一の道は、定石どおり「筆法」のルールに従って読むという、最もオーソドックスなアプローチだ。「筆法」に対する正統的な「読法」「解法」といえる。『魏志』の用字（一字褒貶《いちじほうへん》）と内容（文の錯《たが》え）を吟味し、そう書いた陳寿の真意（義《ぎ》）を求めるやり方だ。これが「春秋の筆法」以来の、訓詁《くんこ》注釈の学、すなわち史書を読むセオリー（理論）だ。

しかし、この方法には、大きな難点がある。それは、史書に対して詳しく細かい考証を行なう必要があることだ。文字使用の一字一句をも、徹底的に調べあげねばならない。事実関係も詳しく調べ、『魏志』の記述とつき合わせねばならない。これは大変な作業だ。現代人には、とても無理だ。そのためには春秋学に精通し、古典に対する深い知識が必要だ。二十一世紀の今、すでに共通の教養、思考の基盤が違う。現代中国人学者にも、とても無理だ。

そこで、この本において、もっと簡単な第二の道をとりたい。要するに「魏志の筆法《ひっぽう》」という陳寿の作った暗号を解けば良い。すると、先に「陳寿の筆法」を解いた人の答えを調べてみるのが、手っ取り早い。つまり、カンニングするのだ。「魏志の筆法」は陳寿の残したものだ。暗号もそうだが、「筆法」にも出し手と受け手が要《い》る。彼も、この文章術《レトリック》を用いる以上は、当然それを理解できる読者層を期待して書いたはずだ。

『三国志』（『魏志』）は、歴史書だ。したがって、陳寿が期待した読者とは後世の読者、その誰かに（最小限）読ませようとして書いたはずだ。

たとえば、朝の魚市場。そこでは仲買人たちが、機関銃のような早口でセリを行なっている。もし素人客がその場にいても、その言葉を聞き取るのは無理だろう。ゆっくり話してもらっても、独特の符牒《ふちょう》を使っているため、意味は、決してわからない。魚類学者にも、わからない。経済学者にも、わからない。わかるのは、ただ魚市場の仲買人仲間だけだ。

同じことが、史書の場合にも言える。中国の史書は、儒家《じゅか》による儒家のための書であって、現代の大量出版の書物とは違い、無学な民衆や異邦人は、始めから読者としては、相手にされていなかった。知的エリートの独占物だった。

すると、「魏志の筆法」が読め、また陳寿が読めると期待した読者とは、どのような種類の人種だったたか。

それは後世の、彼の同志、同じく『春秋』家、つまり後代の史官《しかん》たちだろう。陳寿も、彼の後輩たちが『魏志』を見抜く能力を持ち「魏志の筆法」を解《と》くと信じて疑わなかったろう。専門家である彼ら後輩に解けない「筆法」であれば、もはや「筆法」（秘められた記録）の意味がなくなる。

そこで私は、魚市場のセリ言葉と魚の相場を、仲買人に教えてもらうように、「魏志の筆法」への答えを、昔の中国の史官たちに教えてもらいたい。結論から先に言えば、それは『後漢書《ごかんじょ》』著者の范曄《はんよう》と『晋書《しんじょ》』著者の房玄齢《ぼうげんれい》らだ。

これは、思い付きではない。私は「筆法」の答えをもとめて両書を読み直したとき、そのさりげない文の上に、「魏志の筆法の答え」を発見した。私が講談師なら、ここでパパーンと張《は》り扇《せん》を叩くところだ。

十五ある中国正史倭国伝

中国の史書は、紀元八〇年頃に班固《はんこ》によって著された『漢書《かんじょ》』よりのち、紀伝体（皇帝年代紀を

書名	語る時代	撰者	成立順	巻次	伝・志名	呼称（条）
後漢書	二五—二二〇	范曄（—四四五）	②	八五	東夷	倭
三国志	二二〇—二八〇	陳寿（—二九七）	①	三〇	〃	倭人
晋書	二六五—四二〇	房玄齢（—六四八）	⑦	九七	四夷	〃
宋書	四二〇—四七九	沈約（—五一三）	③	九七	夷蛮	倭国
南斉書	四七九—五〇二	蕭子顕（—五三七）	④	五八	東南夷	〃
梁書	五〇二—五五七	姚思廉（—六三七）	⑤	五四	諸夷	倭
南史	五・六世紀の南朝	李延寿（—？）	⑧	七九	夷貊	倭国
北史	〃の北朝	〃（〃）	⑨	九四	四夷	倭
隋書	五八一—六一八	魏徴（—六四三）	⑥	八一	東夷	倭国
旧唐書	六一八—九〇七	劉昫（—九四六）	⑩	一九七	〃	倭国・日本
新唐書	〃	宋祁（—一〇六一）	⑪	二一三	〃	日本
宋史	九六〇—一二七九	脱々（—一三五五）	⑫	四九一	外夷	日本
元史	一二〇六—一三六七	宋濂（—一三八一）	⑬	二〇八	〃	〃
新元史	〃	柯劭忞（—一九三三）	⑮	二五〇	〃	〃
明史	一三六八—一六四四	張廷玉（—一七五五）	⑭	三二二	〃	〃

軸に、個人の伝記を組み合わす形式）によって一つの時代――王朝の誕生から滅亡までを語る王朝断代史の形をとる。

これには、二十五の代表的なものがあり、二十五正史《せいし》として上古から明《みん》の時代までの各代の歴史を記録している。そのうちで、日本列島の伝《でん》（特集記事）をのせるものは十五あり、それは前ページの表の通りだ。

この表のように、各史書の語る時代順と正史の成立順は、必ずしも一致しない。だが、『魏志』つまり『三国志』を考える場合に最も問題となるのは、三国時代と関連する時代を語る『後漢書』と『晋書』だろう。

時代的には、①後漢時代、②三国時代、③晋時代の順番だが、成立の順は①『三国志』、②『後漢書』、③『晋書』の順だ。したがって、最も製作年代の古いのは『三国志』であり、日本について言えば、やはり『魏志』「倭人伝」ということになる。

『魏志』を継ぐ『後漢書』と『晋書』

さて、中国正史の編纂には一つの原則があった。それは「前史《ぜんし》を継《つ》ぐ」ことだ。前史とは、その書の扱う時代より一つ前の時代を扱う史書をいう。『後漢書《ごかんじょ》』ならば『漢書《かんじょ》』が前史（『三国志』もそれより早い成立で連なる時代を扱うので一種の前史）、『晋書』ならば『三国志』が前史となる。

司馬遷《しばせん》の『史記』「太史公自序」に明記され、後世も繰り返し強調されたように、史書編纂《へんさん》の主目的は「春秋の継承」にあった。その『春秋』の思想を『史記』が引き継ぎ、その続きを班固《はんこ》が『漢書』に受け継ぎ、そのあとを范曄《はんよう》が『後漢書』に書き（執筆は前後する）、陳寿《ちんじゅ》の『三国志』、『晋書』、『宋書』……と書き継がれていった。これは時をこえた一種の共同執筆といえる。時間空間を超越した異能集団が、永遠に未完の書物を書き続けていく。現代中国でも、中国共産党により『清史』が編纂中とか。中国流文化の息の長い連続性には、ただ驚く。

そこで、方法論になるが、注釈学的視点という術《て》がある。歴代で二十五ある正史において日本列島の伝（特集記事）を立てているのは、83ページの表のように、十五ある。

この十五篇の実に興味深い特徴は、時代を異にする各倭国伝・日本伝が、緊密な相互関係を保つことであり、十五篇と言うより、合わせて一篇と考えた方が正しいとさえ言えることだ。前史《ぜんし》関係（前代史書を書き継ぐ伝統）だ。

因《ちなみ》に左の七篇の前史継承を、直接に語る記述をあげてみよう。

・『南斉書』「倭国伝」……「土俗のことはすでに前史に見える」
・『南史』「倭国伝」……「倭国のその先（歴史）の所出および所在の事は〈北史〉に詳しい」
・『北史』「倭伝」……「邪摩堆《やまと》、すなわち〈魏志〉の謂《い》う邪馬台のものなり」
・『隋書』「倭国伝」……「邪靡堆に都する、〈魏志〉の謂うところの邪馬台のものなり」
・『元史』「日本伝」……「世系および物産風俗は宋史本伝に見ゆ」
・『新元史』「日本伝」……「日本は島国なり、宋から以前の事は、各史に具《そな》わっている」

・『明史』「日本伝」……「その事は、前史に具《そな》わっている」

さて、先に歴代中国史家の眼目は『春秋』を継《つ》ぐことだ、と述べた。『史記』の次の時代を『漢書』、その次を『後漢書』、次を『三国志』『晋書』『宋書』……と連綿と書き継ぐのだ。

陳寿『三国志』の外国列伝も、その「東夷伝」序文において「——もって前史《ぜんし》の備《そな》わざるところを接《おぎ》なう」と書き、論賛《ろんさん》（伝末のコメント）で「〈史記〉や〈漢書〉は朝鮮や両越を著《しる》し、〈東京〉は西羌《せいきょう》を録した。——私は烏丸《うがん》・鮮卑《せんぴ》・東夷《とうい》を記述する」と語る。先行史書の記述の継承を、陳寿が明言するのであり、私たちは、この事実に目をとめてみる必要がある。

十五篇の歴代の倭国・日本伝も、その記述を照合すれば誰でも気づくように、前史後史関係による記述継承という一本の軸が貫《つらぬ》いている

つまり、「前史《ぜんし》」に対して、「後史《こうし》」は、どう書いているか。つまり、どう解釈しているかが、これが、この本の方法論の核心となる。

また、「春秋を継《つ》ぐ」ほかに、もう一つ「前史を継ぐ」理由があった。それは中国の特徴的な思想の、正統論《せいとうろん》だ。正統論とは、三皇五帝とよばれる伝説の帝王からの王位が、易姓革命《えきせいかくめい》（天命をうけた有徳者が暴君にかわって新王朝をつくるのを革命と称す）により王位継承される、という支配者の正当性を主張する議論だ。

当時の考え方として、一つの王朝が滅び新しい王朝が誕生するとすれば、それは前代よりの最も

正統（血統あるいは革命）な後継者でなければならない、とされた。後漢王朝が魏《ぎ》王朝に替わったときも、実は白刃をかくして強迫したのだが、立前としては禅譲《ぜんじょう》されたことになっている。その魏王朝が晋《しん》王朝に取って替わられたときも、実際は武力クーデターとテロールによるが、形式的には禅譲――何度も頼まれて、いやいや皇帝となったことになっている。

これによって、堯《ぎょう》・舜《しゅん》のような神話の聖天子からの王位が、殷《いん》、周、秦《しん》、漢《かん》、魏《ぎ》、晋《しん》……と一直線に引き継がれていく。この正統論は、一統論ともよばれる。

中国の史書が前史を継ぐというのは、この点にもあった。前王朝から現王朝への政権交替（ほとんど武力革命と前王朝の抹殺）を書くとき、自分の王朝に傷をつけないためにも、正統だった前王朝から正統な現王朝へと、スムースに記述を引き継がねばならない。

また、前史とは登場人物も重複する。Aという人物を、前史はほめるのに、後史ではけなすという、辻褄《つじつま》の合わないことがあってはならない。それでは儒学という基盤の上に立った、時代を超えた編集方針に反する。あくまで前史《ぜんし》と矛盾しないように、後史《こうし》を書き継ぐのだ。この論法からいけば、もし前史と後史の間に矛盾点、があれば、そこには何か問題があることになる。

そして『後漢書』『三国志』『晋書』は、一～五世紀の連《つら》なり合う時代を述べていた。つまり三書は、前史関係にあった。

すると、最も「筆法《ひっぽう》」解読の能力を持ち、最も細心の注意を『魏志』の文に払わねばならないのは、誰か。絶対に「魏志の筆法」を解く必要があったのは、誰か。

それは、前史（『三国志』）を継がねばならない『後漢書』と『晋書』の撰者・史官たちだ。彼らこそ「筆法」を解く能力があり、そして解く必要と義務があった者たちだ。それを解いて初めて、自分の史書の編纂《へんさん》に取り掛かれる。

中国の学術には、経《けい》にたいする伝《でん》、伝にたいする注《ちゅう》、注にたいする疏《そ》と、重層的なサブコメンタリーの体系がある。注釈と言っても、単なる解説にとどまらず、『説文解字《せつもんかいじ》』より「段玉裁注」が遥かに高度であるように、新しい価値を加えようとする。『後漢書』『晋書』も、前史を引き写しただけの資料として考えるのではなく、『魏志』の注釈の一種であり、一つの「学説」として把《と》えるのが正しい態度と思われる。

では、『後漢書《ごかんじょ》』と『晋書《しんじょ》』の撰者たちは、「魏志の筆法《ひっぽう》」を発見したのか。具体的に言えば『後漢書』「倭伝」と『晋書』「倭人伝」は、『魏志』「倭人伝」の「矛盾」する部分を、どのように書いているのか。つまり解釈・解読しているのか。

三つの歴史書の同じ部分を、重ね合わせてみるのだ。彼らの解釈は、どうだったのか。

後漢書の范曄

ここで、『後漢書』と『晋書』について少し説明が必要だ。

『後漢書』は後漢時代（紀元二五―二二〇）を伝える正史だ。本紀十巻、列伝八十巻、志《し》（社会制度の記録）三十巻より成る。

著者は、六朝宋《そう》の人、范曄《はんよう》（三九八―四四五）。彼は背の低い、色黒でデップリ肥えた醜男だったといわれる。しかし名門貴族の出身であり、学問は素晴らしくでき、その天才ぶりは少年の時から世に聞こえた。本人も非常な自信家であり、ひどく我儘《わがまま》だった。兄の晏《あん》は「この児《こ》は利に進むから、いつかは家を潰すだろう」と嘆いたという。

『宋書』「范曄伝」によると、若いうちから中央の出世コースを驀進《ばくしん》した。ところが、傲慢《ごうまん》で不作法な男で、上司の彭城《ほうじょう》王劉義康《りゅうぎこう》の母が亡くなったとき通夜にいきながら、通夜の挽歌を肴《さかな》に酒を飲み、夜通しドンチャン騒ぎを演じた。このため宣城郡の太守に左遷《させん》された（四三二年）。

地方でくすぶっていた范曄は、このころ広く学徒を集めて『東観漢記』などの多くの後漢史を参考に、『後漢書』をまとめあげた。その文体は、対句《ついく》を用いて韻《いん》を合わせた四六駢麗《べんれい》体という華麗なものであり、古来名文として名高い。『後漢書』編纂後、中央官界に復帰して高官となったが、クーデターを計画して失敗。刑場の露と消えたのは四四五年、時に四十八歳だった。

編纂にあたっては、多数のスタッフによって充分な史料調査、精密な考証を行ない『史記』『漢書』『三国志』と共に前四史と称された。彼は自分の書について、文には深い含蓄《がんちく》をもたせてあり「恐らく世の人は理解できまい（恐世人不能尽之《これをつくすあたわず》）と」と、奇妙な言葉を残している。

華嶠の『後漢書』

ここで、オタクな話になるが、注意が一つ必要となる。

范曄《はんよう》の『後漢書《ごかんじょ》』の史料価値については、四一五年ころの編纂《へんさん》であり、陳寿の『三国志』(『魏志』「倭人伝」)の百四十年程度あとだ。したがって、『後漢書』は『三国志』を後にまねて書いただけで、とくに一次的な史料性はないと、誰もが考える。

これが勘違いなのだ。

たとえば『後漢書』「倭伝」には、『魏志』「倭人伝」にはない五七年と一〇七年の倭人の朝貢記事(建武中元二年倭奴国奉貢朝賀使人自称大夫倭国之極南界也光武賜以印綬、安帝永初元年倭国王帥升等献生口百六十人願請見)がのる。また末尾にも、『魏志』「倭人伝」にはない奇妙な地理関係記事がのる。『魏志』「倭人伝」を「前史《ぜんし》として継《つ》いで」いるが、別な顔もあるのだ。

もともと、范曄《はんよう》の『後漢書』は、諸家の『後漢書』を集めて、それを再編纂したものだが、范曄のオリジナルではなく、種本《たね》、祖本《そ》がある。それは、実は華嶠《かきょう》(—二九三)の『後漢書』なのだ。この華嶠は晋の朝廷で文官として陳寿(二三三—二九七)の同僚であり、どちらも官界におけるパトロン、庇護者はおなじく杜預《とよ》と張華《ちょうか》だ。二人は顔見知り、同僚なのだ。

そして、清代の考証家の章宗源《しょうそうげん》の『隋《ずい》書経籍志考証』が「蔚宗《うっそう》(范曄)の史を撰するや、実は華嶠に本《もと》づく」と述べるように、陳寿『三国志』と同時期に編纂された華嶠《かきょう》『後漢書』が、種本なのだ。

范曄『後漢書』は、唐の時代に章懐太子李賢《りけん》により注釈がほどこされたが、その李賢注釈では、頻繁に「華嶠《かきょう》の辞なり」「皆華嶠の詞なり」と、范曄『後漢書』は華嶠《かきょう》『後漢書』を流用していることを述べる。また、范曄『後漢書』の論賛《ろんさん》(伝末の著者のコメント)の文章には、華嶠『後漢書』の長文で「露骨な丸写し」が、十数箇所もある。全体構成も同一らしい。

この華嶠『後漢書』は、今は完全本が残らないが、『晋書』「華嶠伝」には、「あまねく秘籍《ひせき》を観《み》て、…後漢書を奏《そう》す」そして「これを秘府《ひふ》に蔵す」とあるが、張華たちの支持を得て、陳寿『三国志』と華嶠『後漢書』は、同時期(二八九年頃)に、晋王朝に公認された。

つまり『魏志』「倭人伝」と華嶠『後漢書』は、双子のようなものだ。陳寿と華嶠は、同僚であり、仲間であり、おなじパトロンに庇護《ひご》されていた。二人は、同じ時に、同じ場所で、ほぼ同じ立場で、華嶠は後漢時代、陳寿は三国時代を扱ったのであり、倭国情報と史実認識も共有し、一致したはずだ。

しかし、これが種本であっても、だからこそ、范曄『後漢書』は二次的史料だとは、簡単に言えない。そういう目で、范曄『後漢書』を見る必要もある。史料価値は、高いのだ。

『晋書』は集団編集

『晋書《しんじょ》』は、西晋(二六五—三一六)、東晋(三一七—四二〇)時代を語る正史だ。唐の貞観《じょうがん》年間に編纂された。この時代は貞観の治《ち》と称されるように、文化的にも政治的にも最も発展した時期だった。

日本でも徳川家康《とくがわいえやす》などが、この治世を政治の参考としている。史学も大いにふるったが、しかし、晋代については、十八家晋書といわれるほど多く書かれていたにもかかわらず一長一短があり、決定版はなかった。

『旧唐書』「房玄齢伝《ぼうげんれい》」によると、時の太宗皇帝《たいそう》は、重臣の房玄齢《ぼうげんれい》（五七八―六四八）と皇帝政務秘書の褚遂良《ちょすいりょう》に『晋書』の定本をつくるよう詔《みことのり》した。そこで房玄齢を作業主任として八名の責任者が分担を決めて史料の採録にあたり、その下に多数の史館（唐朝の史局）スタッフが調査・考証に従事した。唐の貞観《じょうがん》二十年（六四六）に出来上がった。

それまでの史書編纂は、スタッフは用いても本来は一個人の業だった。しかし、この書以後は、国家による組織的な編纂事業となった。

底本は臧栄緒《ぞうえいしょ》の『晋書』とし、そのほかの諸家の晋史、官符、公文書などを参考にして、遺漏《いろう》のないようつとめたそうだ。集団作業であるから個性に欠け、総体に評判は低い。しかし、史料調査、考証という面では集団の効果が発揮されている。

この『晋書』には、一部に太宗皇帝自身が筆をとった個所があり、太宗勅撰《ちょくせん》の書ともいわれる。帝紀十巻、志二十巻、列伝七十巻、載記三十巻より成る。

三書の史料系統

さて問題は、両書の「倭伝」だ。

前述したように、この両書より『魏志』「倭人伝」が古い成立だった。そしてずっと詳しい。この両書の「倭伝」が『魏志』「倭人伝」を、「前史」として書かれたものであることは明らかで、三書を比較対照してみれば、すぐに分かる。伝の構成、用字などまるで同一であり、記事の内容も殆《ほと》んど一致する。

一例として三書の冒頭の文を挙《あ》げてみよう。さあ、連立方程式を解こう。

『魏志』「倭人伝」

倭人在帯方東南大海之中、依山島為国邑。旧百余国、漢時有朝見者、今使訳所通三十国。

（倭人は帯方東南の大海の中に在《あ》り、山島に依《よ》りて国邑《ゆう》を為《な》す。旧《もと》百余国、漢の時に朝見する者有り、今、使訳《しやく》通ずる所三十国）

『後漢書』「倭伝」

倭在韓東南大海中、依山島為居。凡百余国、自武帝滅朝鮮、使駅通於漢者三十許国。

（倭は韓の東南の大海の中に在り、山島に依りて居を為す。凡《およ》そ百余国あり、武帝、朝鮮を滅してより、使駅《しえき》漢に通ずる者、三十許《ばかり》の国）

『晋書』「倭人伝」

倭人在帯方東南大海中、依山島為国。地多山林、無良田、食海物、旧有百余小国相接、至魏時、有三十国通好。

（倭人は帯方東南の大海の中に在り、山島に依《よ》りて国を為《な》す。地に山林多く良田なし、海物を食す、旧《もと》百余の小国が相接し、魏の時に至りて、三十国の通好有り）

まるまるの書き写しではなく、文章は少し変えてある。しかし『後漢書《ごかんじょ》』と『晋書《しんじょ》』の中味は、一目瞭然《りょうぜん》『魏志』「倭人伝」と同じだ。良く言えば「前史《ぜんし》を継《つ》」いでいる。一見、そう見える。

『魏志』の矛盾と三書の矛盾の関係

しかし『後漢書』と『晋書』が、『魏志』「倭人伝」を素材として利用しつつ、他面、異質なものを混入させ、表現を何ゆえか書き改め、『魏志』の文との間に異同の生じているのも、また事実だ。

例えば、『魏志』「倭人伝」の奴国《な》。この国名は、行程記事で一度、二十一の旁《ぼう》国の最後にもう一度、合わせて二度「国名重出」していた。私は前章で、この現象を「筆法」によるのではないかと予測した。

ところが『後漢書』では、この「矛盾」に応ずるかのように、不思議な書き改めがされる。『魏志』の奴国（国名重出であり、旁ら国の最後の奴国は重出分）は、左図のように行程の中間にあるのに『後漢書』はなぜか、

「奴国は、倭国の極南界なり」
と、ことさら強調（極南）している。『魏志』をどう読んでみても（国名重出も念頭に）、「奴《な》国は極南《きょくなん》」ではあり得ない。書かれる国々の最南の国は奴国ではなく、問題の邪馬台国なのだ。

そこで、今までの論者は『後漢書』「倭伝」は『魏志』をもとに書かれたものだから、矛盾するとすれば、その原因は『魏志』を真似損《まねそこ》なった『後漢書』にある、と考えてきた。大文章家として名高い范曄《はんよう》も、へまな盗作者と見なされたわけだ。

［両書の矛盾］

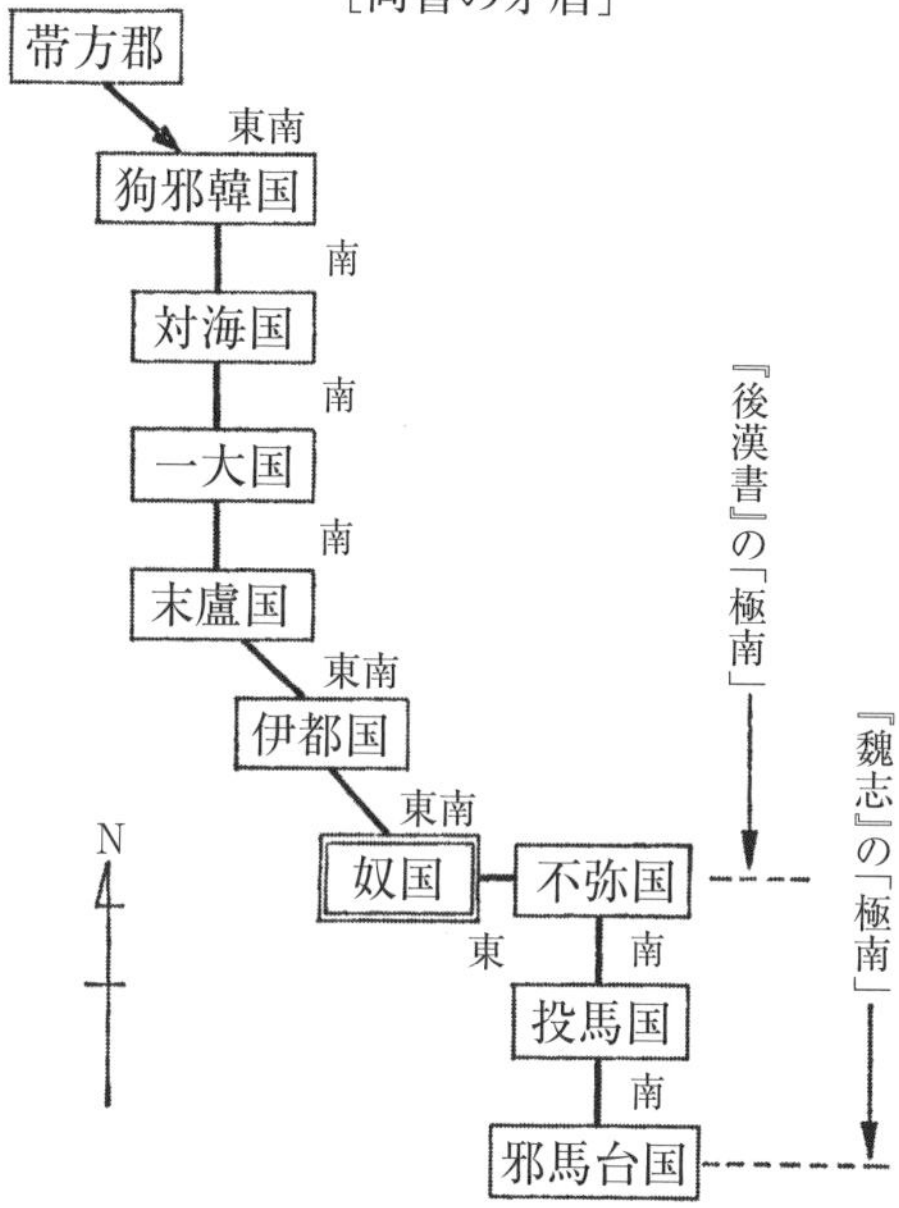

『魏志』の方位記事（記載順）

このことは『晋書』についても言える。『魏志』自体が「矛盾」する記事に符合して、両書のその部分の記事のあいだに、奇妙な、実に奇妙な異同が見られる。勿論これについても、今までの通説では『晋書』の読み誤りと見なしてきた。いや、ろくに注意さえしなかった。しかし『魏志』に「筆法」を発見した今、事情はまるで変わってくる。

陳寿の残した「魏志の筆法」が、范曄《はんよう》や房玄齢《ぼうげんれい》たちに理解できなかったとは、とても考えられない。まして『後漢書』と『晋書』が著された時代には、今日には残らない多数の書籍・記録が有った。唐時代以前の書物は『隋《ずい》書』の「経籍《けいせき》志」という書物リストに記されているが（宮廷蔵書の特に重要なもののみ）、それには王沈《おうしん》『魏書』四十四巻、魚豢《ぎょけん》『魏略』三十八巻、晋の起居注（皇室記録）……などが記される。これらは陳寿が『魏志』を書いたときの参考となったと推測されている書物だ。また『後漢書』や『晋書』は多数の史書・記録類を集大成したものだから、そのもとになった書物にも、何か「倭伝」の参考になるものが有っただろう。前述した華嶠《かきょう》『後漢書』には、どんな記述があったのか。

こう考えてくると、充分な史料をもつ現役の専門家である范曄や房玄齢たちが、『魏志』を基にしながら、その「倭伝」の表現をあえて（一見さりげなく、しかし露骨に）変えるのはなぜか。『魏志』の表面的な文と相反する叙述（のちに詳論）をするのは、なぜか。そこに、何らかの意味を求めてみるべきではないか。

つまり、范曄と房玄齢らは『魏志』「倭人伝」の「筆法」を読んだのではないか。『後漢書』と『晋書』の叙述に『魏志』「倭人伝」と食い違うところがあるのは、実は陳寿の「筆法」に答えた個所ではないか。

《文を錯《たが》うるを以って義を見《しめ》し、一字を以って褒貶《ほうへん》を為《な》す》という中国史書の原理、春秋学の方法論、「前史を継ぐ」という伝統を思い起こすとき、こう考えることも可能だ、と私は思う。

補助仮説としての後漢書・晋書

『魏志』「倭人伝」と『後漢書』『晋書』を対校《たいこう》してみると、両書が単に史実だけでなく、叙述表現まで、『魏志』のそれを全面的に襲《おそ》うのは明らかだ。そのため、うっかりすると、両書の個性や価値を見失いそうだ。事実、過去の論議においても、この両書は二次、三次的なものとして、特に注目はされなかった。

だが私は、三つの書の文を詳しく比較してみたとき、そこに明確な境界線が横たわっているのに気付いた。それは『魏志』自体が「矛盾」する部分と、三者のあいだに「奇妙な異同」がある部分が、きっちり一致する事実。「国名重出」の奴国が『後漢書』では、なぜか「極南《きょくなん》」と強調されるような事実だ。

第一章では、「魏志の筆法」の存在を予測した。それを前提として、この章の証明を進めている。そこで「魏志の筆法」の解読作業においても、それを『後漢書』『晋書』と照らし合わせることによって解き進めてみたいと思う。

あるいは読者は、『後漢書』や『晋書』に果たしてそれほどの価値があるのか、と疑問に思われるかも知れない。三者のあいだの異同は『魏志』の「誤り」をまる写しした結果であって、特別な意味はない、と思われるかも知れない。しかし、その答えは、論理を進めてゆけば自《おの》ら明《ずか》らかになる。

私は、三つの書物を重ね合わせることによって『魏志』の文を解き明かすことが可能、との前提に立っている。これは「筆法」論による、仮説的視角だ。

たとえば化学者は、実験のときに過去の化学データを照らし合わせながら分析を進める。経済学者は、いろいろな経済理論をもとに、景気予測などをする。この信頼できる化学データや経済理論などを、補助仮説とよぶ。現象を解明するときに当てはめる物差しの役だ。

私は『後漢書』と『晋書』を補助仮説として扱い「魏志の筆法」を解いてみたい。では、范曄や房玄齢らは、前史である『魏志』をどう読んだか。

二　晋書を解読すれば＝総称論

『晋書』によって魏志を読む方法

ここで私は、今までのオーソドックスな読み方を超《こ》えて、別な角度から「倭人伝」に光を当てて見たいと思う。

その新視点の光源として、第一に選ぶのは、房玄齢《ぼうげんれい》以下の唐朝史官グループの手に成った『晋書』の「倭人伝」だ。

そこで手始めに、この書物と『魏志』を照らし合わせ、両書の異同、表現の違い、内容の矛盾などを探してみた。特に『魏志』自体が「矛盾」するところに注意した。これは、房玄齢ら唐の史官グループが『魏志』をどう読んだか、「魏志の筆法」をどう解読したかを調べるためだ。

読者も、巻末に掲げてある『魏志』と『晋書』の文をよく照合してみて頂きたい。一見、単なる省略した書き直しと感じるかも知れない。『晋書』「倭人伝」の末尾に晋代の記事が少しあるほかは、両者はまったく同じと思われるかも知れない。だが「微言大義《びげんたいぎ》」のルールを信じ、更に読み返して頂きたい。すると読者も、一つの奇妙な事実を発見することができるはずだ。

それは『晋書』の、次の不思議な記述だ。

「至魏時、有三十国通好、戸有七万」

「魏の時に至《いた》りて、三十国の通好あり、戸《こ》は七万有り」と訓《よ》む。倭国は、旧《もと》は百余の小国が相接《あい》していたが、魏の時代になると三十国ほどが魏王朝と外交関係を持ち、その総戸数は「七万」だ、という意味だ。

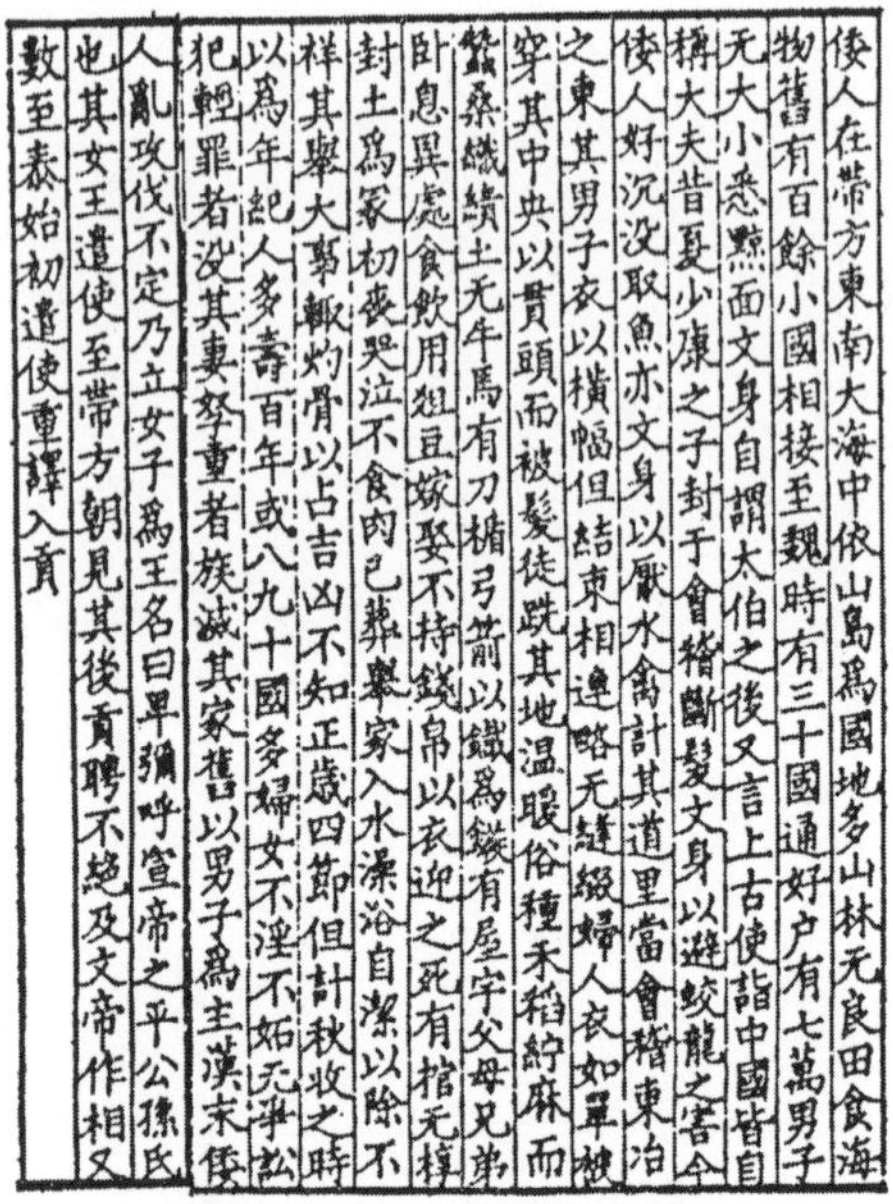
倭人在帶方東南大海中依山島爲國地多山林无良田食海物舊有百餘小國相接至魏時有三十國通好戸有七萬男子无大小悉黥面文身自謂太伯之後又言上古使詣中國皆自稱大夫昔夏少康之子封于會稽斷髪文身以避蛟龍之害今倭人好沈没取魚亦文身以厭水禽計其道里當會稽東冶之東其男子衣以横幅但結束相連略无縫綴婦人衣如單被穿其中央以貫頭而被髪徒跣其地温暖俗種禾稲紵麻而蠶桑織績土无牛馬有刀楯弓箭以鐵爲鏃有屋宇父母兄弟臥息異處食飲用俎豆嫁娶不持錢帛以衣迎之死有棺无槨封土爲冢初喪哭泣不食肉已葬舉家入水澡浴自潔以除不祥其舉大事輒灼骨以占吉凶不知正歳四節但計秋收之時以爲年紀人多壽百年或八九十國多婦女不淫不妬无爭訟犯輕罪者没其妻孥重者族滅其家舊以男子爲主漢末倭人亂攻伐不定乃立女子爲王名曰卑彌呼宣帝之平公孫氏也其女王遣使至帶方朝見其後貢聘不絶及文帝作相又數至泰始初遣使重譯入貢

『晋書』「倭人伝」　2行目に問題の
『魏志』「倭人伝」の戸数解釈がある

『晋書』の戸数解釈

問題は「七万」という数字にある。

この文をどう読んでみても、魏《ぎ》の時代に倭国の三十国が魏王朝と通好し、その総戸数が「七万」有ったと読める。それは倭《わ》国三十国のうちの、特定の一カ国の戸数が「七万」だと言うのではない。三十国全体でそうだと言っている。

しかし、この計算は実に奇妙だ。『魏

志』「倭人伝」は三十国の国名をあげ、その戸数も記録するのだが、それは、次の通りだ。

対海国	1,000
一大国	3,000
末盧国	4,000
伊都国	1,000
奴国	20,000
不弥国	1,000
投馬国	50,000
邪馬台国	70,000
＋ その他の旁国	?
	150,000以上

『魏志』三十国の戸数

つまり『魏志』の三十国の総戸数を普通に計算すれば、それは十五万戸以上になる。それなのに、『晋書』は「七万」としている。

この点において『魏志』と『晋書』は、一見さりげない書き方をしているが、実はまるで食《く》い違っている。

『晋書』は、何を根拠に、このような計算をしたのか。房玄齢らは、どういう読み方、解釈をしたから三十国の総戸数を「七万」とはじき出したのか。

なぜ七万の国か

そこで、『魏志』を再び読み直してみると、こう書いてあった。

「南、邪馬臺（台）国に至る、女王の都する所、水行十日陸行一月。……七万余戸可《ばか》り。」

これは奇妙なことだ。『晋書』は魏時代の三十国の総戸数を「七万」とする。しかし『魏志』では、その三十国のうちの一国であるはずの邪馬台国の戸数を「七万余戸」としている。

邪馬台国は、当然に倭国三十国のうちの一国のはずだった。私たちはそう教えられてきたし、そう信じて疑わなかった。邪馬台国を考えるときも、対海国（対馬島）から邪馬台国までを、言い換えれば三十国の戸数が十五万戸以上となるはずの道筋を探していた。

ところが、『晋書』は違う。房玄齢《ぼうげんれい》たちはそうは読まなかった。『魏志』の三十国の総戸数《こすう》を、三十国のうちの一国であるはずの、邪馬台国ときっちり一致する「七万」と読んでいた。彼らは、実に不思議な計算、奇妙な読み方をしていたのだ。

行程解読に戸数論を導入する

『魏志』によって邪馬台国の位置を求めようとするとき、最も重要なのは里程記事だった。それには、

「郡《ぐん》より女王国に至《いた》るには、万二千余里。」

とある。朝鮮の帯方郡《たいほう》から女王卑弥呼の都までは、一万二千余中国里ある、と言っている。

したがって、過去の邪馬台国論争においても、帯方郡《たいほう》―狗邪韓国《くや》―対海国―一大国―末盧国《まつら》―伊《い》都《と》国―奴《な》国―不弥国―投馬国―邪馬台国を組み合わせて、その里数の合計が「万二千余里」となるコースを探し求めるのが常道だった（戸数合計は、十五万以上となる）。

帯方郡治―狗邪韓国　（七千余里）
狗邪韓国―対海国　（千余里）
対海国の地形　（方四百余里）
対海国―一大国　（千余里）
一大国の地形　（方三百里）
一大国―末盧国　（千余里）
末盧国―伊都国　（五百里）
伊都国―奴国　（百里）
東行して不弥国　（百里）
南……投馬国　（水行二十日）

南……邪馬台国　（水行十日陸行一月）

周知のように、伊都《いと》国より後をどう読むか、その解釈の差によって、九州説と大和《やまと》説に分れた。

さて私も、初めに『魏志』を読んだときは、この常道通り里数の合計を「万二千余里」に組み合わせて邪馬台国に辿《たど》り着こうとし、失敗した。だが、『晋書』の「七万」に気付いて、すこし思い当たったことがあった。

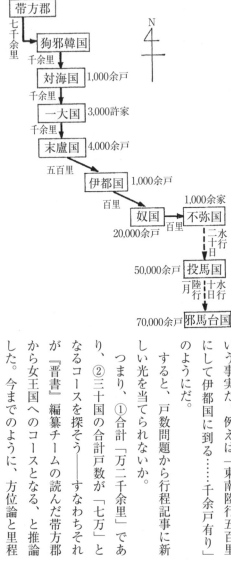

それは、『魏志』の女王国への行程は、常に、里程・方位・戸数がワンセットになっている、という事実だ。例えば「東南陸行五百里にして伊都国に到る……千余戸有り」のようにだ。

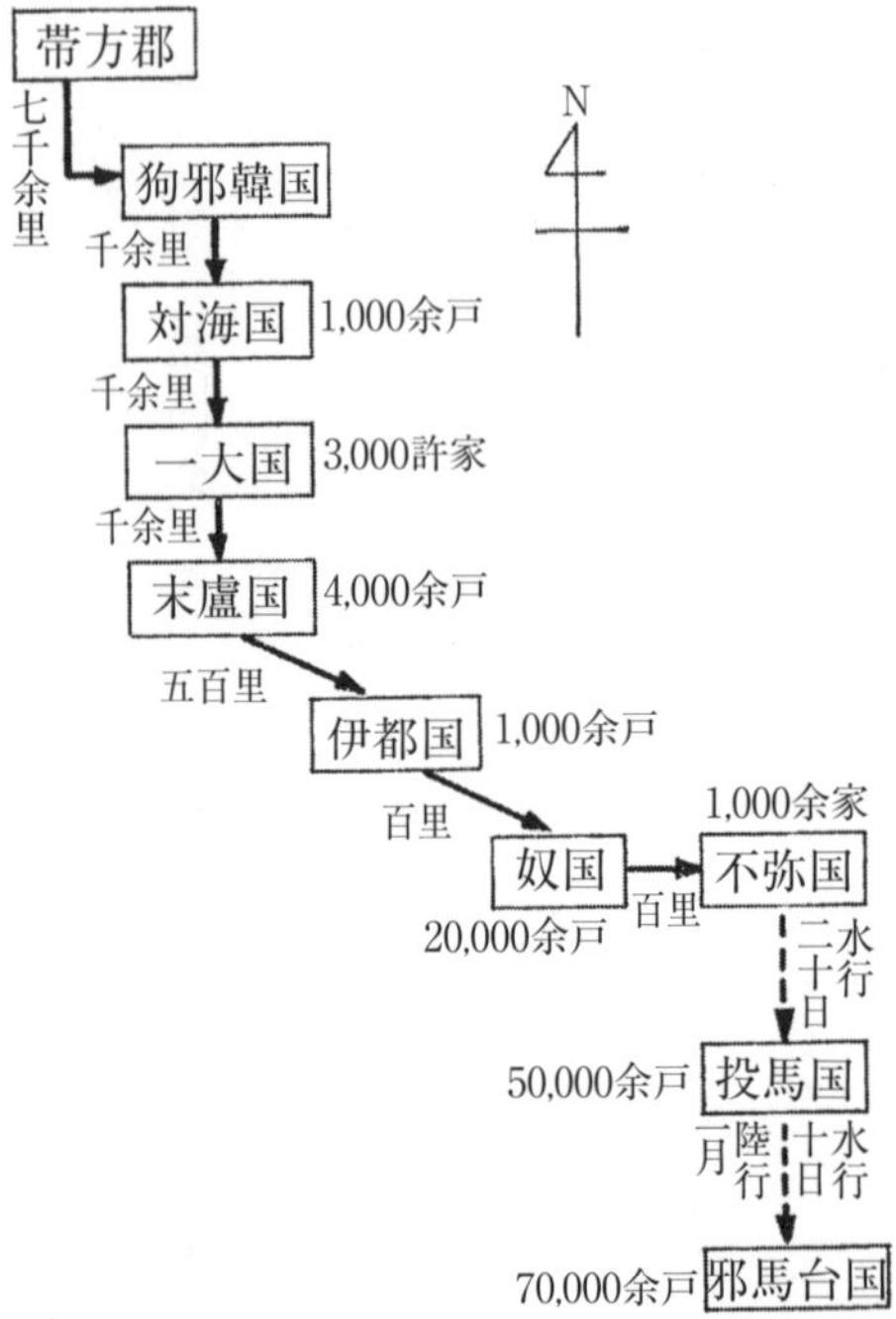

すると、戸数問題から行程記事に新しい光を当てられないか。

つまり、①合計「万二千余里」であり、②三十国の合計戸数が「七万」となるコースを探そう——すなわちそれが『晋書』編纂チームの読んだ帯方郡から女王国へのコースとなる、と推論した。今までのように、方位論と里程論のみではなく、そこに戸数論を導入してみようと思い立った。

『晋書』から見た大和説と九州説

参考までに、今までの邪馬台国位置論を振り返ってみよう。『魏志』の記された順に読む大和説では、右の図のようになる。

さて、戸数論よりすれば上図の合計は十五万余戸。『晋書』は「七万」戸。したがって、房玄齢ら唐王朝の史官たちは、前史にあたる『魏志』を、大和説論者のようには読まなかったということだ。

では九州説はどうか。その代表的なものは榎一雄氏の説だ。これは、中国の使節団が常駐した伊都国（「郡使の往来するに、常に駐《とど》まる所」）の前後で、『魏志』の叙述形式が変化する点に注目したものだ。

それまでは、方位＋里程＋国名の順に記される。ところがそのあとからは、方位＋国名＋里程、の順に書き分けられている。

この書例変化に意味を求めたのが放射コース読法で、「筆法」論と一脈通じる発想だ。『新唐書』「地理志」の類例より推して、上の図のような行程と読まれている。

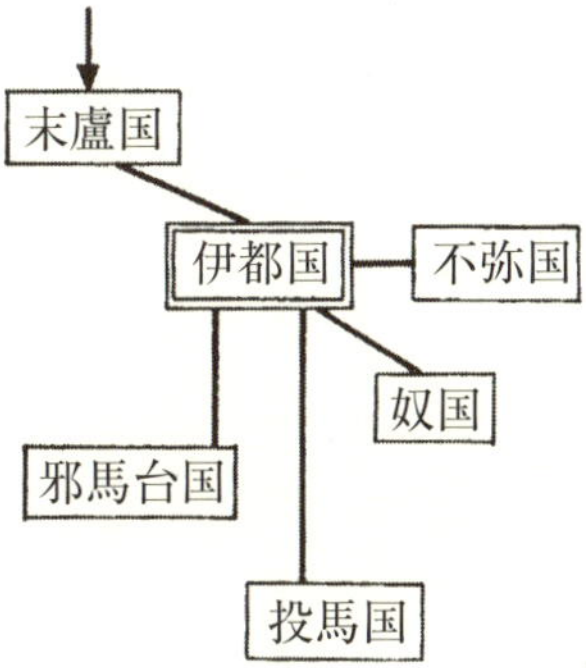

しかし、『晋書』はそうは読まなかった。それでは「七万」を

はるかにオーバーする。すると、房玄齢らはどう読んだのか。どう計算すれば、①帯方郡より女王国までが「万二千余里」であり、②三十国の総戸数が「七万」となるのか。

「邪馬台国」と「女王国」と「倭国」の使い分け

さらに、《文を錯《たが》うるを以って義を見《しめ》す》というルールにより『魏志』に新しい「矛盾」が浮び上がる。繰り返し述べたように、「筆法」のある個所（義例《ぎれい》）は、表現が統一的な形式に反するところに、見受けられる。『春秋』経文の冒頭の例や、魯《ろ》の十一公の薨去《こうきょ》記事のように表現が変わっている（文を錯《たが》えてある）ところが、微言「筆法」発見のポイントだった。

そこで、『魏志』の場合。改めて読み直してみると、肝心の女王卑弥呼の国の書き方に、なんと文の使い分けがなされていたのに気付く。「女王国」、「邪馬台国」、「倭国」と。この三つの表現は特に意味はなく、みな同じ国をあらわす、と今までは見なされてきた。しかし実際は、次に挙《あ》げるように「文が錯《たが》えて」あったのだ。


「南、邪馬台国に至る水行十日陸行一月」

「女王国より以北、其の戸数・道里は略載す可《べ》し」

「郡より女王国に至る万二千余里」

「倭国乱れ、相攻伐すること歴年、乃《すなわ》ち共に一女子を立てて王と為す。名づけて卑弥呼と曰《い》う」

このように、本来一つのはずの女王卑弥呼の国に、実は四種類の書き分けがされていた。「魏志の筆法」を知った上は、この表現形式の変化を無意味な修辞と考えるわけにはいかない。訓詁注釈学《くんこちゅうしゃく》の流儀、「筆法」のルールよりみても、「事《こと》同じくして文《ぶん》異なる」の原理が当てはまる。当然同じもののはずの女王国の表現に、明らかな「文の錯え」がみられるのは、実は重大な問題だ。それが、春秋学の基本的方法論だからだ。

今までは「邪馬台国＝女王国」と考えて、何の疑いも持たれなかった。『魏志』に「邪馬台国……女王の都する所」と書かれており、当然のことと思われた（字義考証、訓詁の立場よりすれば「国」を「所《ところ》」と表現するのは、矛盾する用法つまり筆法だ）。

しかし『晋書』の「七万」のテーゼを念頭において、『魏志』の「邪馬台国」と「女王国」の使い分けを考えてみると、少し事情は変わってくるのではないか。

ⓐ邪馬台国は『晋書』の三十国総戸数と一致する「七万余戸」。
ⓑ女王国は、郡より「万二千余里」ある。つまり、末盧《まつら》国や伊都《いと》国（里数記事）などの、道中の国々の先に在る（これら小国家と、同列の扱い）。したがって、三十国のうちの一国。

ⓐの戸数論よりみれば、邪馬台国は三十国のうちの一国とは思えない印象であるのに、ⓑの里程論よりみれば、明らかに女王国は、三十国のうちの一国だ。

こうしてみると、『晋書』による限り「邪馬台国＝女王国」と、単純に同一のものと考えてよいのか、疑問が生じてきた。

しかし、ともかく現時点では「邪馬台国＝女王国」と、単純に考えるべきではないことに注意すれば良いだろう。

唐の史官たちの解読

問題を整理してみよう。戸数と国数の関係について、『晋書』は次のように読み解いている。

①至魏時、有三十国通好、戸有七万（魏《ぎ》の時に至りて、三十国の通好有り、戸は七万有り）。

『魏志』では、こう述べられていた。

②今使訳《しやく》所通三十国。（今――魏の時代、使訳の通ずる所は三十国）

③邪馬台国……可七万余戸。（邪馬台国、……七万余戸可《ばか》り）

両書の編纂順は、先ず『魏志』、次が『晋書』だった。したがって、『晋書』の撰者たちは『魏志』の②③の文を解読し合成して、①の新しい解釈を導き出した。

そうすると、彼らは『魏志』をどう読んだために、②の「今（魏時代）、使訳通ずる所三十国」の戸数を「七万」と計算したのか。

どうやら、論議は核心に入った。今までの常識的な戸数計算（合計十五万戸以上）と、『晋書』流の不思議な計算法は、今や決定的に対立する。そして新しい答えを要求するのだ。

さて、『晋書』はどう読んだか。コペルニクスの故事を思い起こすときだ。③の邪馬台国の戸数が「七万余戸」であることに注目すれば、その答えは、もはやたった一つしかない。図式にすれば、

『晋書』　　　　　　『魏志』

魏時代の三十国＝七万戸＝七万余戸＝邪馬台国

⇧

魏時代の三十国＝邪馬台国

（但し、邪馬台国≠女王国）

となる。

房玄齢《ぼうげんれい》らは、②の「三十国」と③の「邪馬台国」を、まったく同じ戸数と読んでいるのだ。すると『晋書』説に従えば、邪馬台国とは魏時代の三十国とまったく同じもの。言わば、それら全体の総称名ということになるのか。

邪馬台国の正体は、伊都《いと》国や奴《な》国のような（『魏志』の里数記事の部分）、三十国のうちの一国ではなく、三十国全体を総称して邪馬台国（日数記事の部分）と呼んでいたのではないか。諸国の王中の王《キング・オブ・キングス》だった女王卑弥呼の統治した国々、その全体を邪馬台国と呼んだのではないのか。

なるほど、考えてみれば昔の日本には、各地に多くのクニがあった。摂津《せっつ》の国もあれば丹波《たんば》の国もあり、石見《いわみ》の国もあれば出雲《いずも》の国もあった。そしてその全体をひっくるめて「やまとの国」と呼んだ。すると「邪馬台の国」も、これと同じことではなかったか。邪馬台国とは特定の一カ国の名前ではなく、女王を盟主（「共立」されている）とする三十カ国連合の名ではなかったのか。

『晋書』による限り、これが可能な唯一の答えと思われる。どうにも今までの常識・学説と著しく反するが、とりあえず、そう考えざるを得ない。

『晋書』説では邪馬台国とは三十カ国の総称

あるいは、房玄齢らの勘違いかも知れない。誤読かもしれない。しかし、立派な正史《せいし》がこのような結論を出していたのは、事実だ。

思えば、邪馬台国位置論争の問題点は『魏志』の里数記事（帯方郡→不弥国）と、日数記事（投馬国、邪馬台国）の接続にあった。里数記事の部分は、末盧《まつら》国は松浦《まつうら》（旧末羅県）、伊都《いと》国は糸島（旧怡土《いと》郡）、奴《な》国は博多（旧儺《な》の県《あがた》）とすぐわかる。しかし、それと水行・陸行で述べられる日数記事、

「南投馬国に至るには水行二十日。」

「南邪馬台国に至る……水行十日陸行一月。」

が、どうしてもうまく接続できなかった。

しかし、『晋書』の戸数論を踏《ふ》まえて、この個所に新しい光を当ててみると、接続しにくかったのも、当然だ。両者は、まったく異質なものなのだ（筆法論からみれば、「里《り》」で示す部分と「日《にち》」で示す部分との使い分け、つまり「文の錯《たが》え」に気付く）。

里数記事に出る国々は、伊都国のような、三十分の一の小国家であって、日数記事に出る投馬国と邪馬台国は、ひょっとしたら、総地方名かも知れない。すると、里数は距離、日数は所要日数ということだろうか（後論）。

もし、そうだとすれば、邪馬台国論争が今日に至っても決着しないのは、まさに当然と言える。伊都《いと》国（三十国の一つ）から邪馬台《やまたい》国（三十国全体）への道、現代式に言い直すと、福岡県から日本国（四十八都道府県）への道を探し求めていたのだ。これでは答えの出ようはずがなかった。福岡県から日本国へは、「水行」しようと「陸行」しようと、絶対に、辿《たど》り着くことはできない。

もし読者が、福岡空港かJR博多駅に行って、そこから「日本」行の便を探し求めても、絶対に発見できないのと同じだ。何百年探し廻っても無駄。時刻表をどう組み合わせてみても、無理、徒《と》労《ろう》に過ぎない。もちろん、ニューヨーク空港から「アメリカ」行きの便はないし、パリ空港から「ドイツ」行きはあっても、「フランス」行きの便はない。

邪馬台国は、しばしば「幻の女王国」とも呼ばれる。今まで、誰もが、実際に幻を追っていたのかも知れない。あら、まあ。

三　『後漢書』を解読すれば＝極南の奴国

范曄はどう読んだか

『後漢書』と『晋書』が、より古い同時代史料を尊ぶという史書解読の本筋からいって『魏志』「倭人伝」解釈への、補助的な役割しかしないことは言うまでもない。『魏志』が主であり、両書は従だ。

しかし、かと言って、三つの書のあいだの「奇妙な叙述の異同」まで、無視してしまうわけにはいかない。『晋書』の「七万」のテーゼのように、『魏志』との叙述の異同こそが、解読の鍵であるのかも知れない。

この三書の関係は、一人の出題者と二人の解答者の関係とも言える。では『後漢書』はどうか。范曄《はんよう》の文にも、「魏志の筆法」の具体的な投影が観察されるのか。

確かに、両書のあいだには矛盾がある。例えば『魏志』は狗邪《くや》韓国を「北岸」とする（「その北岸の狗邪韓国」）。ところが『後漢書』は「西北界」と書き改めている（「その西北界の拘《く》邪韓国」）。「北岸」と「西北界」では、落差がある。

このような、両書の不思議な異同は、見逃されてきた何か新しい問題を提起しているのではないか。

今までこれは、范曄の誤読、あるいは筆の走りすぎと考えられてきた。『後漢書』「倭伝」は『魏志』に基づく。それなのに矛盾が生じている。とすれば『魏志』を模倣《まね》し損なった『後漢書』が悪い、という論法だ。大文章家として名高い范曄は、粗雑な剽窃者《ひょうせつしゃ》であり、「前四史」と称された『後漢書』の「倭伝」は、杜撰《ずさん》なしろものと見なされてきた。

しかし、このような論議は誤りではないか。ただ両書のあいだの異同を、一面的に否定するだけで、その根本を何ら理解しようとはしていない。中国の史文というものは、そのように一筋純では解釈できない代物《しろもの》なのだ。

一例だが『魏志』「韓伝」では、馬韓の莫盧国《ばくろこく》を二度書き出して五十五個を並べ「凡《およそ》五十余国」と奇妙な表現をしていた（全国名を書き出しているから「凡《およそ》……余国」とぼかす必要は、本来はないはず）。「国名重出」の「矛盾」だった。

ところが『後漢書』は、莫盧国の重出分の一個を差し引き「五十四国有り」と修正している。これは范曄も、「国名重出」に気付いていたことを意味しよう。

「筆法」と「前史《ぜんし》を継《つ》ぐ」伝統を想《おも》うとき、今となっては、両書のこうした違いを、無意味な書き違いと片付けるわけにはいかないのだ。

倭国の極南界の謎

本題に入ろう。

先に、『晋書』を見直し『魏志』と照らし合わせたとき、論理の筋道は「邪馬台国＝魏時代三十国」と帰結した。とりあえずの作業仮説だ。まだ結論の段階ではない。ジグソーパズルの、はじめの一ピースだ。これからだ。

すると、『魏志』の里数記事（郡→不弥国、小国家名）と、日数記事（投馬国・邪馬台国、総地方名）は、距離と所要日数という二つの内容であって、コース上で連続しないかも知れない。両者は、直列ではなく、並列の形ではないか、と考えてみることも、そう不可能ではない。

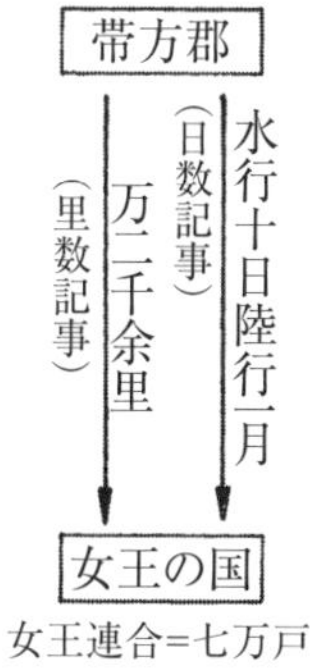

では、『後漢書』では、どうだろうか。「魏志の筆法」が真に存在し、また『晋書』説が実際に正しかったのなら、「筆法」論よりみて、必ず『後漢書』もその説と一致せねばならない。一人の出題者と二人の解答者だから、正しく問題を解くかぎり、その答えは、必ず一致せねばならない。

私は、この問題を考えたとき、『後漢書』に不思議な記事があったことを思い出した。それは、紀元五七年に、倭の奴国が漢王朝に使節を派遣し、時の光武《こうぶ》皇帝より「金印」（漢倭奴《かんのわのなの》国王の印、志賀島出土）を受けた史実のところだ。

「建武中元二年、倭の奴国《な》、奉貢朝賀《ほうこうちょうが》す、使人自ら大夫《たいふ》と称す、倭国の極南《きょくなん》界なり、光武賜《たま》うるに印綬を以ってす」

不可解なのは、奴《な》国を「倭《わ》国の極南界《きょくなんかい》なり」と解した点だ。これは、変な解釈だ。『魏志』の奴国は、伊都国と不弥国の間（104頁の図参照）にあった。二十一の旁《ぼう》国の末尾に「国名重出」される奴国にしても、その南に狗奴《くな》国がある。どちらにせよ「極南《きょくなん》」とは言えない。どうも奇妙だ。そこで、過去の通説は「これは『後漢書』の愚かな誤りだ」と考えてきた。たとえば次のようなものだ。

「この倭奴国は三宅博士がすでに説けるがごとく、伊都国の東なる奴国すなわち国史の儺県《な》なるを、范曄は『魏志』が旁国として列挙せる二十一ヶ国の末尾に見えたる奴国と誤解したるなり。ゆえに范曄は『魏志』に載する二ケ所の奴国を一国と誤り、しかもこれを女王国の極南界すなわち倭国の極南界にありと見たりしなり」（白鳥庫吉『倭女王卑弥呼考』）

「『後漢書』の作者たる范曄はシナ史家中、もっとも能文なる者の一なれば、その删潤《さくじゅん》の方法、きわめて巧妙にして、引書の痕跡の泯滅し、ほとんど鈎稽窮捜に縁なき恨みあるも、左の数条は明らかにその馬脚を露わせる者というべし」（内藤湖南『卑弥呼考』）

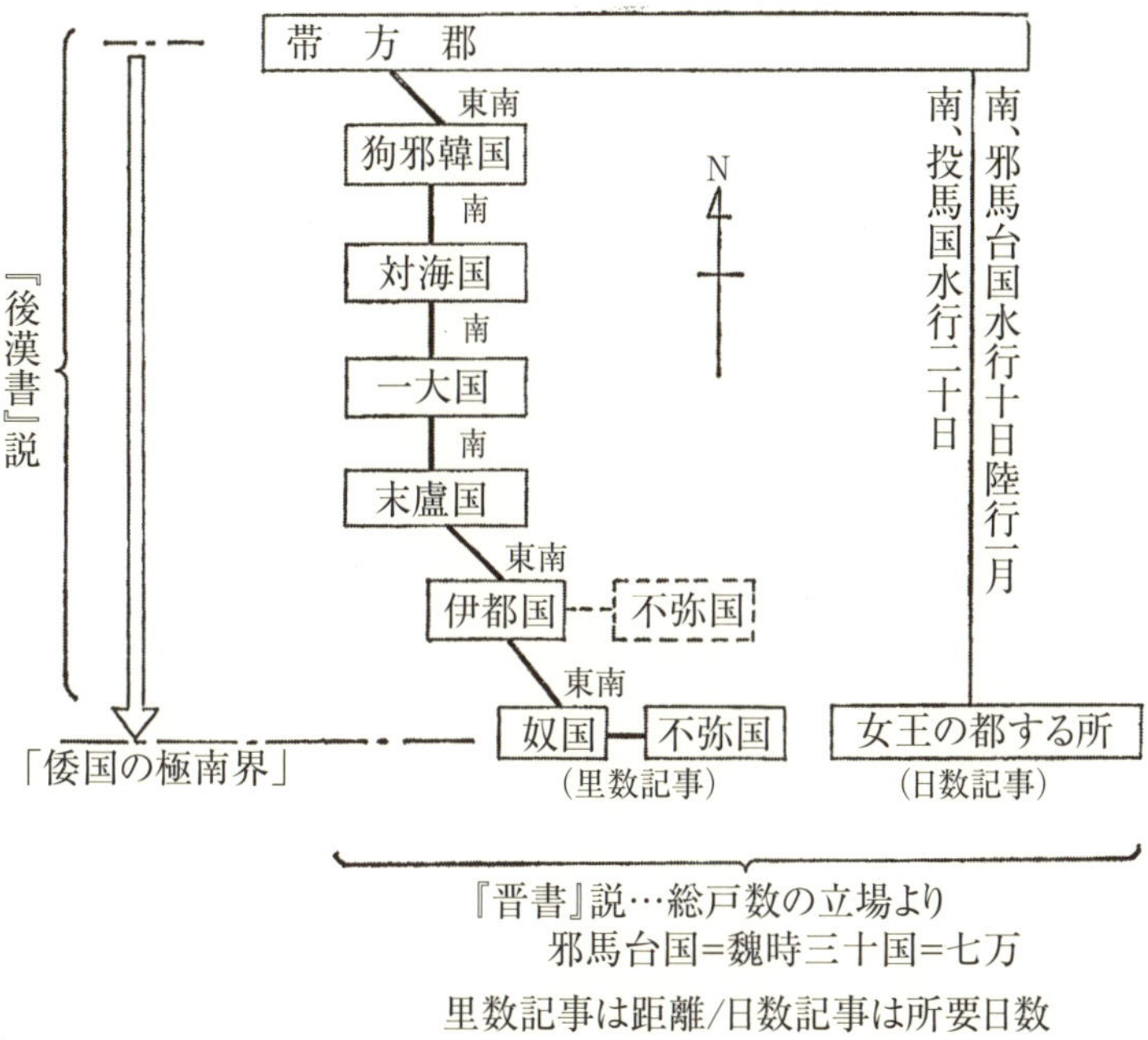

「次に……と後漢宮廷の記録を引きくれましたるは、千万かたじけなく存じたてまつりまするが、倭国の極南界なりとの御誤明は閉口頓首いたすほかありませぬ。ぜんたい陳寿はへたな書き方をいたしておる、小学校の生徒みたいなる范曄が先生の説明を誤解いたしたのも無理でないかもしれませぬ」（坪井九馬三『支那古地理志の解釈に就いて』）

ちなみに、白鳥と坪井の両氏は東大教授であり、内藤氏は京大教授、ともに文学博士だった。このように、過去において『魏志』と『後漢書』を論じたすべての者が、この部分を否定し、批難してきた。

さて、読者はどうお考えか。范曄の「奴《な》国が極南《きょくなん》」とする読み方は、果たして間違いだったのか。

なぜ奴国が倭国の極南なのか

『魏志』は、帯方郡より不弥国までを「里数」で距離を記録し、それに続けて投馬国と邪馬台国を「日数」で説明していた。「文の錯《たが》え」だった。

　過去の通説のように、この里数の部分と日数の部分を連続するコースと考えるかぎり、奴国が倭国の「極南」には絶対にならない。日数の最後にのる邪馬台国が「極南《きょくなん》」のはずなのだ。しかし『晋書』の「七万」のテーゼを理解すれば、ここで風景は一変する。

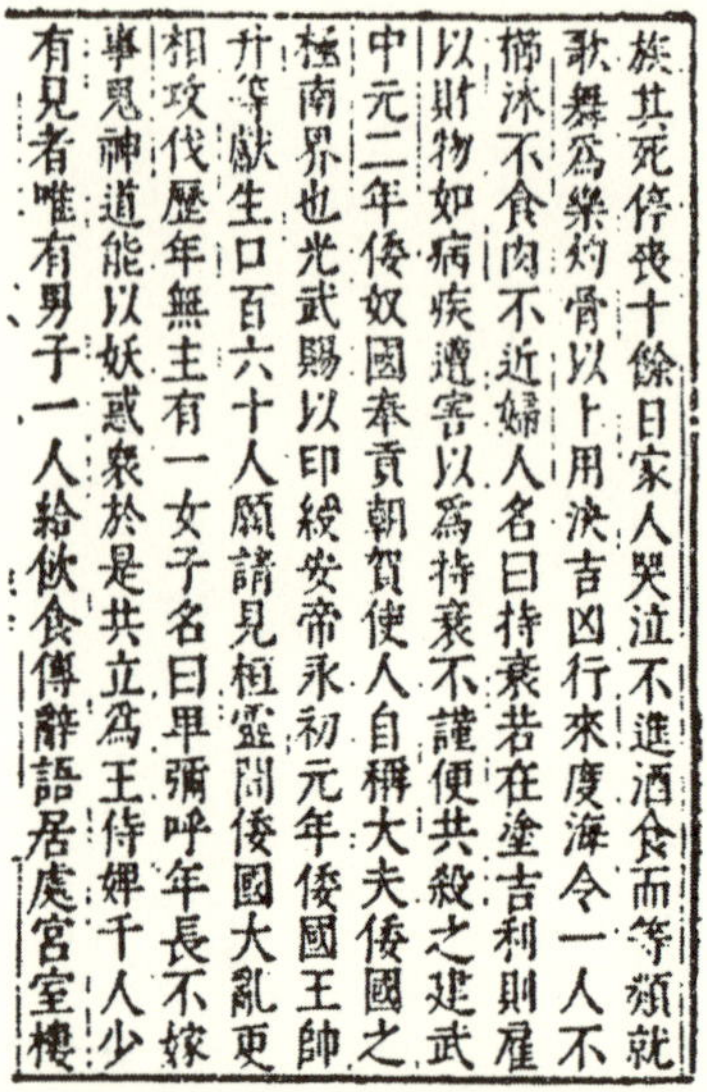
族其死停喪十餘日家人哭泣不進酒食而等類就
歌舞爲樂灼骨以卜用決吉凶行來度海令一人不
櫛沐不食肉不近婦人名曰持衰若在塗吉利則雇
以財物如病疾遭害以爲持衰不謹便共殺之建武
中元二年倭奴國奉貢朝賀使人自稱大夫倭國之
極南界也光武賜以印綬安帝永初元年倭國王帥
升等獻生口百六十人願請見桓靈間倭國大亂更
相攻伐歷年無主有一女子名曰卑彌呼年長不嫁
事鬼神道能以妖惑衆於是共立爲王侍婢千人少
有見者唯有男子一人給飲食傳辭語居處宮室樓

『後漢書』「倭伝」　５行目の終りから６行目の始めにかけて問題の記事がある

『晋書』の解釈により、邪馬台国とは「魏時代の三十国の総称であり『魏志』の里数と日数は戸数論よりみて連続できない」と、とりあえず仮説した。つまり両者とも、郡より女王の都への距離（万二千余里）を説明するものだったと想像した（後論）。

　それを図にすると、前ページの図のようになる。この図を見れば、真実の「極南《きょくなん》」

の国がわかるだろう。

それは、里数記事《りすうきじ》の最南《さいなん》の国、奴国だ。『後漢書』の語るとおり「奴国が、倭国の極南界《きょくなんかい》なり」なのだ。

ここに、『晋書』の「七万《ななまん》」のテーゼと、『後漢書』の「極南《きょくなん》」のテーゼは、正確に重なり合う。

正解！　なのだ。張り扇がパパーンなのだ。


『晋書』の解読（戸数問題）は、『魏志』の里数記事（郡→不弥国）と日数記事（投馬国・邪馬台国）が連続しないこと——両者とも郡からの距離と所要日数であったことを示唆《しさ》する（後論）。『後漢書』も、同じ立場から「奴国＝極南」と読んでいたのだ。

逆に言えば、「奴《な》国＝極南《きょくなん》」となるには、『晋書』の示すように、里数記事と日数記事が、決して連続してはならない。

『魏志』の行程記事は、常に里程・方位・戸数がワンセットになっていたが、
①『魏志』の万二千余…………里程論
②『晋書』魏時代三十国＝七万……戸数論
③『後漢書』奴国＝極南…………方位論
と、これで行程記事の三要素、三視点が出揃った。そして、②と③は見事に一致する。

この一致は、一つは五世紀の中ごろ、もう一つは七世紀の中ごろと、約二百年の歳月を距《へだ》てて書

かれているだけに、軽く見過せない。今ここに、時代をこえた二つの書物が、がっちりと噛み合い、そして、一つの真実をしっかりと指し示している。

見えてきた論理の骨組み

今までの論証を、重複をおそれず要約しよう。

（1）まず『魏志』「韓伝《かんでん》」と「倭人伝《わじんでん》」に「規則的な矛盾」を発見し、それが「春秋《しゅんじゅう》の筆法《ひっぽう》」を受け継ぐ「魏志《ぎし》の筆法《ひっぽう》」ではないか、と推測した。

（2）そこで『晋書』の「魏《ぎ》時三十国＝七万《ななまん》」より『魏志』の「邪馬台国＝七万余戸」に注目し、「魏時三十国＝七万＝邪馬台国」と仮説した。邪馬台国総称論（女王連合）だ。

（3）（2）は『魏志』の行程記事において、「里数記事と日数記事が連続しない」ことを示唆する。ということは、共に郡からの距離と所要日数であることを推測させる。そこで『後漢書』との比較。『晋書』流に読んで、『魏志』に書き出される国々のうち一番南になるのはどの国か。まさに、里数記事の終わりの「奴《な》国が極南《きょくなん》」となるのだ。

間違いない！

私は今、これらの推論をつなぎ合わせて、「魏志には筆法があり、邪馬台国とは、女王連合三十国全体のことだ」と結論せざるを得ない。

こうしてみると、陳寿には何らかの事情、即ち「筆法」を用いるべき理由（「東夷伝」は司馬氏《しば》関係の史実）があって、それを用いた。すなわち、春秋学の伝統的方法論を用いた。

范曄《はんよう》、房玄齢《ぼうげんれい》らも、さすがにその真意を充分に読み取ったようだ。彼らは「魏志の筆法」を完全に承知しており、的確に、しかし、さりげなく応戦していたのだ。

その「倭《わ》伝」では、『魏志』の叙述に表面的にしたがいながら、その根底に明確な境界線を横たえた。細部にさりげなく、そして大胆な書きかえを敢行して「筆法」の答えを示すことにより、「陳寿の意志」つまり「前史《ぜんし》」を継《つ》いだ。これが真相では。

おそらく読者は、こんなキテレツな話に、お困りではないか。だが、まだ話は始まったばかり、脳の遊び、「探偵小説」と思って、お付き合い願いたい。

また、邪馬台国論争に詳しい読者ほど、この結論に反対されるはずだ。『魏志』「倭人伝」の記事では、「里数《りすう》」による行程が書かれ、つぎに「水行陸行」による「日数《にっすう》」により、邪馬台国への道が書かれるからだ。

「南投馬国に至るには水行二十日。」

「南邪馬台国に至る……水行十日陸行一月。」

この日数記事が宙に浮く。

ともかく、今は仮説の構築、論議の組み立ての途上であり、日数記事は、一時、忘れていただきたい。本書は、他の中国正史《せいし》が『魏志』「倭人伝」をどう継《つ》いでいるか、言い換えれば、どう解釈・解読しているか、から入ろうとしている。

だが、たとえば七世紀の『北史』「倭国伝」は「夷人《いじん》不知里数、但計以日」と書き、おなじ七世紀の『隋書《ずい》』「倭国伝」も「夷人《いじん》不知里数、但計以日」と読んでいる。つまり非文明人は、里数単位（距離の計量）概念がなく、ただ日数（所要日数）で計算すると述べているのだ。これは唐の歴史編纂官たちの『魏志』への解釈結果でもあるが、里数がどうした、日数がどうしたというのは、今は保留で後論したい。

そこで、つぎの章において、『晋書』や『後漢書』の言っていることが、嘘なのか本当なのか、それを確認したいものだ。『魏志』「倭人伝」の陳寿の春秋公羊《くよう》学にもとづく記述法、すなわち「筆法」は、ある意味では史官同士の暗号だ。その解読結果である『晋書』『後漢書』をもとに、陳寿の暗号のコード解読と復元（晋王朝の不都合な真実・後論）を試みようというわけだ。

さて、この本は、いよいよ本丸《ほんまる》に突入する。話は、これからだ。

つまり、連立方程式を解くのである。

第三章 『魏志』里程記事を読む

一 道里記事と極南の国

女王国より北とは

ここまで来ると、次は、いよいよ「女王国」問題だという感がある。前章では、邪馬台国とは女王連合三十国の総称であって、女王国とはそのうちの一国、つまり女王の都する特定の一国ではないか、と推測した。まだ思考実験、仮説段階だ。

そういう発想から再び『魏志』を読み直してみると、次の二つの記事、

①自女王国以北、其戸数道里可得略載（女王国より以北《いほく》は、其《そ》の戸数・道里《どうり》を略載可《する》ことが得《でき》る）。

②自郡至女王国万二千余里（帯方郡より女王国に至るには、万二千余里なり）。

に何かを感じる。女王国の位置が語られているのではないか、と直感したのだ。

特に①は興味深い。これを逆に読めば、「女王国より北の（自女王国以北《いほく》）戸数・道里《どうり》を略載したぞ――略載したうちの、一番南が女王国だぞ」ともなる。『晋書』『後漢書』のように『魏志』の里数記事と日数記事がコース上で連続しない、距離と所要日数であれば、「戸数・道里《どうり》」とは、当然に、里数記事（道里《どうり》）のみになる。

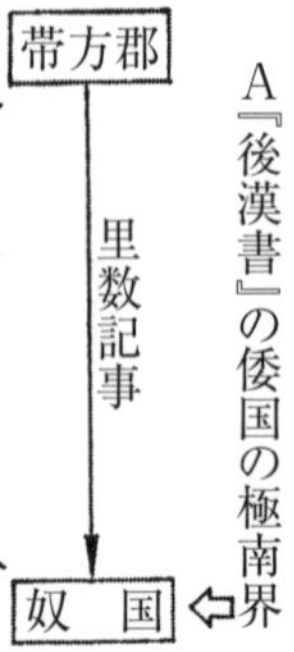

Aの解読をみても、『晋書』の三十国=七万=邪馬台国をみても、『魏志』の里数記事と日数記事は連続できない。従って、「戸数道里」=里数記事。

実は私は、この個所にぴんと引っ掛かるものがあった。というのは、中国正史の記述慣例において、撰者の感想などは伝末の論《ろん》や讃《さん》の項目に述べるものであって、①のように、伝（特集記事）の中で自分の書き方についてコメントするのは、異例なのだ。この「自女王国……略載《りゃくさい》」の文は、本来は、「倭人伝」の末尾に書き加えられるべきだ。しかし、なぜか伝中にある。これは奇妙だ。

そこで私は、常例に反することによって真意を示す「筆法《ひっぽう》」のレトリックを念頭におけば、そこに何らかの「意志」を、①は「女王国は里数記事（戸数《こすう》・道里《どうり》）のうちの一つだぞ」というような、言外の意《い》を汲《く》むべきではないかと思うのだ。日数は、「道里《どうり》」とは言えないだろう。

それに直ちに反応して、房玄齢《ぼうげんれい》らが「戸数《こすう》・道里《どうり》」の「戸数《こすう》」に注目して、『晋書』に「七万《ななまん》」と書いたのではないか。范曄《はんよう》は「道里《どうり》」に注目して、『後漢書』に「奴国は倭国の極南界《きょくなんかい》なり」と書いたのではないか。二人とも、素晴らしい。

ここで、重要な問題が生じる。この「自女王国以北《じょおうこくよりいほく》」の文解釈だ。つまり「自女王国以北《いほく》」の構文は、女王国をも含むのか、含まないのか。

もし、含まないのであれば、女王国は里数記事に書かれる国々（対海国→不弥国）のうちの一つではない。

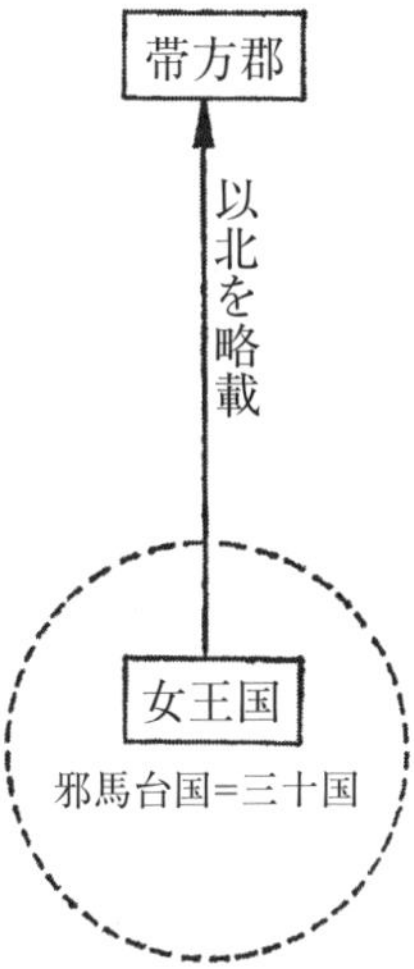

しかし、逆に、「自女王国以北《いほく》」の諸国のなかに女王国も含むのであれば、女王国がどの国なのかは、自《おの》ずと明らかだ。つまり、「女王国より北の国々を略載《りゃくさい》」したのだから、裏返してみれば、女王国は「略載」された国々の最南にあった、という意味になるのだ。「道里《どうり》」だから、言うまでもなく、里数記事の最南（あるいは極南《きょくなん》）だ。

さらに私は、『魏志』の「自女王国以北《いほく》……」の文を読んだとき、奇妙に思ったことがあった。それは「簡潔で質直」と評される陳寿の『三国志』の文章であり、事実、他の部分の文体はその通りだのに、この「自女王国以北」の文に限っては、くどく繰り返されている印象がある。まず地理記事に、

「女王国自《よ》り以北《いほく》は、其の戸数・道里《どうり》を略載可《する》ことが得《でき》る」

と書かれ、次に倭国の風俗・物産を述べたあと、

「女王国自《よ》り以北《いほく》は、特に一大率を置き諸国を検察せしむ。諸国之《これ》を畏憚《いたん》す」

と同じ「自女王国以北《いほく》」の構文が反復されている。漢詩に詳しい人は、この「自女王国以北」の繰り返しが、『魏志』「倭人伝」の文のリズムをこわしていることに気付かれるだろう。

これは文章感覚の問題なので、うまく説明するのは難しい。しかし、文の流れに「自女王国以北」の反復は引っ掛かる。クラシックを演奏中に、一部急に演歌が混ったような感じを受ける。

自□□以北の用法

そこで、「自女王国以北」の文義を追求してみた。中国流読史の法でいう章句訓詁《しょうくくんこ》（一章一句の意味を言語学的に解釈する方法）の手順だ。

まず最初に「A以北」の用法。その説明の内容にA（地名）が含まれるか否か。

後漢の許慎《きょしん》が紀元一〇〇年頃に編纂した漢字解釈の宝典とも言うべき『説文《せつもん》解字』（当然に陳寿の机上にもあったはずだ）の解説では、「以」の字義は「用也」とある。用いるを「指事《さししめす》」ことと説明される。これを要約すると「□□＋以〇〇」の場合に、その文の指示範囲に□□を含み、その基点として強調するのが字義だ。

たとえば「□□より、□□をもって、□□により、□□のゆえ」のように、その原因・基点・根拠を示す用法だ。

したがって、「A以北」の場合も、Aはその文の基点を指示するわけだから、当然に文の内容の範囲に含まれることになる。

（『三国志』における「地名＋以北・東・南・西」の用例は『魏志』に四例、『蜀志』に一例、『呉志』に五例あるが、文の内容に例外なく地名が含まれるのを確認できる）

次に「自」の字義について『説文解字』は「鼻也」とし、始めを表わす字と説明している。用い方は「□□より、□□から、□□よりする、□□によって」などだ。これも「以」と同じく、述語動詞や形容詞の叙述の基点を示す。

これを知れば「自」と「以」の組み合わせである「自□□以北」の用法が、文の内容に□□を含むことは明らかだ。それどころか「自」と「以」で、□□を二重に強調している。

自□□以北『三国志』の用例

念のため『三国志』における「自□□以北・東・南・西」の全用例を考証してみた。『魏志』「倭人伝」のほかにも八例ほどあった。

①自㆓許㆒以南、吏民不㆑安《りみんやすんぜず》、太祖以為㆑憂《もってうれいとなす》（『魏志』九「曹仁伝」）

②詔曰《みことのりしていわく》、昔紹之難（建安五年の官渡合戦）、自㆓許蔡㆒以南、人懐㆓異心㆒。（『魏志』十八「和洽伝」……許蔡とは許の麗語）

③聞《きく》、羽（関羽）遣㆓別将㆒、已在㆓郟下㆒、自㆓許㆒以南、百姓擾擾（『魏志』二十六「満寵伝」）

①②③は、紀元二〇〇年、華北の魏国に対して北より遠紹《えんしょう》軍、南より劉備《りゅうび》軍が挟み撃ちに攻めて、許《きょ》を首都とする魏の人民が恐怖したことを語る。自許以南とは、魏の当時の版図であり、許がその中心。

④自高柳以東濊貊以西、鮮卑《せんぴ》数十部（『魏志』二十六「田豫伝」）

⑤自雲中五原以東、抵二遼水一《りょうすいにいたるまで》、皆為二鮮卑庭一（『魏志』三十「鮮卑伝」）

④⑤は、北方騎馬民族である鮮卑族のテリトリーを示し、書かれた地名はその地方根拠地名だ。

⑥自二単単大山領一以西、属二楽浪一、自領以東七県、都尉主レ之。（『魏志』三十「濊伝」）

朝鮮半島北部を狼林山脈の嶺線によって行政区分し、西は楽浪都、東は東部都尉の管掌とする中国の古制度。領は嶺線、したがって両者に含まれる。

⑦自二隴《ろう》一以西、可レ断而有也。（『蜀志』十四「姜維《きょうい》伝」）

蜀は、西方異民族と同盟して魏の攻撃を計画、自隴以西とは、その異民族の領域を語り、隴がその主要都市。

⑧自二江一以南（『呉志』十七「胡綜伝」）

自江以南とは、楊子江より南の呉の領域を示す。当時、江の制水権は呉にあり、江の北の沿岸地帯も領土としていた。

この八例の詳細な考証は省略したいが、『三国志』の全用例においても「自□□以北・東・南・西」の用法は、例外なく□□の地名を文の指示範囲に含むことが確認できる。

道里の略載される最南の国とは

こうして見直すと、字義の本来からいっても『三国志』自体の用例にもとづいて考えてみても「自□□以北」の用法は、その文の内容の範囲に□□を含むと考えるほかはない。したがって「自

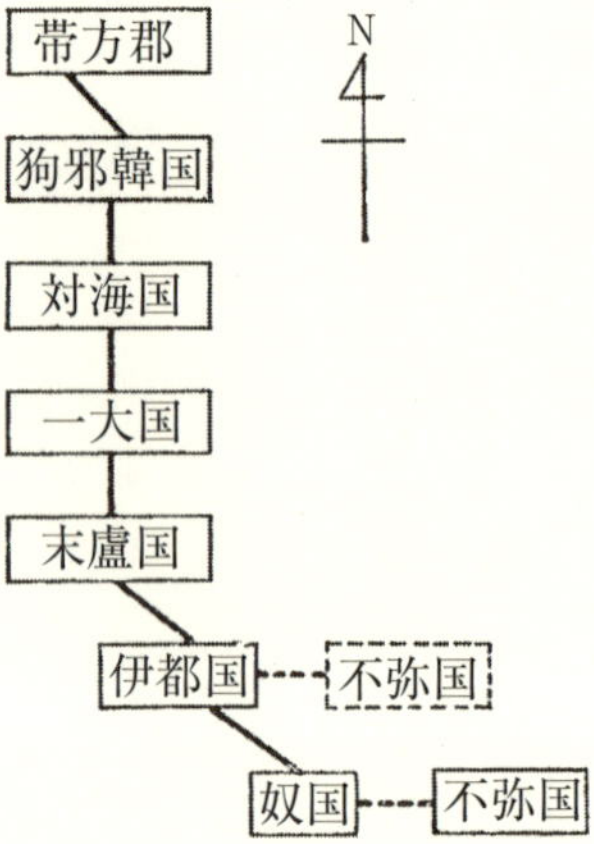

女王国以北」の中には、当然、女王国も含まれる。すると、

「自女王国以北は、其の戸数・道里《どうり》を略載可《する》ことが得《でき》る」

の文は、逆に読めば、

「女王国とは、戸数《こすう》・道里《どうり》を略載した国々の最南（以北の反対）の国だ」

となる。着想が飛躍するようだが、こういう読み方のできるところが、中国史書の一筋縄ではいかないところだ。

そして、①『魏志』の里数記事（郡→不弥国）のうち、その最南（↔自女王国以北）に在って、②「万二千余里」の計算に合った国が、「女王の都した所」となる。

以上の結果を、『魏志』に当てはめて、女王の都を探し出してみよう。

まず、最初に「戸数・道里《どうり》を略載」された国々のうち最南《さいなん》（以北《いほく》の逆）に位置するのは、どの国か。この場合に、里数記事のみで考えることは繰り返し述べた通りだが、それは右上の図のようになる。

この図を見れば、どの国が最南に在るか明らかだ。伊都国より先については、有名な榎《えのき》学説の放射式コース読法により、二通りの解釈があるようだ。念のため、奴《な》国と不弥《ふみ》国の二国が里数記事の最南《さいなん》と認められるだろう。つまり、そのどちらかが女王国、即ち女王の都とした所という話になる。

つまり、ここがこの話、この本、私の理屈の肝心かなめの急所だが、『後漢書』流に言えば、なんと「極南《きょくなん》」の国になる。そこが「倭《わ》国の極南界《きょくなんかい》」になるのだ。わが范曄《はんよう》氏は、そう読んだのだ。

万二千余里の国とは

さて、第二の条件は、②の「郡より女王国に至る、万二千余里」の記述だ。

今までの結果にもとづき『魏志』「倭人伝」の里数記事（郡→不弥国）において、「万二千余里」の数値と一致する国があるか否か、調べてみなければならない。

まず、通説のように、各国間の距離を合計して考えると、次のようになる。

①郡→狗邪韓国	七千余里
②狗邪韓国→対海国	千余里
③対海国→一大国	千余里
④一大国→末盧国	千余里
⑤末盧国→伊都国	五百里

⑥伊都国↓奴国　百里
⑦奴国あるいは伊都国↓不弥国　百里

⑦の解釈については、榎説《えのき》の放射コース読法もあって、二通りの読み方があった。そこで、二通りの計算をしてみると、放射コースの①――⑥を合計すれば、一万六百余里となり、――順次コースのように①――⑦を合計すると一万七百余里となる。

①	7,000
②	1,000
③	1,000
④	1,000
⑤	500
+）⑥	100
	10,600
+）⑦	100
	10,700

どちらも「万二千余里」の数値に足りない。これが、過去における普通の読み方、普通の計算法だった。この差し引きの千三百里（あるいは千四百里）に、「水行十日陸行一月」を無理矢理に当てはめようとして、大いに苦労したわけだ。

ともかく、どう①――⑦を組み合わせてみても、とても「万二千余里」とはならない。

二島を半周する行程

この計算の結果は、私の論理の破綻《はたん》を示すものだろうか。いや否《いな》だ。この計算方法は、多数の論者の支持するものだが、実は正しくないと思われる。

それは何故か。もう一度新しい目で『魏志』「倭人伝」を見直してみると、次の二つの記事、

「対海国……方四百余里可《ばか》り」
「一大国……方三百里可り」

を、完全に見落していたことに気付く。なぜ、今までの邪馬台国論争で、この二つの記事を計算

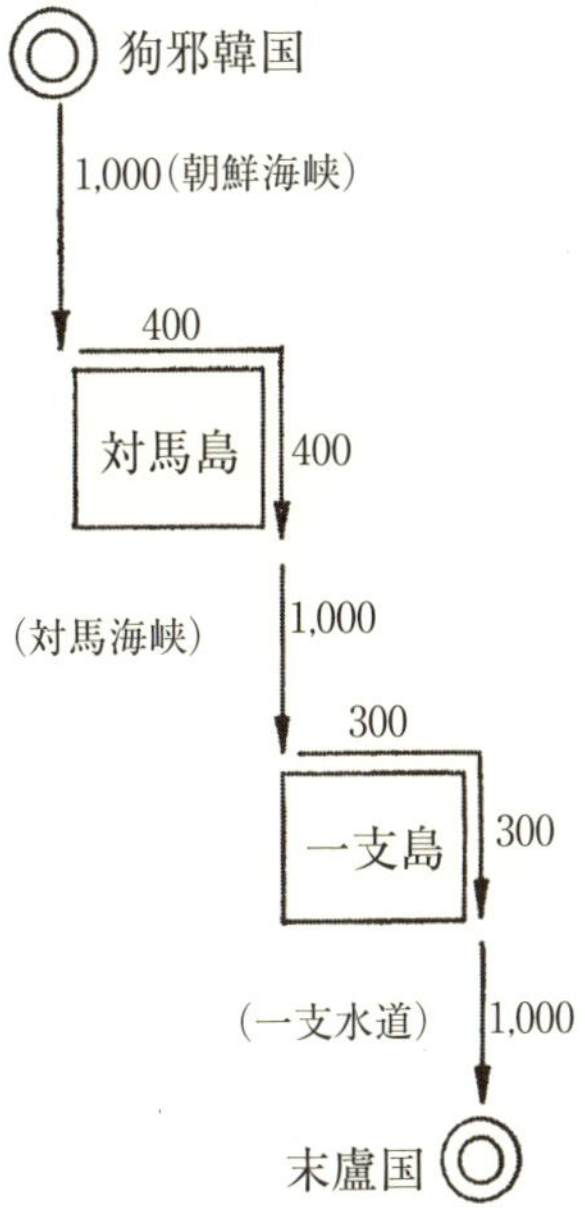

	①帯　　→狗邪韓国	7,000
	②狗邪韓国→対海国（朝鮮海峡）	1,000
	⑧対馬島　400×2	800
	③対海国→一大国（対馬海峡）	1,000
	⑨一支島　300×2	600
	④一大国→末盧国（一支水道）	1,000
	⑤末盧国→伊都国	500
+)	⑥伊都国→奴　国	100
		12,000

奴国は『後漢書』の「極南」の国

していなかったのか、①――⑦以外にも里数が書き出されているではないか。

「微言大義」「一字褒貶《ほうへん》」が中国史書の伝統であることを知れば、無意味な記述はないと考えるべきだ。簡潔が史文の本旨なのだ。

さて、①――⑦までの加算が通説だった。しかし、別な意見もある。それは津堅房明氏を最初として古田武彦氏（『邪馬台国はなかった』）により普及された発想であり、「方可四百余里」の対馬《つしま》島と「方可三百里」の壱岐《いき》島の各二辺（方形の上辺と右辺）を加算する、という見解だ。

⑧対海国　四百余里×2　八百余里
⑨一大国　三百里×2　六百里

そこで①――⑦の数列のなかに、⑧⑨を加算してみると、つまり両島の沿岸を水行するコースを想定してみると、右図のようになる。

なんと、奴国が「万二千余里」の数値ときっちり一致する。もし、⑧⑨の加算が正しければ、（1）「郡より女王国に至る万二千余里」は、里数記事の内に収まり、（2）里数記事の最南《さいなん》（自女王国以北《いほく》）にあった奴国と、完全に符合する。『後漢書』の「極南《きょくなん》の国」と「女王の都する所」は、ぴたりと一致するのだ。正解なのだ。

范曄《はんよう》さんは、性格の悪いごろつき貴族だが、頭だけは、すごい奴かも知れない。

対馬島と一支島の沿岸を水行ずれば

すると、⑧⑨の加算、対馬《つしま》島と壱岐《いき》島を各半周するコースが正しいか否《いな》か、これが、女王の都を求めるポイントとなる。私は、実に正しいと考えるのだが、それは次の理由による。

（1）里数記事にあえて「方四百余里可《ばか》り」と「方三百里可《ばか》り」の記事があり、この部分のみを特に除外するのは、不自然。里数記事は「郡より倭に至《いた》る」行程を述べるのがテーマであるのに、加算しないとすれば二つの記事を書く理由がなくなる。

（2）「郡より倭に至るには海岸に循《したが》いて水行し」とあるように、沿岸航法は三世紀の航海術では一般的だった。地図を開けば明らかなように、朝鮮半島より九州本島に渡るには、対馬島と壱岐島の海岸に沿って走る必要がある。実地に即して考えれば、両島を半周して沿岸沿いに水行するのが、最も安全で実際的と思われる。

（3）両島を「方——里」のように方形と述べるには、少なくとも一つの直角と、それを構成する二辺が必要。逆に言えば「方——里」と述べた意味は、二辺の加算を示すものではないか。（1）——（3）のように考えてみると、⑧⑨は加算して当然ではなかったのか。

しかし過去の通説では加算しなかった。いや正しく言えば加算できなかったのだ。それは、里数記事と日数記事を連続すると考えて疑わなかったため、⑧⑨を加算すれば「万二千余里」は里数記事内で消化されてしまい、したがって日数記事が宙に浮いてしまうからだ。

天才、范曄の計算

この間の事情について『後漢書』を引っ繰り返してみたら、面白い記述があるのに気付いた。『魏志』は狗邪《くや》韓国を「其の北岸《ほくがん》の狗邪韓国」としているのに、『後漢書』はなぜか「北岸」を「西北界」に書き改め、「其の西北界《せいほくかい》の拘邪《くや》韓国」としている。

これは、帯方郡より女王国への行程記事の一部だ。したがって「西北界」とは、倭国の西北の末端の意味であり、倭国はその東南の方向にあったことになる。つまり『後漢書』は『魏志』の渡海部分を、なぜか東南《とうなん》コースと解釈したらしい。

しかし、『魏志』の狗邪韓国より末盧国までの渡海《とかい》部分は、「南」への方向しか書かれない。一見、南↓北コースのようだ。

この『魏志』をどのように読めば、狗邪韓国が「西北界」、つまり渡海は東南コースとなるだろうか。

東南コースと読むには、『魏志』の渡海部分のどこかに、東方向に進むコースが必要なはずだ。そのとき初めて、狗邪韓国を「北岸」から「西北界」に書き改めた意味が通じる。とすれば、渡海部分で想定できる東に進むコースとはどこか。

それは実は、対馬《つしま》島と壱岐《いき》島の上辺（東西）しかない。

このとき初めて、一見南北コースが実は東南コースだったことが読み取れる。すると、范曄《はんよう》がなぜ「北岸《ほくがん》」を「西北界《せいほくかい》」に書き改めたか、女王国へのコースをどう読んでいたのか、非常に良く文意が通じるだろう。

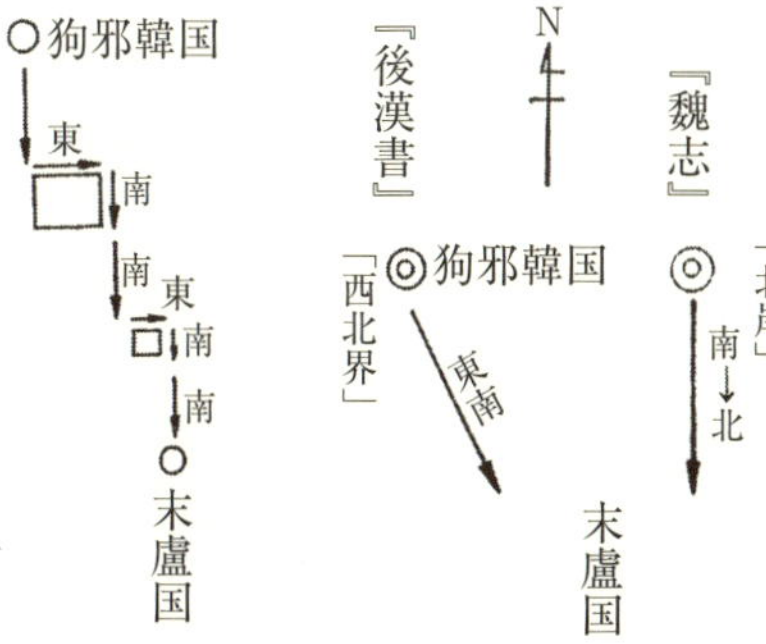

彼も、「万二千余里」を計算していたのだ。対馬島と壱岐島の二辺を加算して読んでいたと思われるのだ。史上最初の邪馬台国研究者は、わが范曄《はんよう》氏なのだ。
過去の論争においても、「北岸」を「西北界」に書き直した理由については、よく論議されてきた。だが、誰も范曄の真意を理解できなかったようだ。
しかし、実際はどうだったか。このように、通説が両書の矛盾と指摘する点を調べ直せば、調べ直すほど、逆に、両者が深いところで完全に一致するのが確認できる。これは『後漢書』

「倭伝」が『魏志』に従うという通念を超えて、范曄《はんよう》の、陳寿《ちんじゅ》の文への高い理解を示す。つまり彼は、「魏志の筆法」を完全に解読していたと思われる。

今、あらためて新しい視覚から読み直してみると、なるほどその通りだ、と私も思う。さすが范曄だ。自他ともに許す天才、クーデターを企《たくら》んで刑死する男だけのことはある。見事な文の応酬《おうしゅう》であり、奇妙な陳寿の文を継いで、しかも一歩も退《ひ》かない。まるで、ダビンチコード。

金印は貰えて当然

本書の論議は、新しい局面に到達したようだ。前に述べたように、邪馬台国は女王連合三十国の総称であって、実は女王国とは、その中心となる「女王の都する所《ところ》」の国（三十国のうちの一国）かも知れないことを、とりあえず仮説した。

その女王の都の条件は、

①里数記事（『晋書』戸数論より）で略載の最南《さいなん》（自女王国以北《いほく》より）にあり、

②帯方郡《たいほうぐん》より「万二千余里」

にあたることだった。そして今、①②とも、正確に一つの国を示している。

それは、戸数が「二万余戸」の最大国だ。弥生時代で質・量ともに最大の遺跡群をもつ奴国《な》、現在の福岡市の周辺なのだ。

「漢倭奴国王」の金印

紀元五七年にも、漢王朝に入貢し、時の光武帝《こうぶてい》より「漢倭奴国王《かんのわのなのこくこう》」の金印を受けたあの奴国、言い換えれば一世紀の倭国の中心国だったグループが、三世紀の女王の時代も、倭国の中心国だったと結論できる。

漢《かん》の制度では、金印は異民族の総王（各部族長ではなく全体の長）に与えられるものだった。五七年に一度それを受けた奴国は、百八十三年後にも、同じ金印を受けたのだ。

過去の論争で、よく疑問とされたのは、なぜ魏《ぎ》王朝が女王に金印を与えたか、という点だ。景初三年（二三九）に女王の使者が魏帝に贈ったのは十人の男女と貧弱な布のみだったのに、魏側は、金印・詔書のほかに圧倒的な豪華物品を女王に贈り返している。すなわち、倭国側の応対と魏側の過大な応対に落差があり過ぎ、奇妙に感じられたのだ。

しかし、女王国とは実際は奴《な》国だったとすれば、その謎は容易に解ける。魏王朝は、後漢《ごかん》の光武帝の前例に従って、光武帝が奴国王に金印を下賜《かし》したように、女王に金印を与えたことになる。

当時の中国は、魏《ぎ》・呉《ご》・蜀《しょく》の三国に分裂し、互いに自分こそが正統の王朝であることを主張し合っていた時代だ。そこへ、名君として名高い光武《こうぶ》帝が認めた正統な倭国王である奴《な》国が、三国の一つである魏に入朝して来たわけだ。魏は喜んで、当然だ。偉大な光武帝の認めた倭国正統王家の奴国が魏に臣従することは、魏《ぎ》こそが漢《かん》王朝を継《つ》ぐ正統性の、一つの証明になる。

ともかく『魏志』の①②の条件は「女王国＝奴国」を明らかに指している。「極南《きょくなん》」の国は、「奴《な》国《こく》」なのだ。さて、ここまでで、読者のご意見は。

眼を瞠《みは》る、以北と極南

このような飛躍したかのような結論に、読者は疑問を抱《いだ》かれるかも知れない。我田引水のパズルのような論法との印象を受けるかも知れない。屁理屈《へりくつ》が過ぎる、とお思いかも知れない。だが「筆法」の語る女王の都の条件と、奴国が見事に符合するのも、また事実だ。

では、何故に「女王国＝奴国」と明記しなかったのか。なぜ陳寿は、そんな面倒な述《の》べ方をするのか。それは、疑問が生じる。

しかし、今は、それらの疑問にかかずらう必要はないと思う。「筆法《ひっぽう》」は、尋常ではないレトリックだ。必ず、そう書かざるを得ない原因がある。その答えは、読み進めて行けば自然と浮かび上ってくるはずだろう（「東夷《とうい》伝」は司馬《しば》氏関係の史実）。

また、本書の始めでこの肝心の奴国に「国名重出」の矛盾のあることに注目したことを、思い出してほしい。

では、何故に奴国《なこく》のみが「国名重出」されるのか、「女王国＝奴国《なこく》」に気付いたときに、答えの半分は出たようだ。

范曄《はんよう》は、さすがにこの点を見破ったらしく、

「建武中元二年、倭《わ》の奴国《なこく》、奉貢《ほうこう》朝賀す。使人自ら大夫《たいふ》と称す。倭国の極南界《きょくなんかい》也。光武賜《こうぶたま》うるに印綬を以《もっ》てす」

と『後漢書』に喝破《かっぱ》している。『魏志』の「自女王国以北《いほく》……」の文が陳寿の与えた謎の鍵と読み取れるのだが、范曄は才人の名声にふさわしく、鍵「以北《いほく》」に対し、「極南《きょくなん》」を以って答えた、としか思えない。

陳寿が、「女王国より北の戸数道里《どうり》を書いておいたぞ、つまりその一番南が女王国だぞ」と文に秘めたのに対して、范曄は、「よくわかった、極南は奴国だ、つまりこれが女王国だな」と言っていたのだ。

「以北《いほく》」と「極南《きょくなん》」。まさに刃が火花を散らすような、実に粋《いき》で鮮やかな応酬《おうしゅう》だ。「以北」に対して「極南」と范曄が答え、「戸数《こすう》・道里」には「七万《ななまん》」と、ただちに房玄齢らが応じていたのだ。

つまり、「筆法」に対するに「筆法」を以ってしていたのだ。それを今、まのあたりに見ると、ただ驚くしかない。陳寿《ちんじゅ》と范曄《はんよう》と房玄齢《ぼうげんれい》、何百年の時を超えて、そんなことが「あり」かと。

二　万二千余里の実数を検証する

水行陸行の日数記事は

今までの「邪馬台国」研究史上において、絶えまない論争の種となってきた「水行十日陸行一月」の問題も『晋書』の戸数《こすう》解読、『後漢書』の方位《ほうい》解読（里数記事の極南《きょくなん》が奴国）に照らし合わせてみると、意外に簡単に解決できた。

「万二千余里」も「水行十日陸行一月」も、ともに帯方郡から女王の都への行程をあらわす。前者は里数で、後者は所要日数であらわした数字だった、と推測できそうだ（後論）。『晋書』の戸数解読と『後漢書』の方位解読の一致を確認した以上は、そう考えても、とりあえず非合理ではない。

この立場から、興味深い文献がある。それは、陳寿の『三国志』（『魏志』）と同時期に成立した魚豢《ぎょけん》の『魏略』という魏時代を書いた歴史書だ。この『魏略』の原本は今残っていないが、その逸文が諸書に引用されているので、大体の面影を偲《しの》ぶことができる。

唐の張楚金《ちょうそきん》が撰した『翰苑《かんえん》』という書物に『魏略』（「倭伝」）の引用として、次のような記事がある。

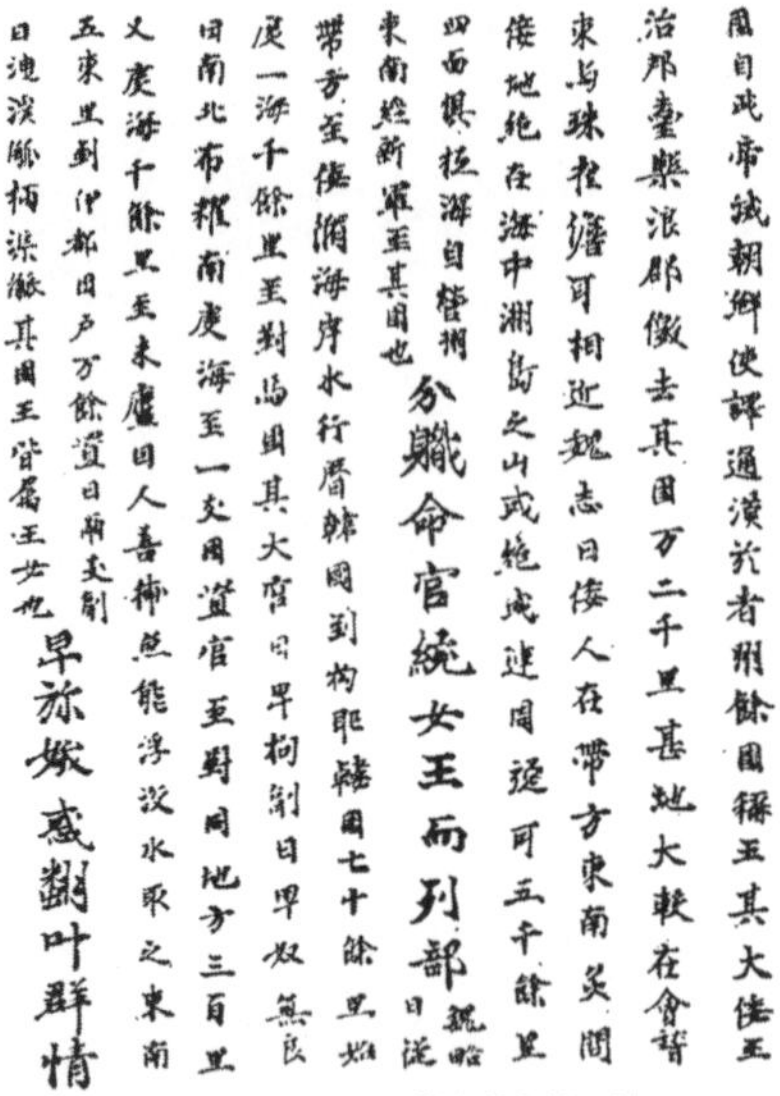

張楚金が撰した『翰苑』(部分)

魏略に曰く、帯方より倭に至るには、海岸に循《したが》って水行し、韓国を暦て枸耶《くや》韓国に到る七千余里。始めて一海を度《わた》る。千余里にして対馬国に至る。其の大官を卑拘《ひこ》と曰い、副を卑奴《ひぬ》と曰《い》う。良田無く、南北に市《し》糴《てき》す。南して海を度りて一支《いき》国に至る。官を置くこと、対馬と同じ。地は方三百里。又海を度ること千余里、末盧国に至る。人善く魚を捕う。能く水に浮没して之を取る。東南五百里にして、伊都《いと》国に到る。戸万《まん》余。(官を)置きて爾支《にき》と曰《い》い、副を洩渓觚《えけこ》・柄渠觚《へきこ》と曰《い》う。其の国の王、皆女王に属す。

＊　＊

魏略に曰く、女王の南に又狗奴《くな》国有り。男子を以って王と為す。其の官を拘古智卑狗《くこちひこ》と曰う。女王に属せず。帯方より女王国に至るは万二千余里あり。其の俗、男子は皆黥而文《いれずみ》す。其の旧語《むかしばなし》を聞くに、自ら太伯の後《すえ》と謂《い》う。昔、夏后小康の子、会稽《かいけい》に封ぜられ、断髪文身して、以って蛟竜《こうりゅう》の害を避《さ》く。今の倭人も亦《また》文身し、以って水の害を厭《はら》うなり。

この『魏略』の逸文の中で年次の知られる最後の記事は、景元四年（二六三）の記事だが、唐の史学研究家劉知幾《りゅうちき》も『史通《しつう》』「正史篇」において、『魏略』は魏の時代に書かれたものであることを考証している。

そこで、前述の『魏略』の記事を見れば、

（一）七千余里、万二千余里の「誇大里数」がすでに用いられており、

（二）水行とか陸行とかの「日数」の記事がない、

という事実に、読者も気付かれるだろう。

万二千余里の比率を求める

今までの私の論点は、『晋書』の「七万《ななまん》」と『後漢書』の「極南《きょくなん》」をもとに、帯方郡より「万二千余里」の地点、すなわち奴国《な》が女王国ではないかと考えた。まず、それの証明が必要だ。

それには、「誇大」な「万二千余里」の実距離は何里だったか、が最初の問題となる。

『魏志』は、末盧国《まつろ》・伊都国《いと》間を「五百里」と書いているが、これはメートルに換算すれば約二一七キロ。ところが現実の地理は、末盧国（唐津市）から伊都国（糸島市前原町）まで、約二五キロに過ぎない。二一七キロと二五キロの違いは、あまりにも非現実だ。

では、何故に陳寿はこのような現実に合わない数字を書き残したのか。前述したように、この「万二千余里」は、何らかの原文書の踏襲《とうしゅう》、杜預《とよ》が『春秋経伝集解《しっかい》』でいう「史《し》の成文《せいもん》」だと思わ

れるが。

ところで、第一章において私は、この「誇大里数」が数倍されているために実地理とは合わないが、「比率」としては正しいことを述べた。一面、正確でもあった。したがって、「万二千余里」の実距離を求める最善の方法は、果たして「比率《ひりつ》」がいくらなのか、を求めることだ。

この場合に、現実の地図から帰納《きのう》的に「比率」を算出し、「何倍に誇大されている」などと言うのは、ナンセンスだ。『魏志』には独特のルールがあった。「誇大里数」も「規則的矛盾」の一つであり、その「誇大」な作為にも、何らかの中国流のルールがあるはずだ。

そのルールとは何か、「誇大の比率」が幾らかは、『魏志』「倭人伝」のみにとらわれずに『三国志』全体より眺めれば、つまり『三国志演義』ではなく、正史『三国志』全編を読めば、時間と根気があれば、実は発見できる。

戦果は十倍して発表の慣例

中国には、数字を「誇大」して表わす慣例でもあったのか。史書が「誇大」な数字を承知しながらも叙述している理由は何か。

そこで、『三国志』を調べ直してみたとき、私はその理由として『魏志』十一巻「国淵伝《こくえんでん》」に、「あ、これっ」という記述を発見した。それには、

「破賊《はぞく》文書（軍事書類）は、旧《もと》、一を以《も》って十と為《な》す（数字を十倍する）」と、述べられている。この破賊文書とは、後漢から魏・晋時代に用いられた戦時公報（戦果発表）の、「露布《ろふ》」のことだ。『魏志』「国淵伝《こくえん》」は、こう語る。

魏の内務官僚でもあり武将でもあった国淵は、自国内に起こった内乱を武力鎮圧し、反乱兵多数を殺した。ところが国淵は、内乱を国の恥と考え、軍事文書は実数の十倍に「誇大」して報告して公表するという慣例を破り、斬った敵の実数を中央に報告した。こうすれば、自分の手柄は捨てることになる（中央は逆に計算して、その十分の一を実数と理解する）が、魏の国の恥は少なくなる、と考えたのだった。魏の曹操《そうそう》は、異例の理由を調べて、国淵の心掛けを賞した。

このように、三国時代の中国では、人民向けの政府発表（特に軍事文書）には、実に数字を十倍《じゅうばい》に「誇大」する慣例があったのだ。これは極めて普通の慣例で、国淵のように実数を用いたのは例外であり、例外だから話題になり記録されたのだ。

これは、一種の大本営発表と言える。ただ、中央で「誇大」するのではなく、現地からの報告の時点で「誇大」させておき、そこから都までの道中において大いに宣伝効果をあげておく、というものだった。

「露布」の原理

この「数字十倍」の様式による記事は、『三国志』の他の部分にも見られる。

『魏志』「武帝紀・初平三年条」「青州の黄巾《こうきん》、衆百万、……冬、卒《そつ》三十余万、男女百余万口の降《こう》を受く。その精鋭の者を収め、青州兵と号せしむ」

（一九二年、魏の曹操は、青州地方の黄巾の賊兵三万余人と男女十余万人を降伏させた。その精鋭を編成し直して青州軍団を作り、これが魏の主力部隊となった）

『魏志』「武帝紀・建安十年条」「黒山の賊張燕《ちょうえん》、其の衆十余万を率いて降る、封じて列侯と為す」

（地方軍閥の張燕軍一万が、魏軍に帰順して編入される）

これらの記事は、戦時公報の慣例に従い、すべて「実数の十倍《じゅうばい》」で書かれていた。この事実は日本においても、宮崎市定「読史劄記」史林第二十一巻や、浜口重国『秦漢隋唐史の研究』「魏晋南朝兵戸制度の研究」等により確認されている。

「布」というのは、皇帝が人民に下す文のことで、公表されるもの。すなわち「露布」とは文字通り、露《あらわ》に布告すること。

仮りに、戦争の場合では、長い竿の先に大きな布旗を立て、そこに「〇〇の戦いで、敵〇〇万人を倒した」などと大書するわけだ。

そして兵士たちが鉦《かね》をジャンジャン叩きながら「御味方、大勝利」などと騒ぎ立てて街を練《ね》り歩く。その時代には、当然ラジオも新聞もなかったので、あるいは唯一の報道手段だったのかも知れない。

それを見た民衆は、

「すごい戦果だ、勝った、勝った」

などと大喜びをするが、「露布」の原理を知っている士大夫《したいふ》や知識人は、すぐ十分の一の割り算をし

「うーむ、我軍は苦戦しているな」

と読み取るわけだ。

大体に、戦果などというものは、洋の東西を問わず、多めに多めに発表されるのが常だ。ただ中国の「露布」が日本の大本営発表と違うのは、慣例に従って、実数を正確に十倍《じゅうばい》するという点にあった。「誇大」ではあるが、正確でもある。

露布こそ根本史料だ

この「露布」は、戦争に限らず、外交上の大成果を誇示する場合にもよく使われたようだ。例えば、我が中華（天子の直轄国家）の徳を慕って、遠い遠い国の使節団が来たぞ、などという場合だ。これは「遠夷朝貢《えんいちょうこう》」とよばれて、中国の帝室の最も喜ぶ行事だった。

一体に、中国人には自分のテリトリーを世界の中心との意味で「中華《ちゅうか》」と呼び、周辺の諸民族を「戎狄《じゅうてき》」「蛮夷《ばんい》」とよんで蔑視《べっし》する思想があった。立前《たてまえ》として中国皇帝は、同時に全世界（天下）に君臨する天子《てんし》でもあった。

この天下にもランク（五服・九服の制）があって、中華の天子の徳（中国への臣従の度合）の及

び方が厚いか薄いかが基準だった。逆に見れば、より遠くの国へ、より厚い徳を及ぼした（王化）天子こそ、真の天下の王、偉大な皇帝と見なされる。

そのため、入朝してくる国が、遠くにあれば遠くにあるほど、中華の徳が野蛮人どもに行き渡った、つまり、自分の王朝が、いかに立派であるかの証明になった。

また、中国の歴代王朝は、およそ定例として、諸外国より派遣されて来た使節の類《たぐい》を、すべてこれ帝室の威光を天下に周知徹底させる道具として、大いに利用した。

景初三年（二三九）、女王卑弥呼の使節団が洛陽《らくよう》を訪れた時も、鉦《かね》がジャンジャン叩かれ、倭《わ》国のことを大書した幟《のぼり》が立ったはずだ。

あるいは、それには、

「帯方より万二千余里に都する倭国の女王、大魏の徳を慕いて本朝に帰順、天子さまにおかれてはその忠孝を深く哀《あわ》れまれ、光武の聖朝の故事（紀元五七年の漢の倭《わ》の奴《な》の国王）にならい、金印紫綬の栄を下される」

などと、書いてあったのかも知れない。この場合に、倭国をより遠くの大きな国と印象させればさせるほど、魏の天子の威徳を人民に感じさせる効果があったことは言うまでもない。

当時は、魏《ぎ》・呉《ご》・蜀《しょく》の三国の、三つ巴《どもえ》の大乱戦の最中だった。大いに外交成果を誇示する必要もあったろう。クラウゼビッツが言う通り「戦争とは政治の延長」なのだ。『魏志』の原資料（史《し》の成文《せいもん》＝元文書の痕跡）の「誇大里数」の答えは、ここらにあると私は考える。

だが、この「数字十倍」の慣例は『三国志』全巻に用いられているわけでもない。陳寿も、二つの例外を除き、その他は正しく実数に書き直して記録している。

例外の一つは、魏の武帝太祖・曹操《そうそう》に関する部分であり、もう一つは魏の大尉《だいい》（軍総司令官）司馬懿《しばい》に関する史実だ。魏王朝につながる晋王朝の史官だった陳寿にとって、魏の偉大な英雄曹操に関する文書は、正統論（魏晋革命）の見地からもタブーの文書であって、手が付けられなかった。したがって、そのまま修正のいるところも修正せず記録（史の成文）した。

司馬懿に関する部分も、現皇帝の祖父であり、晋王朝の事実上の創建者だから、うかつな書き直しはできない（史の成文）はずだ。

倭国について言えば、女王の第一回の遣使《けんし》や、以後の外交交渉もすべて司馬懿の功績だったことは、第一章で述べた通りだ。

したがって、私は『魏志』や『魏略』が「万二千余里」と書くときの基礎となった根本文書とは、三世紀中頃の司馬軍団による極東アジア侵攻戦のさいに、派遣軍総司令官の司馬懿から魏の明帝におくられた「露布《ろふ》」、これ（史《し》の成文《せいもん》）ではないかと推理する。

そのために、晋の時代になって魏史を書くとき、現皇帝の祖父の書いた「神聖な文書」の数字を、書き改めることができなかったと考えれば、「誇大里数の謎」は一応解ける。

前述した『魏志』「武帝紀・初平三年条」の破賊文書、「青州黄巾、卒三十万」の誇大数値も、

「武帝紀」注に曹操《そうそう》の回想として「挙兵の翌年、わしは兗《えん》州に領地を得て、黄巾三十万を打ち破った（破降黄巾三十万衆）」との言葉が記録されており、魏につながる晋の修史官陳寿としては、魏の武帝本人の語った「三十万」の誇大数値（史の成文）は禁忌《タブー》であり、実録に書き改めることができなかったようだ。

この「万二千余里」の実数とは、どれ位なのか。この計算は「露布《ろふ》」の原理を知れば、実に易《やさ》しい。十分の一の割り算をすれば良い。

したがって、「誇大」な「万二千《まんにせん》余里」の実数はその十分の一、「千二百《せんにひゃく》余里」（約五二〇キロ）なのだ。郡《ぐん》より女王国まで、今までの成果をもとに言い直すと、韓国のソウル附近より福岡県の福岡市、博多平野までは『魏志』は、実は、約五二〇キロだと言っていたのだ。

この距離が正しいか否かは、簡単《かんたん》に証明できる。つまり「露布《ろふ》」の数字十倍の原理が、里程記事に合うかを、地図で確認すれば良い。ただ、それだけ。

帯方郡――狗邪韓国の検証

そこで、『魏志』の記載順によって、まず帯方《たいほう》郡――狗邪《くや》韓国間の「七千余里」から、検証を始めてみたい。

この「七千余里」は『魏志』「韓《かん》伝」の三韓（朝鮮半島南部）を「方四千里可《ばか》り」とする文に基《もと》

づく。したがって、「方四千里可り《ばか》」の、実数が「方四百里可り」であることを確認しさえすれば、「七千余里」も十倍されていたことを立証することになる。

ところで、当時の中国人の朝鮮半島に対する地理知識は、『史記』「朝鮮列伝」の注にある『括地《かっち》志《し》』（唐代に編纂の地理書）によって知ることができる。

朝鮮高驪貊東沃沮五國之地國東西千三百
里南北二千里在京師東東至大海四百里北
至營州界九百二十里南至新羅國六百里北
至靺鞨國千四百里史記朝鮮列傳正義

「『正義』曰《いわ》く『括地志』に云う。朝鮮、高麗、貊《ばく》、東沃沮《よくそ》五国の地は、国の東西千三百里、南北二千里にして京師《けいし》の東に在り。東は大海に至る四百里、北営州《えいしゅう》の界に九百二十里、南新羅《しらぎ》国に至る六百里、北靺鞨《まっかつ》国に至る千四百里」

この記事は、朝鮮半島の北部上辺（当時の高句麗《こうくり》領は旧満州地方を深く入る）の東西を千三百里、半島中央部の東西を「東は大海に至る四百里」によって「四百里《よんひゃくり》」と述べている。

したがって、朝鮮半島南部（『魏志』の三韓）を方形とみた場合は、一辺四百里ということになる。これは『魏志』の誇大里数「方四千里可《ばか》り」の実数「方四百里可《ばか》り」と、きっちり一致する。

朝鮮半島南部に対して「方四百里可《ばか》り」（魏・晋里で約一七四キロ、唐里で約二二〇キロ）の認識は、実地理（約二八〇キロ）より幾分か小さい。しかし、当時に航空測量的な正確さを求めるのは、逆に不合理だろうから、『魏志』と唐の時代の『括地志《かっちし》』が、まったく同じ知識を示していることを注目すべきだ。

「七千余里」の基礎である「方四千里可り」の実数が「方四百里」だったことを知れば、「七千余里」が実は「七百余里」だったことも認めるしかない。四千割《わ》る四百は十《じゅう》だ。この数字が「十倍《じゅうばい》」されているのは間違いない。

『括地志《かっちし》』の半島東西を「四百里」とする記事は、『魏志』「韓伝」の「方四千里」の実数が「方四百里」だったことを示すだけでなく、「韓伝」と「倭人伝」の里数記事が「十倍」されていることの証拠になる。そうなる。そうなります。

狗邪韓国――対海国の渡海

まず、狗邪韓国《くやかんこく》の位置が問題となる。

通説は、この国を金海《キムヘ》貝塚で有名な慶尚南道《キョンサンナムド》の金海《キムヘ》地方と見なす。この地ならば、九州北部地方との考古学的な共通性もあり、朝鮮半島――九州本島間航海の、出発点としての条件も極めて良い。しかし、確実なことはわからない、とするのが最も正直な答えだ。

さて、狗邪《くや》韓国より対海国（対馬島《つしま》）へは「始めて一海を度《わた》る千余里」とあり、渡海の距離が「千余里」だ、と述べられている。これは実地理に即して、朝鮮海峡横断（「度海《とかい》」）と解釈すべきだ。

ところで、この海峡の幅は約五五キロである。――それに対して「度《わたる》一海千余里」の実数「百余里」は、約四三・四キロ＋余里となる。この両者の数値差は「余里」と三世紀の計測能力を考え合わせると、大体正当な記述と思われる。55対43・4＋α《アルファ》だから、まあ一致すると言える。やはり「千余里」は「十倍」されていた。

対馬南島は方形

対海国は、「方四百余里可《ばか》り」と記述される。これは過去の通説として、南北二島よりなる対馬《つしま》全島と考えられて来た。しかし、これについては少数意見ながら、上ノ島（南島、下県《あがた》郡）が「方四百余里可り」だとみる見解もある。と言うのは、地図を開けば明らかなように、南北両島とすれば細長い地形であって「方四百余里」の示す正方形の叙述と合わない。だが、南島のみと考えた場合は、四角い形であって辻褄が合うし、「方三百里可り」の壱岐《いき》島とも、その比率が符合す

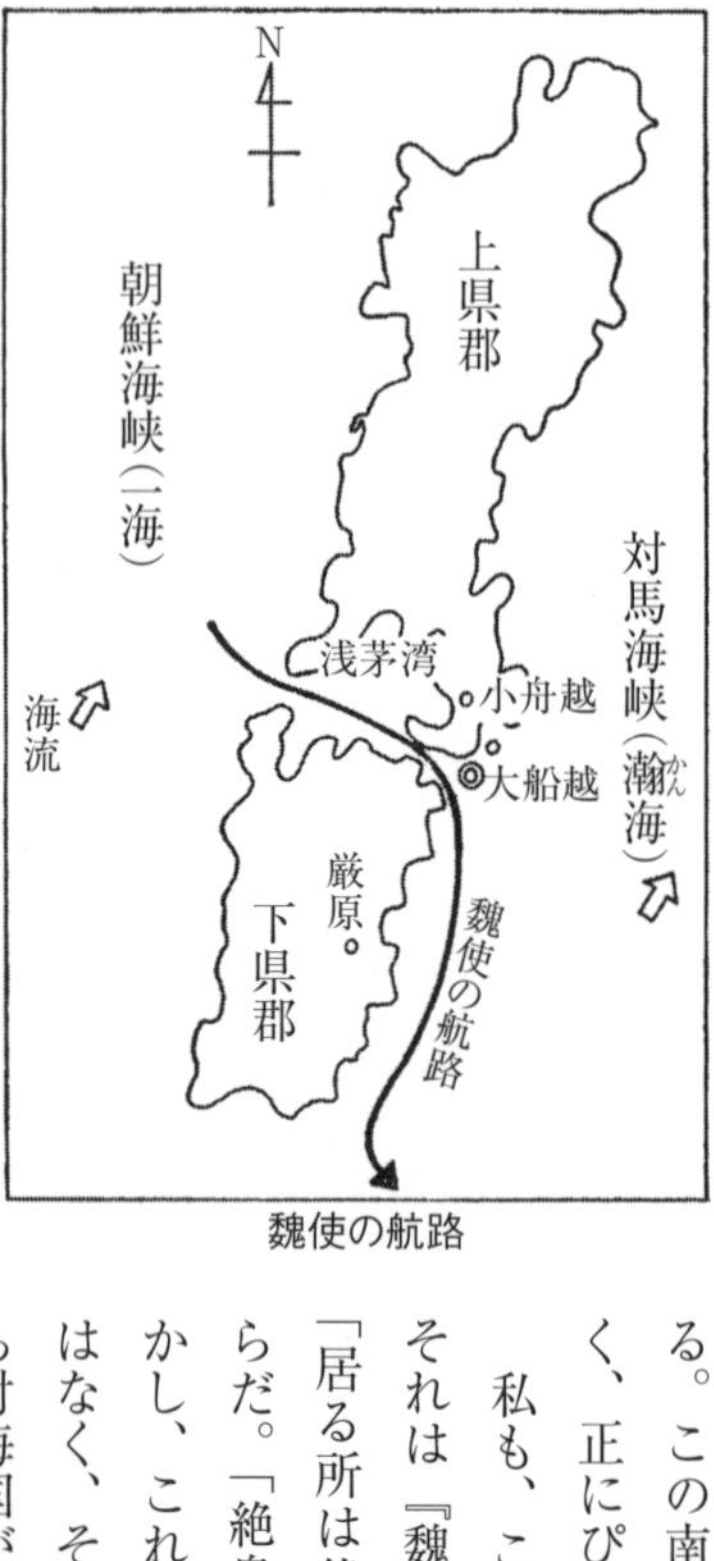

魏使の航路

る。この南島は壱岐《いき》島より一まわり大きく、正にぴたりの表現だ。

私も、この見解は正しいと推定する。それは『魏志』に対海国の官（卑狗《ひこ》）は「居る所は絶島」と、表現されているからだ。「絶島」とは離れ島の意味だ。しかし、これは対海国が離れ島というのではなく、その官が離れ島に居る、すなわち対海国が複数の島々よりなる、とも読める。

こう考えてみると、魏使の航路は、韓国より船出して海峡を横断、浅茅《あそう》湾に入って船越《ふなこし》の古代水路（現代のものは、十七世紀に対馬藩の改削《かいさく》工事をうけたものだが、弥生時代の海面は今よりかなり高いとされる）を抜けて対馬海峡に出るという、南島（下県《あがた》郡）の沿岸コースと推測できる。

この南島（大船越で分割）の面積は、約二五七平方キロ（『日本分県地図地名総覧』）であって、方形に換算すればその二辺は約三二キロ（$\sqrt{257}\times 2$）となる。

また、『古事類苑《こじるいえん》』所引『日本実測録』によれば「其ノ南部ヲ上ノ島（下県郡）ト称シ、東西二里二十八町、南北五里二拾町」と記される。したがって東西約一一キロ、南北約二三キロだ。これは現代の地図とくらべても正確であり、二辺を合計すると約三四キロとなる。

さて、『魏志』の誇大里数「方可四百余里」の実数は、その十分の一の「方可四十余里」であって、二辺で約三五キロ（40×2×434m）となる。

以上のように、実地理の三二キロあるいは三四キロに対して『魏志』の実数の距離は約三五キロであって、完全（と称しうる）に合致するのを確認できる。

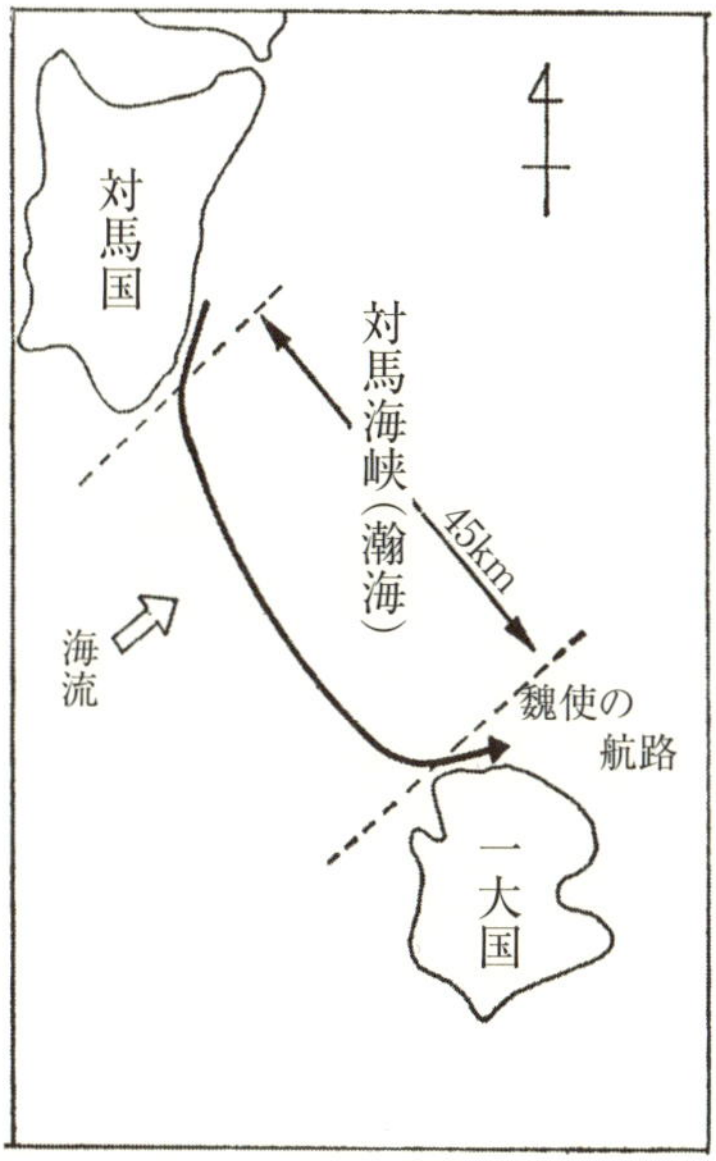

瀚海の渡航

瀚海の渡海千里

対馬《つしま》島と壱岐《いき》島の間は、「又南に一海を渡る千余里、名づけて瀚海《かんかい》と曰《い》う」と記される。

すでに見たように、「度一海千余里」は海峡の横断。この場合は、「瀚海《かんかい》」すなわち対馬海峡が「千余里」（実数百余里）であることを説明する。

対海国と一大国は、「方――里」と方形にして述べられていた。したがって、瀚海の幅とは、実地理に即して考えれば、対馬《つしま》南島の東南の角より壱岐《いき》島の西北の角の間となる。これは約四五キロだ。

ところで、誇大里数「千余里」の実数は「百余里」であり、約四三・四キロと余里。そうすると、実距離の約四五キロを『魏志』は約四三・四キロプラス余里と表現するのだから、これも文句なしの一致と認めてよかろう。

壱岐島を測る

一大国は壱岐《いき》島と考えて何ら問題はなく、論議百出の邪馬台国論争においても、諸説の一致する唯一のところだ。

『魏志』によれば、「方三百里可《ばか》り」とされ、したがって、実数は「方三十里可り」であって、その二辺は約二六キロ（30×2×434m）。

さて、壱岐島の面積は約一三九平方キロ（『日本分県地図地名総覧』）であって、これを方形にすれば二辺で約二四キロ（$\sqrt{139}$×2）。

また、『古事類苑』「地部」によれば、「東西凡《およ》ソ三里余、南北凡ソ四里余」とあり、二辺を合わせれば約二七・五キロだ。現代の地図で測っても、この数値は正しい。

実距離二四――二七・五キロに対し、『魏志』実数は二六キロであって、これも極めて正確にぴたりと一致する。ですよね。文句ないですね。

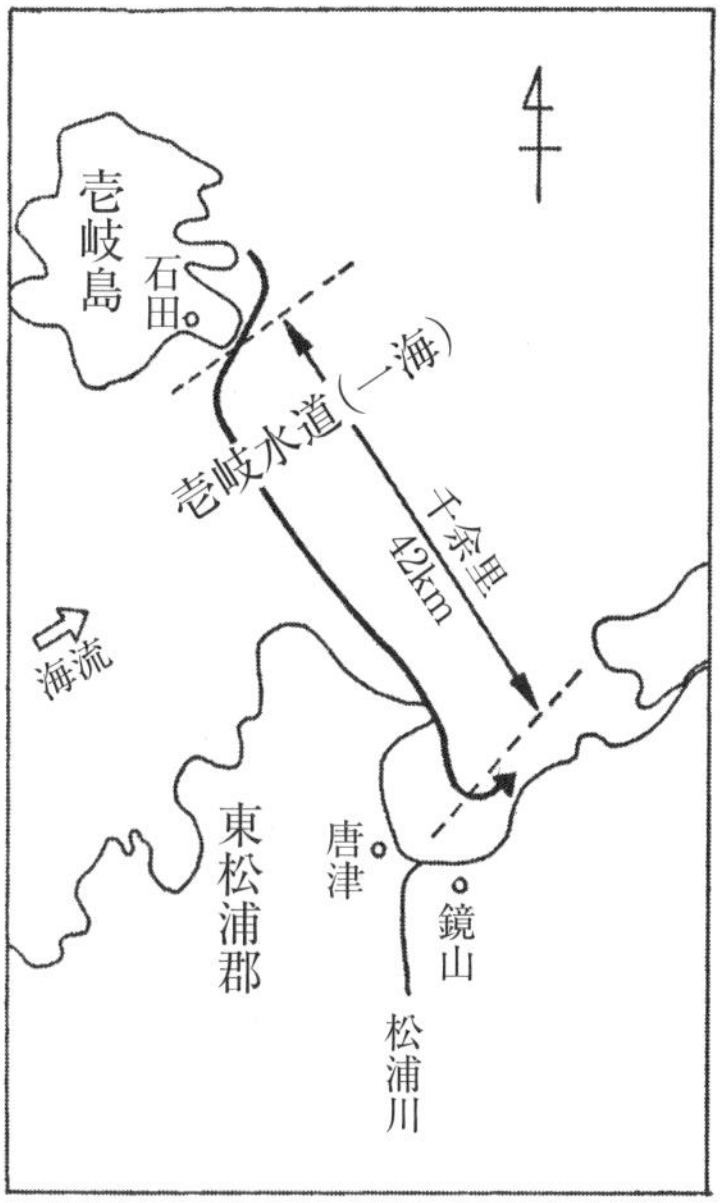

壱岐水道の横断

壱岐水道の横断

末盧《まつら》国とは、古名の末羅《まつら》県のことであり、現在の松浦《まつうら》半島の唐津《からつ》湾岸と定説される。考古学の成果によれば、その中心は唐津市の桜馬場《さくらのばば》遺跡から鏡山地区の宇木汲田《うきくんでん》遺跡であると言われる。

さて、「全水行」が真実の行程だったので、末盧国の基点を松浦川河口（そこから海岸沿いに進む）と見て、方形の一大国の東南の角を壱岐郡石田町（九州郵船フェリーの基点）とすれば、この間は約四二キロ。『魏志』の「又一海を渡る千余里」（実数百余里）の実距離は約四三・四キロ。両者は、見事に一致する。

末盧国より伊都国へ

『魏志』によれば、末盧国より伊都《いと》国までは「東南陸行五百里」と述べられる。この伊都国を、『日本書紀』の伊覩《いと》国、『和名抄』の恰土《いと》郡にあてるのは承認された定説だ。その中心は、福岡県糸島《いとしま》市前原町の平原《ひらばる》弥生遺跡のあたりと推定される。

すると、末盧国より「東南」ではなく「東北」の方向になる。だが、この記述は前述の『魏略』

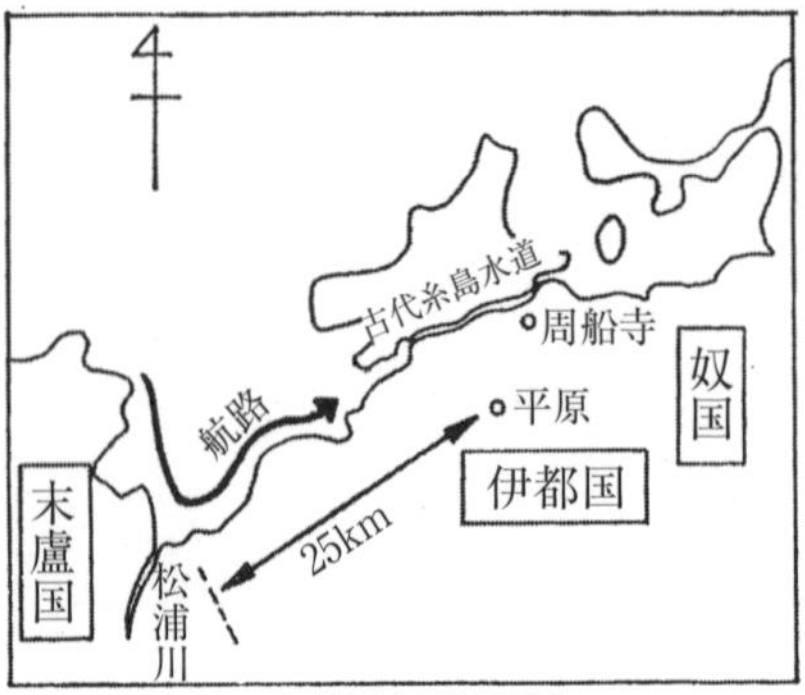

末盧国より伊都国へ

逸文に「東南五百里、到伊都国」とすでに「東南」が用いられるように、何らかの根本史料の踏襲（史の成文）だろう。

さて、『魏志』の誇大里数「五百里」の実数は「五十里」であって、約二二キロ。また、末盧国（松浦川河口、水行）より伊都国（平原弥生遺跡）までは直線で約二五キロ。そうすると、その差三キロであり、充分に一致する。

これまで私は、『魏志』の誇大里数は「特別な慣例によって十倍《じゅうばい》されている」と仮定して論理を進めてきた。そして、実際に地図との検証は、その十分の一の数値と完全に符合するのだ。

ぴたりと合うのだ。ですね。ですよね。

検証の結果は仮説を立証

このように、『魏志』の「誇大里数」が、戦時公報（露布《ろふ》）の「慣例」によって実数を「十倍」に述べられていたことに、もはや間違いないのでは。読者も、この地図との検証の結果をみれば、事実だと感じられるのではないか。否定できますか。したがって、

（1）郡→女王国「万二千余里」の実数が「千二百余里」だった、

（2）それは地図で確認できた、

（3）この「万二千余里」にあたるのは、奴国《な》だ、

となる。（1）で、「万二千余里」の実距離がわかった以上は、（3）で里数記事の部分と「水行十日陸行一月」過去の通説のように、コース上で連続する（里数記事＋日数記事）と考えることは、もう無理だ。それは、できない。

なぜなら、郡《ぐん》より不弥《ふみ》国までの里数記事で、対馬島《つしま》と壱岐《いき》島を半周しないと仮定（通説）しても、

①郡↓不弥国間は一万七百里。女王国まで残り千三百里。

②千三百里は実数百三十里、約五六キロ。

③したがって、不弥国より「水行十日陸行一月」とすれば、残る距離は②。

④わずか約五六キロに、「水行十日陸行一月」もかかるはずがない、ではないか。約五六キロならば、せいぜい一日か二日の里程なのだ。④は、とりもなおさず、今までの大和説と九州説が、もはや成り立たない、ことを意味する。ですね。

『魏志』の一見混乱していた里数記事が、実は極めて正確だった事実を知った以上、すべての論議は、この「露布《ろふ》」による十分の一の換算と整合せねばならない。

さて（1）――（3）のように『晋書』の戸数問題より発して『後漢書』の「極南《きょくなん》」が裏付けた仮説、「邪馬台国は三世紀の九州北部三十国の総称であり、女王の都した所は奴国《な》だった」との結

論は、以上の検証結果より見ても、認めて頂いて良いのでは。読者のご感想は。

大和説でも、九州説でも、どうしても、里数記事＋日数記事と考えたい方は、十分の一の実距離が地図上で検証できることと、④の残り約五六キロを、まず否定してから、自説を述べていただくしかない。さて、どうです、できますか。

水行陸行の読み方

「誇大」な「万二千余里」＝実数「千二百余里」だったとすると、「水行十日陸行一月」とは、どう読むべきか。水行十日＋陸行一月＝千二百余里なのか、水行十日＝陸行一月＝千二百余里なのか。また、「万二千余里」が里数記事で『後漢書』のいう「極南界也《きょくなんかい》」である「奴国《な》」と一致するのなら、水行陸行の日数記事が宙に浮く。

これについて、日数記事は所要日数である、との説もある。七世紀の『北史』「倭国伝」と『隋《ずい》書』「倭国伝」は「夷人《いじん》は里数を知らず、ただ日を以《もっ》て計《はか》る」と述べていたが、以下、思いつきの仮説、思考実験として、里数と所要日数が一致すると前提して、試《ため》してみる。

まず、「誇大」な「万二千余里」＝実数「千二百余里」であって、「水行十日陸行一月」は、その実数と一致する距離と仮定する。

陸行一日は何里か、ということが問題となる。「孫子《そんし》の兵法」では一日の行軍を三十里、唐の公式令では馬は七十里、歩は五十里、車は三十里とされていた。

三国時代の標準が幾らであったかが、問題となるのだが、これを『三国志』に求めてみることにした。すると『魏志』「明帝紀」の景初二年の条に、洛陽《らくよう》から遼東《りょうとう》までの「道路は廻阻《かいそ》にして四千余里」の軍行を、司馬懿《しばい》将軍が「往《い》くに百日……還《かえ》るに百日」で足りると述べる記事がある。つまり、一日四十里を標準の行程としていたわけだ。

この、景初二年（二三八）の司馬軍団の極東アジア遠征の結果、倭の女王は司馬軍団の仲介によって魏に使節団を送った。したがって倭国関係についても、当然一日四十里の規準が用いられたはずだ。

では、水行一日は、どうなるか。八世紀に編纂《へんさん》された唐時代の行政の規定を分類した『唐六典《とうりくてん》』という政典があるが、そこに、唐時代の陸行と水行の規定がのっている。それには、「凡《およそ》陸行之程、……歩及驢《ろ》五十里、……水行之程、……河日一百五十里」とある。歩行で一日五十里、黄河《こうが》の水行は一日百五十里だ。もちろん、黄河の水行と海上での水行は同一視できないが、海上での規定や記録がないので、これを援用すると、水行は陸行（歩行）の三倍と仮定できる。

三世紀と八世紀では、度量衡《どりょうこう》も技術、社会状況も少しは違うが、この三倍は三世紀にも当てはまると仮定すると、水行一日は百二十里になる。

すると『魏志』の「陸行一月」とは、四十里×三十日であって、千二百里だ。「水行十日」は百二十里×十日であって、やはり千二百里だ。

①万二千里＝千二百里（実数）

②陸行一月＝千二百里

③水行十日＝千二百里

①②③のように整理してみると、「水行十日・陸行一月」の文は、実は「水行の距離換算で十日、陸行の距離換算で一月」であり、それは「万二千里」実際は「千二百里」であり、「郡より女王国に至る」距離と読むことも、充分できる。

とすると、では、なぜこのような「万二千余里」のような「誇大な表現」が、さらに「水行十日・陸行一月」のような奇妙過《す》ぎる記述が、なぜ書かれたか、そのまま修正もされずに残ったかが、つぎの問題になる。わざわざ地理記事を「混乱させる」理由でも、陳寿にあったのか、となる。

三　当に会稽の東治の東に在るべし

倭国は福建省の東方海上か

これから、大変な話になる。

『魏志』「倭人伝」は、前の三分の一が地理記事で、中の三分の一が風俗記事、終わりの三分の一が、政治記事だ。その中の倭国の風俗を語る部分で、その地理位置を計ると「当《まさ》に会稽《かいけい》の東治の東に在《あ》るべし」と強調し、また風俗も呉《ご》国と共通する部分が多いと、ことさらに強調している。この「会稽の東治」は、その地名や位置の考証（『後漢書』では「東冶」）は省くが、今の福建《ふっけん》省の福州市あたりにあたる。その東なら、沖縄列島あたりか。邪馬台国は、その地理位置にあると、陳寿は書くのだ。

だが、当時の魏《ぎ》国は、そして、その後継国家である晋《しん》国は、倭《わ》国の正確な地理位置を知っていたはずだ。二三九年の最初の卑弥呼の遣使《けんし》から、『晋書』「武帝紀」の二六六年十一月の「倭人来りて、方物を献ず」まで、三十年もの倭国と通交がある。この二六六年は、陳寿も、晋王朝の役人であり、洛陽《らくよう》で、倭人《わじん》をその目で見ているはずだ。また帯方《たいほう》郡は、それ以上の頻繁《ひんぱん》な関係があるはずだし、九州北部の伊都《いと》国は、郡使が往来するとき「常駐」していた。また陳寿のパトロンの張華《ちょうか》は、一時期、倭国を含む極東方面の総責任者であり、地理も、当然に把握していたはずだ。

そう考えると、「其の道里《どうり》を計るに、当《まさ》に会稽東治の東に在《あ》り」という地理イメージは、どうにもかけ離れすぎる。九州北部地方は、福建省の東の海上ではない。また、この文は、地理記事ではなく、なぜか風俗記事の中に、とつぜんに書かれる。

范曄はどう解釈したか

この本は、「困った時は、范曄《はんよう》だのみ」路線だ。そして、実は『後漢書』「倭伝」には、『魏志』「倭人伝」にはない、次のような変な記事が付け加えられている。

「会稽《かいけい》海外有東鯷人《とうてい》、分為《わかれて》二十余国。又有夷洲《いしゅう》及澶洲《たんしゅう》。傳言秦始皇遣方士徐福《じょふく》將童男女数千人入海、求蓬萊《ほうらい》神仙不得、徐福畏誅不敢還、遂止此洲、世世相承、有数萬家。人民時至会稽市。会稽東冶県人有入海行遭風、流移至澶洲《たんしゅう》者。所在絶遠、不可往來。」

つまり、会稽の海の外に東鯷人《とうてい》があり、二十余国に分かれている。また、夷洲《いしゅう》および澶洲《たんしゅう》がある。伝承によると、秦の始皇帝が方士の徐福《じょふく》を遣《つか》わし、数千人の少年少女を連れて海に入った。蓬《ほう》萊《らい》山の神仙を探し求めたが、出会えず、徐福は誅罰を畏《おそ》れて敢《あえ》て帰らず、遂にこの島に留まった。代々に相伝し、数万家が有《あ》る。人民は時に会稽に至り交易する。会稽東冶県の人が海に入って航行し風に遭《あ》い、漂流して澶洲に至る者がいる。絶海の遠地に在り、往来すべきではない、との記事を付け加えている。

なぜ范曄は、こんな記事を「倭伝」に、唐突《とうとつ》に追加したのか。ここで、これは何かある、とひらめいていただければ、読者も、かなりこの本のゲームのルールを理解し始めたことなる。

とくに澶《たん》洲だが、その住民は会稽《かいけい》まで交易に来るというし、会稽東冶県（福建省の福州市）の人が漂流したら、澶洲に辿《たど》り着くと書く。澶洲とは、具体的にどこの地方か。つまり、台湾なのか、沖縄なのか、それとも九州なのか。

さっきの『後漢書』「倭伝」の漢文、最後の文節を見て頂きたい。つぎは、陳寿『三国志』「呉主伝」第二の黄龍二年（二三〇）の記述だが、傍線部を比較していただきたい。

「遣將軍衛溫《えいおん》、諸葛直《しょかつ》、將甲士萬人、浮海求夷洲《いしゅう》及亶洲《たんしゅう》、亶洲在海中、長老伝言、秦始皇帝遣方士徐福將童男童女数千人入海求蓬萊神山及仙藥止此洲不還世相承有数万家其上、人民時有至会稽貨布、会稽東縣人海行亦有遭風流移至亶洲者、所在絶遠、卒不可得至、但得夷洲数千人還」

さて、どうでしたか。

二つの漢文が同じ内容、二つの内容の表現、語順も、ほぼぴたりと重なるのだ。范曄は、ここでも一部を「露骨に丸写し」している。陳寿の「以北《いほく》」に范曄は「極南《きょくなん》」と打ち返していたが、陳寿の「会稽の東治の東」を受けて、范曄は、『三国志』「呉主伝」第二の黄龍二年（二三〇）記事を、そっくり、まるまる引用して、澶洲《たんしゅう》は倭国《わこく》だと言っているのだ。面白い男だ。三世紀の福建省と、おそらく九州の海上交通路の存在を述べているのだ。呉の艦隊の行き先を述べているのだ。范曄の伝記をみると、彼は性格的には相当に悪い男だが、知的には非常にクールだ。独特の遊び心がある。そして人を馬鹿にし、ひとり得意がる。「俺、賢いだろ」だ。

ただ、『三国志』「呉主伝」第二の黄龍二年（二三〇）記事の内容は、かなり「ヤバイ」内容だ。これは大変だ。大変すぎる。

蒙古《もうこ》襲来の千四十四年前に、一万人の武装兵を乗せた中国艦隊が、なんと弥生時代の九州に襲来しようとした、というトンデモナイ話となる。

魏時代の大船

千七百年以上前の舟といえば、あるいは丸木舟のようなものを想像されるかも知れないが、実際はそんな原始的なものではなかった。

紀元前一〇九年、漢の武帝が朝鮮攻略を行なった史実を『漢書《かんじょ》』「朝鮮伝」が述べているのだが、「楼船《ろうせん》将軍楊僕《ようぼく》を遣《つか》わし、斉より勃海《ぼっかい》に浮ぶ、兵五万」

と記される。すなわち五万の兵を乗せた漢船隊は、山東《さんとう》半島より出港して渤海《ぼっかい》を越えてソウルの西南方の海岸に着岸していた。

この楼船《ろうせん》について『史記』の「南越伝」は
「大船を作り、船上に楼《やぐら》を施《ほどこ》す。故に号して楼船《ろうせん》と曰《い》う也」

とあり、『史記』の「平準書」は、武帝が長安の昆明池に浮かべた楼船を、

「楼船高さ十余丈《じょう》、旗幟《きし》はその上に加え、甚《はなは》だ壮」

と、説明している。当時の「丈《じょう》」は二、三メートルだった。十余丈といえば、二〇メートルから三〇メートルの高さだ。

当時の海用船舶の大きさは『太平御覧《たいへいぎょらん》』巻三〇一や『初学記』巻二五所引「越絶書」に書かれているが、

「越為大翼、小翼、中翼、為軍戦。大翼一艘広丈六、長十二丈《じょう》。容戦士二十六人、櫂五十人、舳艣三人、操長鉤矛斧者四吏、僕射長各一人、凡《すべ》九十一」

とあり、漢代以前にあっても大型軍船は、武器・物資の外に乗員九十一人を乗せたことがわかる。

したがって、この頃から四百年もたった三国の時代では一層大型になり、『三国志』の『呉志』「江表伝」では「孫権が武昌で三〇〇〇人の武装兵を乗せた大船を造り長安と号した」とある。木造船で三〇〇〇人を乗り組ませる位だから、その大きさと造船技術は想像がつくだろう。もっとも、この船はすぐ沈没した。

三国時代に呉の丹陽太守だった万震《まんしん》は、『南州異物志』を編纂しているが、それには「六、七百

人を載せ……四帆」と、大型外洋帆船の存在が記録されている。当時の中国人は、このような海船に乗って『南州異物志』康泰《こうたい》『扶南《ふなん》土俗伝』『呉時外国伝』に記される加営国（ジャワ）、烏文国（ボルネオ）、私訶畳（セイロン）までの定期航路を開いたり、遼東半島への軍団派遣（呉艦隊一万、二三〇—二三九）をしたのだった。また、『呉志』「孫権《そんけん》伝」にも、孫権が二三三年に高句麗《こうくり》に派遣した使者謝宏《しゃこう》は、高句麗王から数百匹の馬を贈られたのだが、「是時《このとき》、宏の船小。馬八十匹を載《の》せて還《かえ》る」と記される。かなり大きい船のようだ。

呉国の人口対策と海上戦略

さて、『三国志』「呉主伝」第二の黄龍二年（二三〇年）記事の内容だが、もしＮＨＫの番組なら、「その時、歴史は動いた」というかも知れない。

三国時代、南にある呉《ご》国は北の魏《ぎ》国に対抗するため、さかんに南方からベトナム方面に進出した。二一〇年には、交州《こうしゅう》（広東省からベトナム北部）に刺史府を置き、南方諸国（南蛮《なんばん》）に朝貢させた。二二九年五月、呉《ご》の孫権《そんけん》は自立して帝位についた。その翌年の二三〇年の正月、孫権は将軍の衛《えい》温《おん》と諸葛直《しょかつ》に艦隊と武装兵一万人を率いさせ、夷洲《いしゅう》（台湾か、沖縄か）と亶洲《たんしゅう》に進発させた。

二三九年にも艦隊を派遣して遼東《りょうとう》半島を攻撃して、略奪と人さらいをしているが、当時の三国の人口は、戦乱や天災により、漢の時代の十分の一と言われており、国力の増強には、領土ではなく、まず「人さらい」なのだ。呉は山越《さんえつ》という地域にも、なんども軍を派遣して人をさらい、それで軍隊を編成している。二三〇年の正月の艦隊と武装兵一万人の夷洲と亶洲への派遣も、目的は同じだろう。人さらいだろう。

だが、翌年に帰国した将軍の衛温と諸葛直は、疾病のために多数の兵士を死なせ、夷洲《いしゅう》から数千人の捕虜を連れ帰っただけで、亶洲《たんしゅう》には到達できなかった。二人の将軍は、軍令違反として死刑に処せられた。

その亶洲《たんしゅう》とは、どこか。

孫権が即位の翌年に、艦隊と武装兵一万人を派遣するくらいで、失敗した将軍二人を死刑にするくらいだから、単なる未知の土地の探検ではない。地理にある程度の確信があったはずだ。

そして、范曄《はんよう》の解答は、『後漢書』「倭伝」に示されている。「倭国《わこく》＝亶洲《たんしゅう》」なのだ。具体的には、九州だろう。その北部には、卑弥呼を共立する邪馬台国のある九州なのだ。

地理情報は軍事情報

范曄の「倭国《わこく》＝亶洲《たんしゅう》」説に従えば、『魏志』「倭人伝」の地理記事が、一見混乱して見えたが、そう記されるのも、それは当然だ。

中国では、軍事上および行政上の必要から、早くから地図が作られていた。だが精確なものが作られ出したのは、陳寿と同時代の晋《しん》の司空《しくう》（土木国土担当大臣）の裴秀《はいしゅう》（二二四—二七一）からだ。

彼の地図とは、百里を一寸に縮尺し、百里ごとに縦横の線を引いて分割した方眼図で「禹貢《うこう》地域図」十八篇のことだ。『三国志』以前に完成した。

『晋書』「裴秀伝《はいしゅう》」は、この地図が「秘府《ひふ》に蔵された」と記録する。つまり裴秀の地図は国家機密として扱われ、一般公開が禁じられたのだ。これは当然だ。当時は三国戦争中であり、地理知識とは、直ちに軍事知識だった。最高機密にあたる。また逆に、「裴秀伝」には、晋の文帝（司馬昭）は有司に命じ、敵国である呉と蜀の地図を撰訪《せんほう》（編纂と収集）させたとある。この「秘府《ひふ》」は、著作郎である陳寿は、自由に閲覧できる（250頁の陸機を参照）。

昔は、地図の所持は厳しく制限されており、特に国外持ち出しは、固く禁じられていた。シーボルトが日本を追放されたのも、日本地図を私有したためだった。黒船で来たペリーは、幕府に日本地図を強要して、強引にとり上げている。

そこで、当時の倭国をとりまく環境を考えた場合、魏が倭国への正確な地理を公表するものだろうか。

女王が魏に使者を送ったのは、二三九年。ところが同じ頃、その倭国の鼻先きを通って、呉の大船団が、呉から遼東《りょうとう》半島へ何度も往復していたのだ。

二三二年、呉は将軍周賀の船団を遼東に派遣。

二三三年、呉は兵一万人の船団を遼東に派遣。

二三五年、呉は使者謝宏を高句麗に派遣。
二三八年、魏軍は遼東半島の軍閥、公孫《こうそん》氏を撃破。
二三九年、呉は船団を遼東に派遣して魏軍を攻撃。
二三九年、邪馬台国が魏に朝貢。

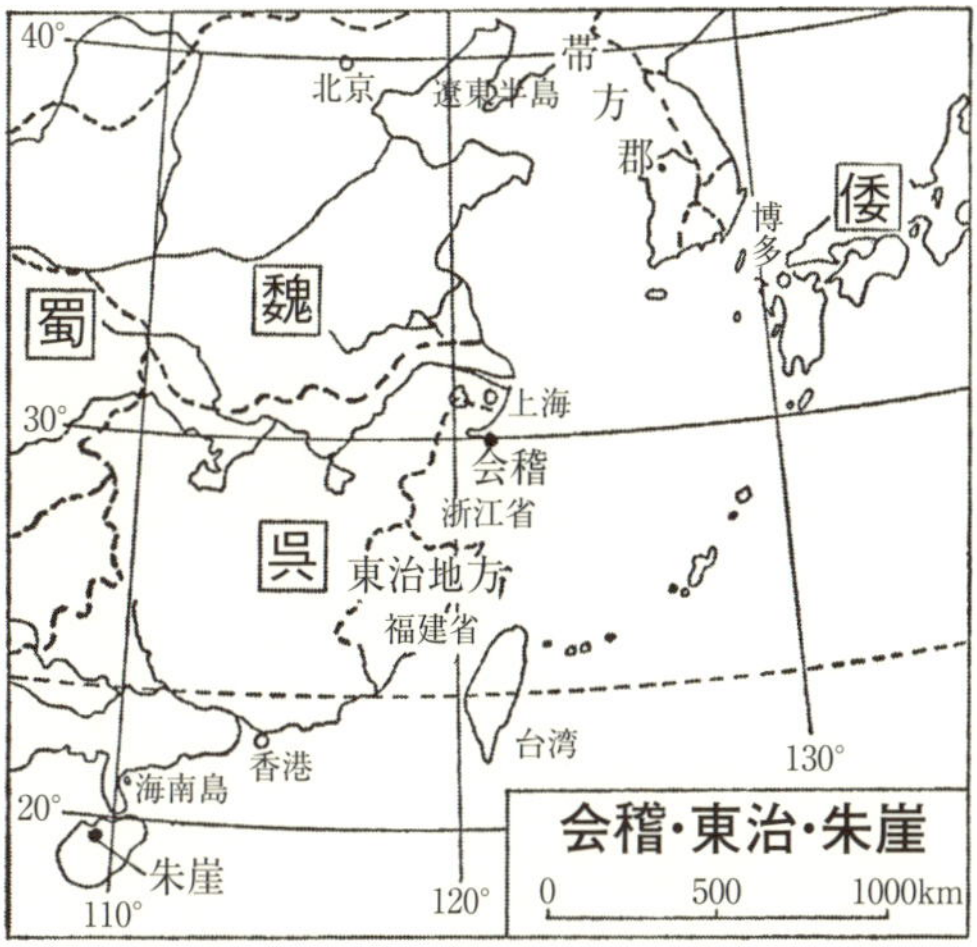

会稽・東治・朱崖

つまり、魏《ぎ》が朝鮮半島を南下して倭国と結んだ同じときに、呉《ご》は黄海を北上して遼東半島に艦隊を進めていたのだ。

このような状況下で、魏が倭国の正確な位置を公表するだろうか。それは、あり得ない。里数を「誇大」にさせ「水行陸行」で混乱させた情報を流すのが、あたりまえ、戦術の初歩だろう。

『魏志』が倭国を「当《まさ》に会稽《かいけい》の東治《ち》の東に在《あ》るべし」と書いて、今の台湾に近い福建省の東方海上にあったように思わせているのも、三世紀中頃の魏と呉の駆け引きを見れば、魏の流した意図的なデマ情報だと推測できる。

倭国は「有無《うむ》する所儋耳《たんじ》・朱崖《しゅがい》と同じ」と書かれ、北ベトナムや海南島との法俗の共通性が語られるのも、あたかも倭国を呉の南か東に在るように思わせ、魏と倭国が南北から呉を挟《はさ》み撃《う》ちにするかのように思わせるためだろう。地理的印象操作だ。

すべて、二四〇年前後の、魏《ぎ》と呉《ご》の軍事対決の結果に生じた誇大記事と思われる。一種のリーク（意図的機密漏洩）、デマゴギーなのだ。

この会稽東治《ち》とは『三国志』の『呉志』「呂岱《りょたい》伝」に「会稽東治《ち》五県の賊」とあるように、東治地方（旧閩越《びんえつ》の地）であり、呉の建安《けんあん》郡のことだ。

この建安郡は『呉志』「孫皓《こう》伝」に「建安に送付して、船を作らしむ」とあるように、呉《ご》の典船《てんせん》都尉《とい》（造艦司令官）の治した海軍根拠地。日本でいえば、呉《くれ》の軍港・造船地帯のようなものだ。『呉志』には、二六九年、この建安からベトナム攻略の艦隊が出撃したことが記録される。これは「建安海道《けんあんかいどう》」と呼ばれる外洋航路を進んだものだが、会稽東治《ち》は、呉《ご》国の外国貿易、海上作戦の中枢だった。

もし仮りに、呉が倭国と結ぼうとすれば、あるいは、倭国に人さらいに行こうとすれば、海軍部隊の出動となる。つまり魏の政府は「呉《ご》の海軍基地の東の海上に倭《わ》国がある」とデマ情報を飛ばしていたことになる。もし、また再び呉の艦隊が「夷洲《いしゅう》及亶洲《たんしゅう》」に出撃する時、もし魏の邪馬台国情報にもとづいて航海すれば、九州北部の南の投馬国の、更に南の邪馬台国だ。かならず九州南方海上で遭難《そうなん》する。へたをしたらハワイを過ぎて、アメリカ大陸を発見してしまう。

邪馬台国との通交は、晋王朝の事実上の創建者である大尉《だいい》（軍総司令官）司馬懿《しばい》の遼東半島攻略と、韓《かん》と倭《わ》を支配下においた功績の結果だ。「万二千余里」も南へ南への「水行陸行」の地理情報攪乱《かくらん》も、かなりの策謀家である司馬懿《しばい》あたりからと考えるのが自然だ。

そのため、晋王朝の史官である陳寿としては、杜預《とよ》が『春秋経伝集解』でいう「史《し》の成文《せいもん》」として残したのではないか。

『三国志』編纂時期と呉国との大決戦

以下、すこし考証するが、読み飛ばして結構。それは、『三国志』の成立はいつか、というテーマだ。

二八〇年に呉は滅びている。現行『三国志』で、年度の確認できる最後は『呉志』「妃嬪《きひん》伝」で、呉の最後の皇帝の孫皓《こう》は二八四年に亡くなったが、その没後の記事がある。三五五年編纂《へんさん》の『華陽《かよう》国志《こくし》』が、『三国志』は「呉を平《たい》らげて後（呉平後）」撰《せん》されたと書くのは、そう間違いではない。

しかし、今日では『三国志』は一つの書物と考えられ、みなそう思っているが、まったく違うのだ。もともと三つだった。九四五年編纂の『旧唐書《くとうじょ》』「経籍志《けいせきし》」では、『魏国志』三十巻・陳寿撰、『蜀国志』十五巻・陳寿撰、『呉国志』二十一巻・陳寿撰と、三セットとして扱っている。六十六巻であり、現在の六十五巻とは違う。また五世紀末の文学評論書である『文心雕龍《ちょうりょう》』「史伝」は、「ただ陳寿三志《さんし》は……」と、三つの歴史書と表現する。六四八年の『晋書』は呉士鑑・劉承幹が注釈を付けているが、「陳寿伝」の「撰、魏、呉、蜀三国志」という文章に注釈して、『三国志』の原書の順に従えば、この文章は魏・蜀・呉にすべきだと論じる。つまり、一つではなく三つであり、成立の時系列は違う、と捉《とら》えている。

それまでも、『魏国志』『呉国志』『蜀国志』の三志（三歴史書）を合わせて、総題として『三国志』とは呼ばれていたが、五世紀の裴松之《はいしょうし》が注釈をつけて、さらに三つを一つの『三国志』のような整理をした。そのため、今日のわれわれは、裴松之《はいしょうし》の整理の後のテキストを、まるで一つの書物のように読んでいる。これが、違う。

だが、そこで、とりあえず、今の問題は、『旧唐書』「経籍志《けいせきし》」のいう『魏国志』三十巻が、いつ編纂《へんさん》されたかだ。

これは、晋《しん》が呉《ご》を倒した二八〇年より後ではない。ここで細かい考証はできないが『魏国志』つまり『魏志』の編纂が完成した年度だが、たとえば『晋書』「陳寿伝」に「杜預《とよ》將之鎮」と書かれている。つまり、陳寿の出来栄えを評価した杜預が、対呉戦争のために鎮南大将軍・都督荊州《けいしゅう》諸軍事として出鎮《しゅっちん》（軍司令官として赴任）する直前に、と書かれるように、二七九年より前となる。つまり「呉を平《たい》らぐ前」となる。

また、裴松之整理後の現在の形の『三国志』にも、各巻に編纂官として「晋《しん》著作郎巴西《はせい》中正、安漢陳寿《ちんじゅ》撰」と官位が記されるが、陳寿が著作郎であり巴西郡中正官（九品官人制での郷里の巴西《はせい》郡の人材登用官）であった時期は、正確には特定できないが、二七〇年代頃しかない。

要するに、『魏国志』つまり『魏志』部分の編纂は、「呉を平らぐ前」なのだ。

すると、杜預《とよ》が鎮南大将軍として出鎮《しゅっちん》前であるように、戦争準備の真っただ中だ。この時点で、「万二千余里」にしても、政府の見解そのままを書くしかない。高等官である著作郎という立場は、すべての文書を読める立場（250頁参照）だが、172ページの裴秀《はいしゅう》の地図が「秘府《ひふ》に蔵された」ように、戦時中に、軍事にかかわる地理情報を正確に修正して文書化し、公表し、敵に提供すれば、まあ、張り倒される。死刑ものだ。晋軍は、二十万の兵力を動員し、呉との最後の総力決戦に備えている時期だったのだ。

この時点で、陳寿『三国志』というより『魏国志《ぎこくし》』つまり『魏志』は、記述がフリーズ、凍結されたのだ。戦後になって、もはやそのような誇大な「万二千余里」や南へ南への「水行陸行」のデマ記述の必要がなくなっても、その戦時中の二七〇年代頃の時点で、「著作郎（年俸六百石）・巴西《はせい》郡中正官」の撰《せん》として、公庁で、公費で資料を集め、八人の佐著作郎（年俸三百石）というエリートの部下たちも使い、すべての政府文書を読み、組織的に公式に編纂され、公認され、まわりから高評価され、保存されていたのだ。

「万二千余里」も、杜預《とよ》が『春秋経伝集解《しっかい》』でいう「史《し》の成文《せいもん》」つまり元文書の痕跡《こんせき》であり、それが戦時中の二七〇年代頃の時点で、『魏国志』に凍結されて残ったのだ。

そして、『日本書紀』編纂《へんさん》の頃から、今まで、日本の邪馬台国研究者に、おおいに迷惑をかけていたわけだ。

第四章　三世紀の実相

一　倭国の実地理

邪馬台国は三十国の総称

これまでで、『晋書《しんじょ》』と『後漢書《ごかんじょ》』の『魏志』解釈をもとに、邪馬台国とは、三世紀の九州北部地方三十カ国の「総称」ではないかと考えた。

これは、クニとは呼ばれても、現在の国家あるいは連邦のようなものではなく、シャーマン卑弥呼を崇拝する諸国の集まりだから、キリスト教圏とかイスラム教圏などに相当するか。いや、血族集団だろう。奴《な》国がその最大勢力であり、おそらく女王は奴国（自女王国以北＝極南）の出身者だ。

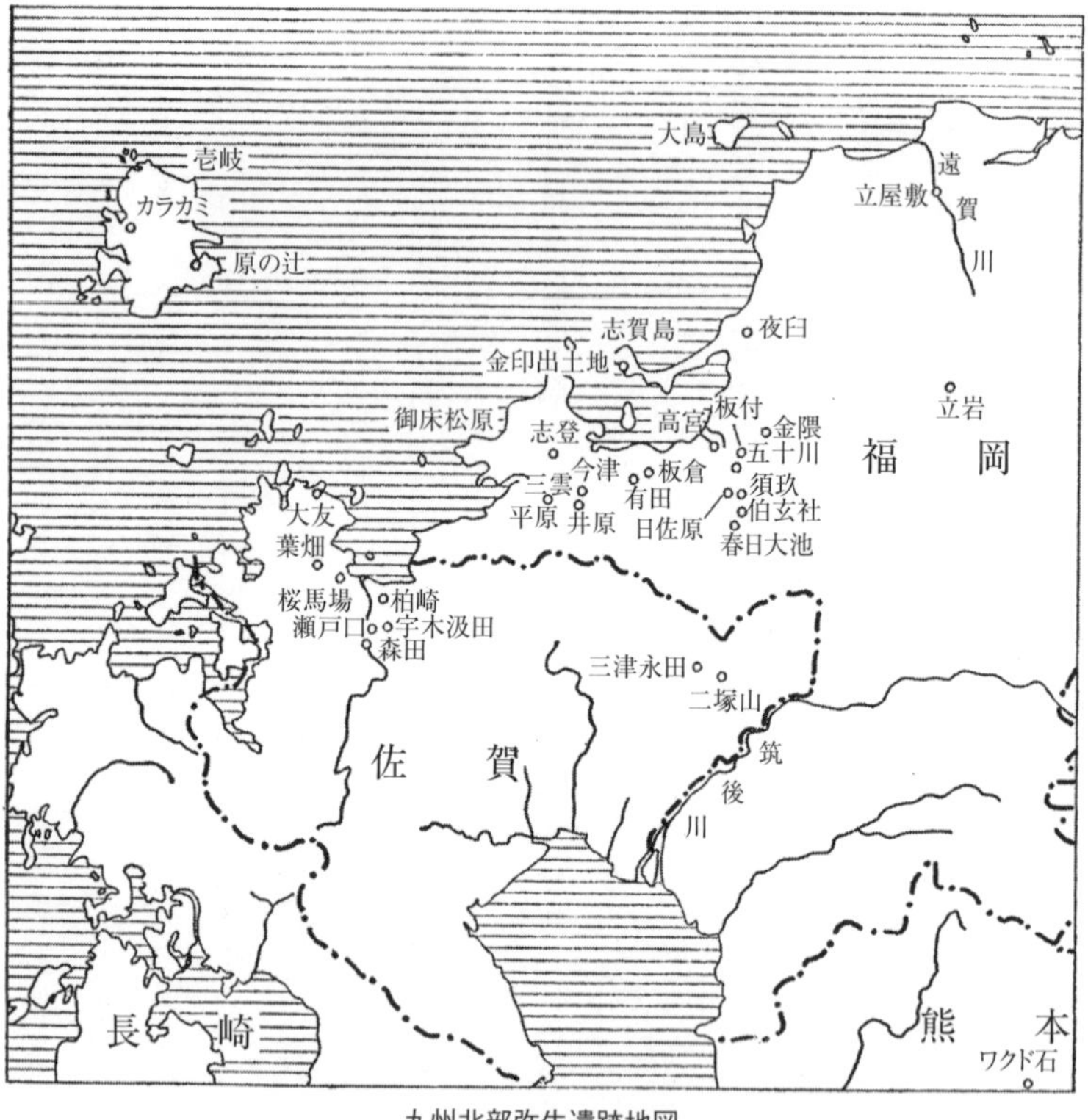
壱岐
カラカミ
原の辻
大島
遠
賀
川
立屋敷
志賀島
夜臼
金印出土地
立岩
御床松原
高宮
板付
金隈
志登
五十川
福
岡
今津
板倉
三雲
有田
須玖
平原
井原
日佐原
伯玄社
春日大池
大友
葉畑
桜馬場
柏崎
瀬戸口
宇木汲田
森田
三津永田
二塚山
筑
後
川
佐
賀
長
崎
熊
本
ワクド石

九州北部弥生遺跡地図

連合において、最大勢力から「王が共立《きょうりつ》」されるのは自然だ。

しかし、奴国と他の諸国とのあいだは、タテの関係ではなく、ヨコの関係だったと思われる。倭国は、その昔（二世紀の後半）に大乱があり、その戦争終結のために諸国が卑弥呼を「共立」して王と為したのだ。

「其の国、本亦《もとまた》男子を以って王と為《な》す。住《とど》まること七、八十年にして倭国乱れ、相攻伐《あいこうばつ》して年を歴《ふ》。乃《すなわ》ち共に一女子を立てて王と為《な》し、名づけて卑弥呼と曰《い》う。」――『魏志』

邪馬台国とは、その卑弥呼を「共立」した諸国（三十国）の一種の集落連合と思われる。九州北部は、昔から大陸からの門戸だったし、弥生《やよい》文化も大陸文化の濃密な影響のもとに誕生、発展したものだった。弥生時代後期に、諸韓国や中国の王朝と深いつながりを持った邪馬台国――日本国家の淵源《えんげん》と推測される――が、この九州北部の地に花開いたのも、まさに当然と言えば、当然のことだった。

それを、今までの邪馬台国論争では『魏志』「倭人伝」による先入観、九州北部より「水行陸行」の日数記事の先に邪馬台国があるという先入観のために、この弥生時代の質・量ともに圧倒的な最先進地帯を、お気の毒さまだが、研究者たちは涙をのんで見逃さざるを得なかったのだ。

邪馬台国の実在したのは九州北部地方――その全体（三十国）の三世紀の呼び名――これが真実

だったと思われる。「やまとの国」だ。

投馬国の性格を考える

まだ、大きな問題が残る。一体、それでは、投馬《つま》国とはどこか。狗奴《くな》国はどこか、という問題だ。

邪馬台国は北部九州三十国の総称だった、女王の国は「戸数道里」が記載されたうちの「極南」の国だった。では投馬国とは何か。

まず、戸数問題より見てみよう。

魏時代の女王連合三十国（＝邪馬台国）の総戸数は『晋書』の読んだように次のⓒで「七万」。

対海国	1,000	里数記事部分
一大国	3,000	
末盧国	4,000	
伊都国	1,000	
奴　国	20,000	
不弥国	1,000	
ⓐ 計	30,000	
ⓑ投馬国	50,000	日数記事部分
ⓒ邪馬台国	70,000	

そして、里数記事部分の合計はⓐで三万余戸。

もし、投馬国が三十国内の一国と仮定しよう。すると、魏時三十国の総戸数（ⓒ）は、ⓐ↓ⓑに残りの二十何カ国の戸数を加算したものとなるから、八万余戸をはるかにオーバーしてしまう。これはⓒの「七万」と合わない。つまり、この仮定は成立しない。

こう考えると、投馬国とは「七万」戸以外の国、つまり、女王を盟主とする三十国連合のうちの一国ではない。

『魏志』は、里数記事・郡……伊都国——奴国——不弥国の次に、日数記事（南方向）・南に投馬国と南に邪馬台国を述べる。

邪馬台国が九州北部の、当時の最先進地方三十国の総称だったとすれば、その北は玄界灘《なだ》の荒海だ。更に北は韓国。すると投馬国が宙に浮く。邪馬台国の北には、この国の在り得る余地はない。

では、投馬国は果たしてどこに在《あ》ったのか。言い換えれば、『魏志』の、

「南、投馬国に至る、水行二十日。……南、邪馬台国に至る、女王の都する所、水行十日陸行一月」

の記事は、一体どう読むべきか、これが新しい課題となる。

里数記事と日数記事の書法

前章までで、『魏志』「倭人伝」の「万二千余里」は、実は「千二百余里」でそれは奴国《な》にあたる

と推論した。では、それにつづけて書かれる投馬国への「水行二十日」は、どう読むべきか。前述したように、『翰苑《かんえん》』所引『魏略《ぎりゃく》』には「水行陸行」の記述は無い。

理屈を考えるときは、屁理屈を考えるときもだが、さまざまな作業仮説《さぎょうかせつ》を組み合わせ、組み直し、一つの自分の仮説を立てて、それを元の全体の現象にあてはめ、その検証の結果が妥当で、最後にちゃんと説明がつくなら、その仮説は正しいと認められて良い。

ここで、榎《えのき》説の放射コース式の読み方が、極めて良く当てはまると思う。九州論者だった東大教授榎一雄氏は、『魏志』本文の書例の変化、郡より女王国への行程で、伊都国（帯方郡の使者が常駐した所）の前と後では、なぜか記述の形式が違っていることに注目した。すなわち、伊都国に着くまでの記事では、

「始度一海千余里、至対海国、……又南渡一海千余里、名曰瀚海、至一大国、……又渡一海千余里、至末盧国、……東南陸行五百里、到伊都国」

とあって「方位」＋「距離」＋「地名」の順で記述する形式をとっていた。ところが伊都国からあとの記事は、

「……東南至奴国百里……東行至不弥国百里……南至投馬国水行二十日……南至邪馬台園、女王之所都、水行十日陸行一月」

とされ、先に「方位」を挙げ、次に「距離」と「地名」を逆転させ「地名」＋「距離」の形式に書き換えられていた。

どうもこれは、単なる文章の綾《あや》だけではなさそうだ。そこで榎氏は、他史書に同じ形式の書例があることより推《お》して、「方位」＋「距離」＋「地名」の場合は直線的に、A国からB国、B国からC国というように、書かれた順のコースと判断。しかし、「方位」＋「地名」＋「距離」の場合は、ある国を中心として放射コースに読むと推測した。A国↓B国↓C国ではなく、A国からB国まで○○里、同じくA国からC国まで○○里というようにだ。

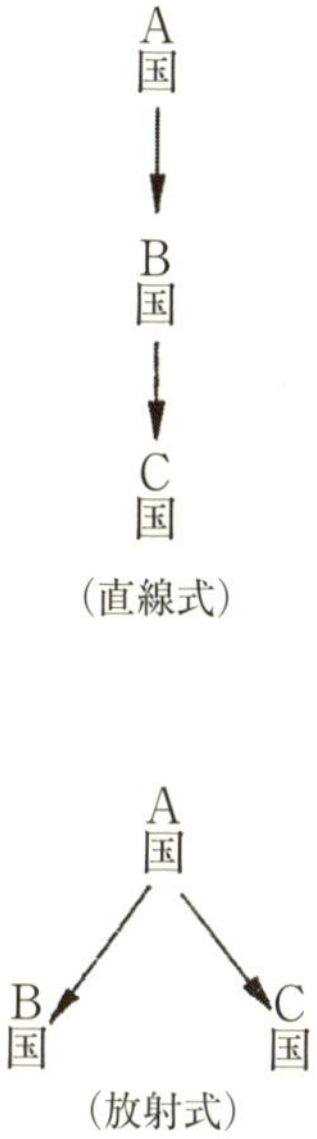

『漢書《かんじょ》』「大宛伝《だいえん》」の記事を見れば、

「大宛国王は貴山城に治す。長安《ちょうあん》を去ること万二千五百五十里。……東至都護治所四千三十一里。

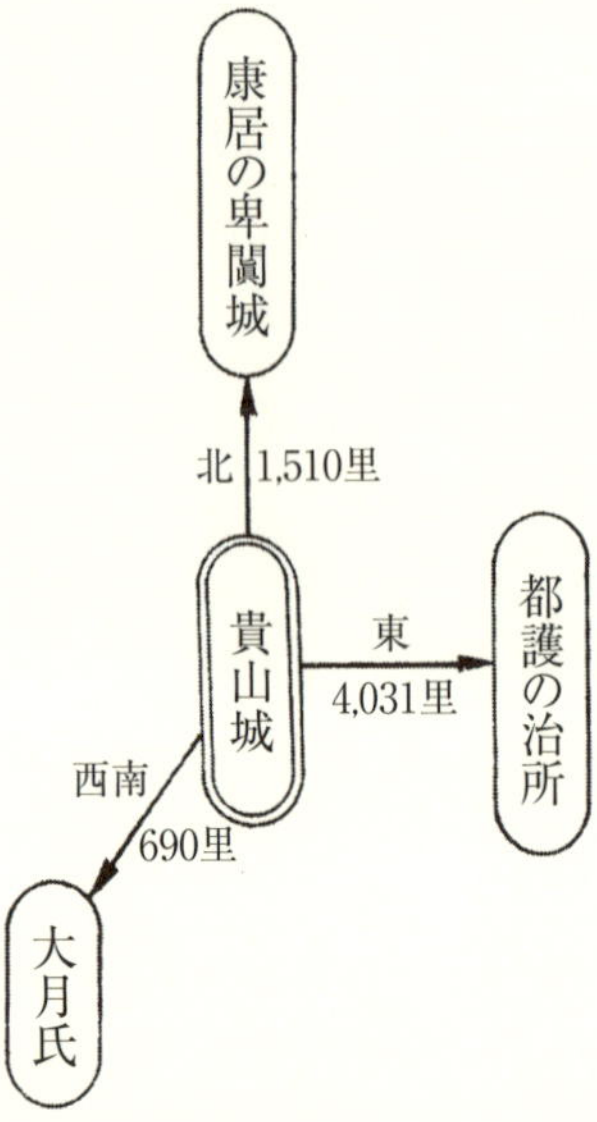

北至康居卑闐城千五百一十里。西南至大月氏六百九十里」

とある。きちんと「方位」＋「地名」＋「距離」の形で並んでいるし、これは確かに貴山城から都護《とご》（軍司令官）の治所、康居の卑闐城、大月氏国への方位と距離とを示したものだ。

まさに、貴山城を起点とする放射コースの書例なのだった。

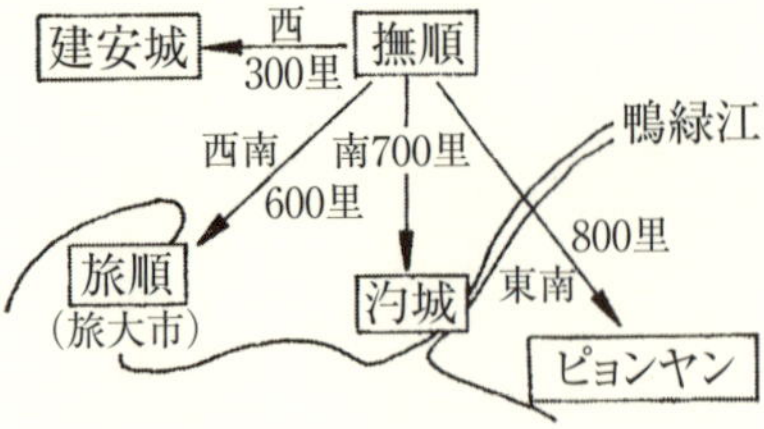

また『新唐書』「地理志」に引かれている「賈耽《かたん》」の文章にも、

「営州（遼東地方）東百八十里至燕郡城、又経汝羅守捉、渡遼水……」

と、「方位」＋「距離」＋「地名」の形は直線コースであって、

「安東都護府（撫順）……、東南至平壌《ピョンヤン》城八百里、西南至都里海口（旅順）六百里、西至建安城三百里、……南至鴨緑江北泊汋城七百里」

と「方位」＋「地名」＋「距離」の形は、安東都護府（東部方面軍司令部）を起点とした放射コース（四至）の、二種類の明確な書き分けがなされていた。

榎氏によれば、これは「中国史書の伝統的な記載の方法」だったという。

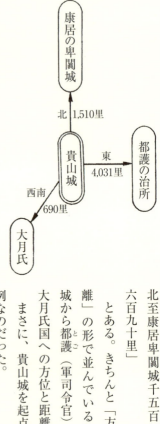

里程記事と唐時代の倭国認識

反論もある。よく『梁書《りょうしょ》』や『北史《ほくし》』の「倭国伝」の里程記事が、伊都国以後は接続詞「又《また》」の字が付け加えられており、これは明らかに直線コースであるから、『魏志』原文も直線コースと読むべきであり、『晋書』のような解読（並列式）は信頼できないと考える論者もいる。

『魏志』……「始度一海千余里至対海国――又南渡一海千余里――一大国――又渡一海千余里至末盧国――東南陸行五百里到伊都国――東南至奴国百里――東行至不弥国百里――南至投馬国水行二十日――南至邪馬臺（台）国女王之所都水行十日陸行一月」

『梁書』……「又《また》度一海千余里、名末盧国、又《また》東南陸行五百里、至伊都国、又《また》東南行百里至奴国、又《また》東行百里至不弥国、又《また》南水行二十日至投馬国、又《また》南水行十日陸行一月日、至邪馬臺国、即倭王所居」

なるほどもっとものようで、『梁書』の撰者は、明らかに『魏志』の全行程を、直線コースと考えている。しかし、もう少し精密に考えてみればどうなるか。私には、『梁書』を信頼し『晋書』式を否定する論者の意見は、事実と距《へだた》りがあるように思えるのだが。

直線コース論者の誤解の原因は、『梁書』と『晋書』が全くの別人、別グループ、別時代によって編纂されたと考えているところから生じているようだ。違うのだ。両書の編纂は、同一時期に、同一の唐の修史官グループによってなされたものであり、同系列の史書なのだ。

唐の史官呉兢《ごきょう》（六七〇―七四九）の編んだ『貞観政要』によると、唐の太宗の治世である貞観年間（六二七―六四九）において、

①貞観の初《はじめ》に、監修国史官は房玄齢《ぼうげんれい》、

②貞観十年（六三六）尚書左僕射房玄齢、侍中魏徴《ぎちょう》、散騎常侍姚思簾《ようしれん》、太子右庶子李百薬《りひゃくやく》、孔《く》穎達《ようだつ》、中書侍郎岑文本《しんぶんほん》、礼部侍郎狗徳棻《ことくすん》、舎人許敬宗《きょけいそう》らが、『周《しゅう》書』『斉《せい》書』『梁《りょう》書』『陳《ちん》書』『隋《ずい》書』の五代の史を撰成し奏上、

③貞観十四年（六四〇）房玄齢、「高祖・太宗実録」各二十巻を撰す。魏徴もかかわる、

――とある。

（1）さて②の『梁書《りょうしょ》』は、清の趙翼《ちょうよく》が『二十二史箚記《さっき》』で考証するように、姚察《とうさつ》が陳《ちん》の時代に梁陳二史を編もうとして果たさず、隋の時代に息子の②の姚思廉《とうしれん》（――六三七）が続修したものだ。唐の貞観三年（六二九）に勅命によって②③の魏徴《ぎちょう》（五八〇―六四三）との合作という形で更に整理が続けられ、②の時点で完成した。従ってこの史書は、本来は姚《とう》父子家学による私撰本だ。

（2）この魏徴は『梁書』の監修官でもあったのだが、②の『隋書』の編纂総裁もしている。

（3）さて『晋書』とは①②③の房玄齢《ぼうげんれい》（五七八―六四八）が編纂総裁として、貞観《じょうがん》十七年（六四三）

の勅命によって②を含む唐の学者グループによって編纂されたものだ。完成は四年後。

ここで注意すべきなのは、①②③（1）（2）（3）において常に房玄齢が最高責任者であったことだ。彼は唐の太宗の創業以来の重臣であり、貞観の治を演出し、唐帝国の基礎を築いた学者政治家だった。

つまり『梁書』も『晋書』も、同じ時代の同じ組織より作られた兄弟のようなものだ。では何故に、両書の倭国関係の見解が違うのか、私はその理由は編纂の時間差にあると推測している。

根本において同一の歴史家グループの手に成ったとしても、その様相は、研究の発展や、そこに新しい要素が加わってくると前とは違ってくる。
（1）で明らかなように、『梁書』の大筋は、父の姚察《とうさつ》が動乱の中で私撰したもので、従って、論旨は極めて公平なのだが、事跡の錯見《さくけん》は少なくない書物だ。これは編纂が、『晋書』のように国家事業としてではなく、在野史家の志より始まったため、用いる史資料の不足などの理由があるのだろう。
姚《よう》父子等の邪馬台国にたいする見解は、『梁書』と同じ監修官魏徴《ぎちょう》による、つまり同じ視点に立つ、②の『隋《ずい》書』に明らかである。彼らは、その「倭国伝」で、

「倭国……邪靡堆《やまと》に都す。則《すなわ》ち、魏志のいうところの邪馬台《やまと》の者なり」

と推理している。章懐太子李賢《りけん》（六五三—六八四）は『後漢書』に注釈して「按《あん》ずるに、今の邪摩堆《やまと》の音の訛《け》なり」と、地理解釈ではなく、「邪馬台国」の発音の考証を試みている。この七世紀の邪靡《やま》（摩）堆《と》が、当時の倭国の都のあった奈良の大和《やまと》であることはいうまでもない。

つまり、「按《あん》ずるに、今の……」とあるように、彼らは『魏志』『後漢書』の章句を疏解《そかい》するのではなく、七世紀の知識そのままで、両書の邪馬台国を考えていたのだ。この方法は元来正反対のものだ。

それに対して、『晋書』はどういう態度をとったかという議論が起こる。

貞観十年、つまり『梁書』『隋書』が撰成された頃は、唐王朝の草創期であり、『梁書』の編纂が私撰本の延長線上においてなされたように、万全の体制は未だ整備されてはなかった。やがて宮中の弘文館に二十余万巻の書籍を集め、学士たちに歴史・政治を討論させた成果が、顔師古《がんしこ》や孔頴達《こうえいたつ》の『正義《せいぎ》』に集大成される。史書の編纂も、史館の充実発展とともに、個人主導の編纂から専門家による集団編纂へと変質していった。それが『晋書』なのだ。

つまり『晋書』は、貞観年間の唐の史館の産物のうち、最も構造布置の整ってからのもので、『梁書』『隋書』等の多面の学術成果の蓄積の結果だ。その研究の発展形なのだ。

では、なぜ『梁書』は、「又《また》」の接続の助辞を加えて、無理にでも直線コースと読まそうとしたか——「又《また》」を入れなければ直線と読めないことを姚《とう》父子も承知しての所為だが。

榎一雄氏は、『邪馬台国』昭和四十八年版、至文堂刊の、一五二〜一五三ページにおいて「邪馬台国を北九州にあったとし、これが東遷して近畿地方の大和に移った……」と論じる。私も、これが『梁書』等の混乱に対しても、最も合理的な説明だと考える。

四〜六世紀のゲルマン民族の大移動はヨーロッパ史の大事件であり、メロヴィング王朝などの諸国家の起源となる出来事だった。三〜五世紀の日本列島においても、同じような経過を辿ったこと（東遷《とうせん》説）が、容易に推察できる。

『梁書』撰者や『北史』撰者の知識と記述の混乱は、数百年の時の移りと、四〜五世紀の倭国との通交の杜絶《とぜつ》による情報の断層に気づくことができず、彼らなりに良心的に『魏志』をパラフレーズしようとした点に原因があると思われる。「按ずるに、今の……」――つまり彼らは、「倭国の都は大和だ」との七世紀以後の知識で、「又《また》」の助辞を加えて、『魏志』里程記事を「修正《しゅうせい》」していたのだ。

つまり、「又《また》」の字を入れないと直線コースとならないから、「又《また》」の助辞を加えたのであり、逆に見れば、「又《また》」の助辞を加えたとは、『魏志』は、直線コースではなかったということだ。屁理屈ではない。榎氏のように、基点からの放射コースと読むのが正しいようだ。

基点はやはりソウル

実は私も、榎氏の発想には共感を覚える。「筆法」解読の立場よりすれば、記述形式の使い分けとは、まさに「文の錯《たが》え」そのものだ。

《文を錯えるを以って、義を見《しめ》す》の原則を思い起こせば、「方位」「地名」「距離」の二通りの組み合わせのもつ意味を、無視することはできないはずだろう。
(1)中国史書の書例と良く合う。
(2)里数記事は距離、日数記事は所要日数(帯方郡を起点)だった。
(3)邪馬台国は九州北部地方のことであり、その北は海。つまり、その北に投馬国の在る余地はない。したがって「南、投馬国……南、邪馬台国」の文は、直線コースでは、有り得ない。
(4)「筆法」論からは、この「文の錯《たが》え」叙述形式の使い分けに、何らかの理由を求めてみるべきだ。

こう考えると、投馬国と邪馬台国は同じ形式にあたり、すなわち同種《どうしゅ》の事実を語っていたと思われる。つまり、里程記事は帯方郡より女王国に至る記事だが、これらも帯方郡を基点に、その所要日数を語っていたのではないか。こう推論するのが、もっとも整合性がとれる。

そして、邪馬台国は、女王を盟主とする九州北部三十国の総称であって「七万余戸」だった。すると「五万余戸」の投馬国も、数十カ国の集まった一つの大きな総称名ではないか。

投馬国は、帯方郡《たいほうぐん》(韓国のソウル附近)より「南」へ「水行二十日」。「水行十日(陸行一月=万二千余里)」が約五二〇〇キロだから、投馬国は、ソウル附近から南へ約一〇四〇キロの地方とい

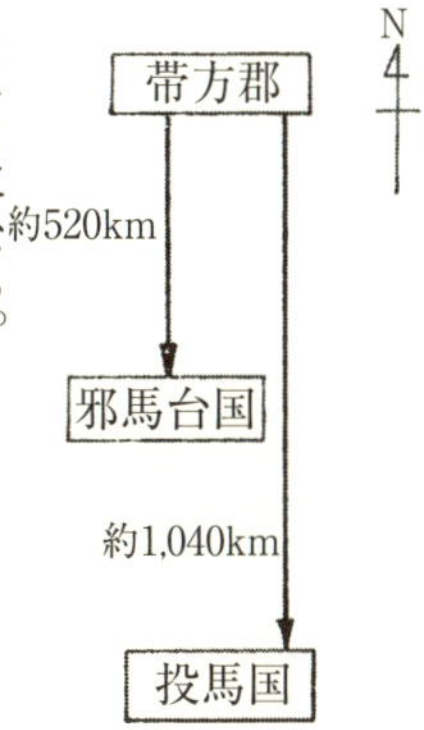

うことになる。

この両者は、「水行十日・陸行一月」や「水行二十日」のように、帯方郡からの「水行」による所要日数で説明されている。すると、これは両者が直接に隣接しないことを示唆するのではないか。博多よりさらに船で十日——約五二〇キロといえば、南九州のサツマ地方が、投馬《つま》国の条件に良《よ》く合うが、よくわからない。

狗奴国の位置の矛盾

『魏志』には、女王を盟主とする国の「境界」の更に南に、男王「卑弥弓呼《ひみここ》」の治める狗奴《くな》国があったと記述する。

「其の南に狗奴《くな》国あり。男子を王となす。其の官に狗古智卑狗《くこちひこ》あり。女王に属せず。……倭の女王卑弥呼《ひみこ》、狗奴国の男王卑弥弓呼《ひみここ》と素《もと》より和せず」——『魏志』

この男王の国と女王とは、昔から不仲だったようだが、三世紀の日本において、三十カ国を治める女王卑弥呼と匹敵する大勢力が存在し、それが男王の国——狗奴《くな》国だったことになる。

さて、邪馬台国が実は北部九州地方であり、投馬国が実は南部九州地方の総称と仮定すると、狗奴国とは何か。

興味深いことに、この男王の国について、『魏志』と『後漢書』の間に、記述の相違を発見することができる。

『魏志』「其の（女王の境界）南に狗奴《くな》国有り、……女王に属せず」
「女王国の東、海を渡《わた》る千余里、復《ま》た国有り、皆倭《わ》種なり」

『後漢書』「女王国より東、海を渡ること千余里、拘奴《くな》国に至る。皆倭《わ》種なり」

このように、『後漢書』は『魏志』の二つの文を合成して、一つの文を作ったようだ。だが、語る内容がいささか違う。『魏志』では「女王国」の「南」が「狗奴国」だが、なぜか『後漢書』は「東」と読む。おかしな読み方だ。

邪馬台国とは北部九州地方のことだったから「女王国の東の海」とは、関門海峡か瀬戸内海のことか。

すると范曄《はんよう》は、一体何を根拠に狗奴国は東方の海を渡った位置と解読したのか。『魏志』だけでは、この見解は得られないと思われるが。

しかし、范曄が『後漢書』を撰した頃（四四〇年頃）は、王沈《おうちん》『魏書』魚豢《ぎょけん》『魏略』あるいは華《か》嶠《きょう》『後漢書』「官符」「露布」「秘書」「起居注」などの、多数の魏・晋朝関係資料（七世紀の『隋書』「経籍志」に残る以上のもの）がまだ存在した時代だった。あるいは、『魏志』以外の資料によっての知見《ちけん》をもとに書き直したのかも知れない。

いずれにせよ、その理由は、今は不明だ。だが私は、范曄があえて『魏志』と異る記事を作ったという事実に、しっかり注目したい。

先に、陳寿の「以北《いほく》」と范曄の「極南《きょくなん》」の驚くべき符合を認めたのであり、両者の表面的な矛盾が、実は「筆法」に対するに「筆法」を以ってする、という事実を知った。今や、范曄の解読に従うのが最善の道だ、と私は思う。

二十一世紀の私たちが、史書解読について五世紀の范曄より優れていると錯覚するのは、現代人の愚かな傲《おご》りだ。当時には当時の文化的世界があり、その体系があったからだ。

『後漢書』は、『魏志』の「筆法」による叙述をしっかりと受け止め、応戦しているのだろう。その結果、狗奴国は、女王国の東の海を渡った地方と読み取ったのだろう。『魏志』解読に関する彼《ひ》我《が》の能力の差を考えるとき、私は、黙って范曄に従わざるを得ない。餅《もち》は餅屋《もちや》なのだ。

三世紀の三大勢力

そこで私は、『後漢書』説に従って、この狗奴《くな》国を考えてみる。

この狗奴国は、（1）『後漢書』によれば「女王国より東、海を渡ること千余里」であり、（2）『魏志』の邪馬台国つまり九州北部地方の東の海を渡ったところ、関門海峡か、瀬戸内海か日本海かわからないが、ともかく、その東の海を渡った地方だ。

女王連合の例より見ても、当時大規模な単一国家の存在は考えにくい。したがって、狗奴国も、（1）（2）の地方にまたがった、男王「卑弥弓呼《ひみここ》」を盟主とする小国家群の総称と推定できないか。

ところで『魏志』には、

「旧《もと》百余国、漢の時に朝見（中国に臣属）する者有り、今、使訳《しやく》（外交）通ずる所三十国」

とある。この「百余国」とは、一世紀に書かれた『漢書』「地理志」に見える「楽浪《らくろう》の海中倭人有り、分れて百余国と為る、歳時《さいじ》を以って来り献見す」という文の踏襲《とうしゅう》だろう。したがって「百余国」とは概数《がいすう》だ。

だが、もし魏の時代にも「百余国」あったと仮定する。すると、その内の三十国がすなわち邪馬台国となる。戸数の比率から、投馬国は二十カ国位か（7万：5万＝30国：投馬国）。残りの五十カ国が狗奴国だろうか。勿論、これは根拠の薄い推測に過ぎない。

これまで述べたことが、もし正しければ、三世紀当時の日本列島（九州本島から西日本）においては、三ブロックの政治圏があったと考えられる。邪馬台国の卑弥呼《ひみこ》と狗奴国の男王の卑弥弓呼《ひみここ》は、その名の語感が良く似ている。女王国がそうだったように、これらの国々も宗教的な色彩の濃いものだったのかも知れない。現代的な意味での政治権力は、当時の状態では考えにくい。

その三ブロックの境界をどう引くかは、『魏志』によっては不可能だ。考古学者の仕事だろう。

狗奴国と高地性集落

ところで、狗奴国の男王卑弥弓呼と邪馬台国の女王の卑弥呼は、『魏志』には「素《もと》より和《わ》せず」して「相攻撃」し合ったと述べられる。

したがって、九州北部勢力と中部九州・本州勢力との間に、構造的な戦争状態（素不和）が推測できる。その原因は、狗奴国の方が「女王に属せず」と書かれることにより、女王側の侵略と読み取るべきか。

この短文のみでここまで推測するのは、冒険に過ぎる。だが考古学上の一つの事実と符合する面があるので、あるいは蛇足《だそく》の論議かも知れないが、少し述べたいことがある。

それは、高地性集落《こうちせいしゅうらく》だ。これは、弥生時代の瀬戸内から近畿方面にみられる、独特の集落だった。普通、集落は農耕、生活、交通に便利のよい平野に営《いとな》まれてきた。ところが、この時期に限って、すべてに不便な高台に集落がつくられる。

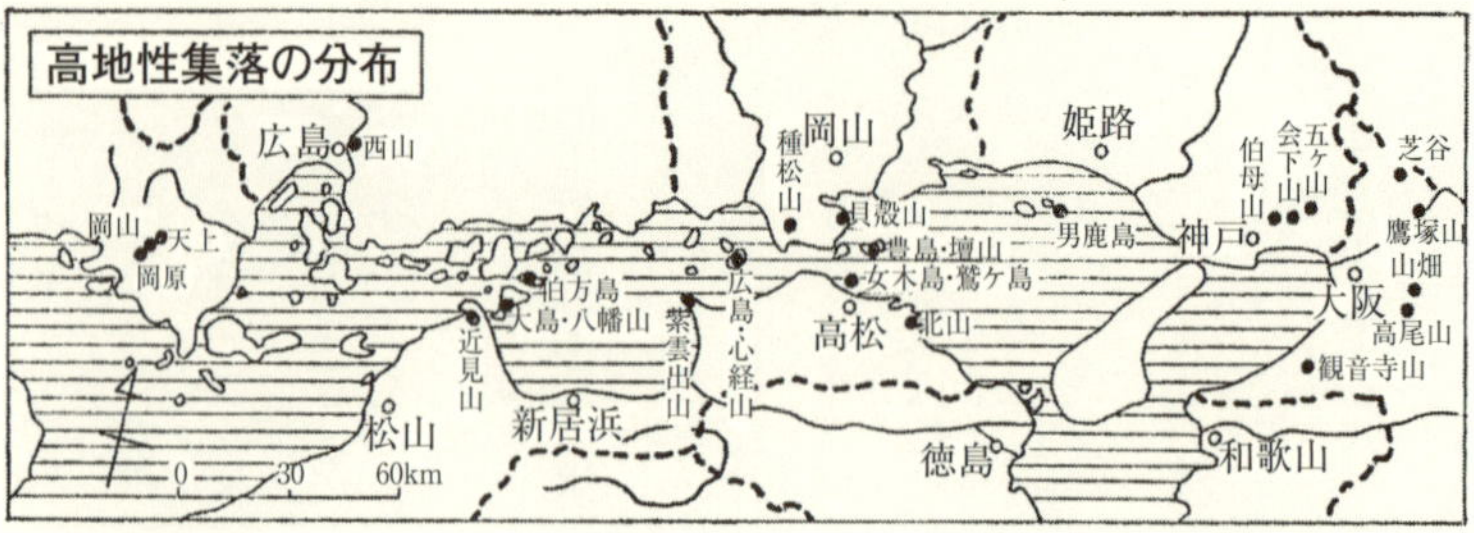

高地性集落の分布

•印は高地性集落

例えば、瀬戸内海をのぞむ兵庫県の六甲《ろっこう》山地の南斜面にある標高二〇〇メートルの会下《えげ》山の山頂あたりからは、七つの住居址《あと》からなる集落遺跡が発見された。一時的なものではなく、かなりの長期続いたムラと思われるが、ふもとの平地とは距離がありすぎて、稲作農業にも生活にも、極めて不便だ。ただ見晴《みは》らしはよく、瀬戸内海を眼下に見おろす位置にある。そこで軍事的な必要からつくられた集落ではないか、と考えられた。

今までの研究では、当時、九州方面から船に乗った集団が、瀬戸内、近畿へ武力侵出し、そのためにこの地方の人々はそれを恐れ、山の上の、生活には不便でも敵と戦うには有利な場所に集落を作ったと解釈される。つまり外部からの敵に、一方的に攻め立てられていた。

そこで肝心の狗奴《くな》国だが、もしこの国が范曄《はんよう》の言うように、邪馬台国の東の海を渡った地方とすれば、まさにこの高地性集落のある地方と重なり合う。「相攻撃」し合ったのだから、当然に軍事的な集落が必要だったろう。軍事的といっても、その集落は明らかに防衛的なものであり、したがって攻撃をしかけたのは敵側——多分、邪馬台国勢なのか。

これについては『魏志《ぎし》』「東夷伝《とういでん》・東沃沮《よくそ》条」によく似た記事がある。

「挹婁《ゆうろう》、喜びて船に乗り寇鈔《こうしょう》す。北沃沮之《これ》を畏《おそ》る。夏の月は恒《つね》に山巌の深穴の中に在《あ》りて守備を為《な》し、冬の月は船道が氷凍して通ぜず、すなわち下りて村落に居す」

つまり、北朝鮮の東北から満州、シベリアにかけて住んでいた挹婁《ゆうろう》人たちは、夏には船に乗って、北朝鮮東海岸地方に住んでいた沃沮《よくそ》人に対し、海賊行為をはたらいた。そのために沃沮人たちは、夏の間は山奥に逃げ込んで守備をし、冬になってやっと村に帰り住むことができた。これは、日本の高地性集落と、内容的にも時期的にも、実によく似た現象だ。

この解釈が正しければ、狗奴《くな》国地方も、瀬戸内海を東進（東遷《とうせん》）してくる「邪馬台国侵略船団」の定期便を受けていたと考えることも、思考の実験、仮説としては可能だ。全海岸地帯の住民が平野を捨て、山の中に一斉疎開《そかい》したわけだから、その攻撃はよほど強力で長期に亙《わた》ったものと、そう想像することもできる。

女王国の全体の地理像

ここまで詰《つ》めて来ても、細部に残る問題点は、依然として多い。一応、これまで述べた『晋書』

『後漢書』に基づく「筆法」解読の地理解釈を図示してみると、大体、次の図のようになるだろう。

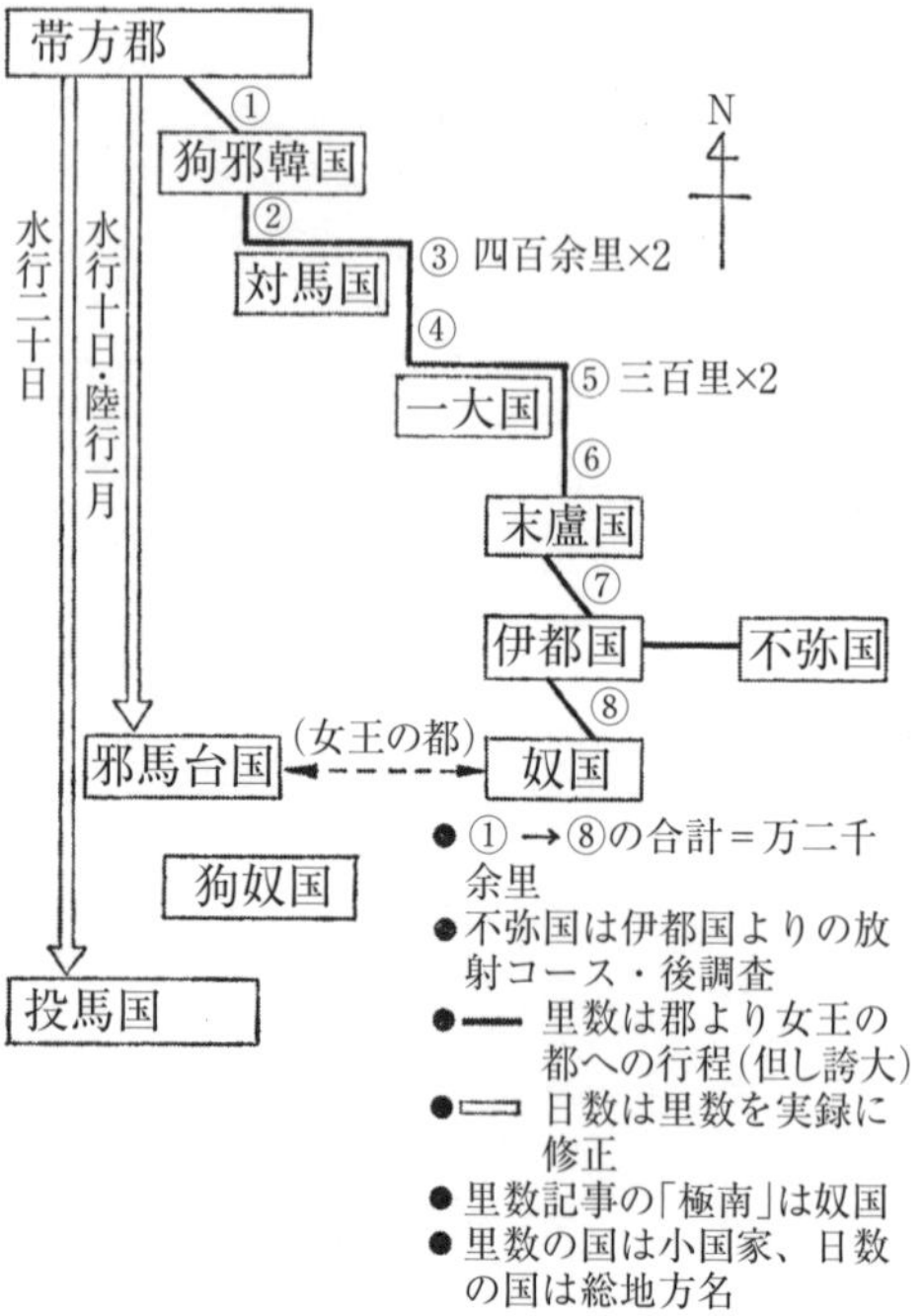

この図の要点は、(1)『晋書』の戸数解読より「邪馬台国＝魏時三十国」を導き、(2)したがって『魏志』の里数記事と日数記事が連続しないことを、(3)『後漢書』の「奴国は倭国の極南《きょくなん》界」によって裏付けたことにある。

そして、邪馬台国とは実は九州北部三十国の総称で、逆に女王国とはその中心となる都のことだった。①郡より「万二千余里」で、②「自女王国以北……戸数・道里」より里数記事の最南にあたる国は、すなわち奴《な》国にあたる。

現在の福岡市から春日市のあたりが、女王国、女王連合三十国（邪馬台国）の中心となる国だった、というのが范曄《はんよう》や房玄齢《ぼうげんれい》らの解読であり、それをカンニング、あるいはリプログラミングした私の解釈だ。

二　帯方郡より倭国へ

実録の行程――不弥国の謎

さて、これまで私は「魏志の筆法」を、ある意味で遠くから観察してきた。大手門から堂々と攻め込むのではなく『後漢書』と『晋書』を尖兵《せんぺい》として、言わば搦手《からめて》から攻めた。

ところが実際は、この方法だけで陳寿の真意をすべて解読することは、とてもできない。最後には、やはり「筆法」のセオリー通りに、一つ一つの字句に当たり、その深意《しんい》をさぐり、阿吽《あうん》の呼吸で以って「大義」を取り出す作業が必要だ。

「魏志の筆法」は「倭人伝」の地理記事のみではなく、社会・政治などの記事にも盛んに用いられているが、私の整理したところでは「魏志の筆法」の「東夷伝《とういでん》」に関する部分の四〇パーセントは「韓《かん》伝」、とくに「辰王《しんおう》問題」に集中し、残りの三〇パーセントが「倭人伝」の政治記事、地理問題は残りの三〇パーセントくらい。邪馬台国問題は「魏志の筆法」の最重要ファクターではない。

だが、もう一度地理記事の問題にさかのぼって、考え直すべき未解決点がある。非常に面白い問題が残る。

それは、「不弥《ふみ》国とはいったい何か」という疑問だ。少し煩《わずら》わしい思考が要求されるが、次のような奇妙な手順が、実は中国史書の最も正統的な読法だろう。読者も少し我慢をして、読み進めていただきたい。

隠された六つの筆法

①『魏志』の里数記事の主題は「郡《ぐん》より倭《わ》に至る」行程説明だった。対海国─一大国─末盧国─伊都国─奴国は、郡使の旅程のうちの国、つまり「万二千余里」のうちの国。このコースを魏使達は進んだ。したがってこれらの国々の方位・距離・戸数を記録することは、当然必要なことだ。

しかし不弥国はどうか。この国は「万二千余里」のほかの国となってしまう。その「百里」は宙に浮き、不必要な記述となる。これは何故か。「文の錯《たが》え」とは考えられないか。

つまり、今のままでは『魏志』「倭人伝」の旅程記事のなかに、一見旅程外と思われる不弥国の里程記事が何故記述されるのか、説明がついてなかった。

これらの文章の作者の陳寿《ちんじゅ》は、前述したように春秋公羊《くよう》学の学派だ。公羊学は、史書表現の一字一句に大袈裟にこだわる。この本も、「筆法」を前面に出して話を組み立てている手前、著者の私としても、その路線で走るしかないが、例の如《ごと》く「文の錯《たが》え」を発見してそれを集め、再構成して「義」を求めるというルールに従うとき、『魏志』「倭人伝」のうちに次のような「文の錯え」を発見できる。

②「倭の地を参問《さんもん》するに、海中洲島の上に絶在し、或《あるい》は絶《た》え、或は連《つら》なり、周旋《めぐりめぐって》五千余里可《ばか》りなり」

通説は、帯方郡から女王国への「万二千余里」から、郡から狗邪《くや》韓国までの「七千余里」を差し引いたもの、つまり狗邪韓国――女王国間が「五千余里」の計算だ、と単純に考えて疑わなかった。

ところが、既にみたように『魏志』の用字と構成は極めて厳密であり、このような不必要な重複は考えられない。それを敢《あ》えて「周旋五千余里」と二重に表現するのは、一体何故《なぜ》か。

③狗邪韓国からの渡海記事において、狗邪韓国――対海国間は「始めて一海を度《わた》る千余里」とされ、そこから一大国へは「又南一海を渡る千余里」とされ、さらに末盧国へは「又一海を渡る千余里」と書かれている。つまり、「南」という方位が書かれるケースと、書かれないケースがみられる。

第一章の『春秋』魯《ろ》の十一公の薨去《こうきょ》記事の例でわかるように、記述形式の変化（文の錯《たが》え）にはそれに相応する意味が、必ずあるはずだが、それは果たしてどんなものか。

④旅程記事において、末盧《まつろ》国のみが何故か官名を記録されていない。他の国は卑狗《ひこ》・卑奴母離《ひなもり》と、書き出されているのに。これも「文の錯え」と思われるが。

⑤地理記事の戸数単位は原則として「戸《こ》」の用字が用いられる。例えば「○○国、○○余戸有

り」のように。ところが、一大国と不弥国のみはこの形式と《文が錯《たが》え》られて「家《け》」で戸数が述べられる（一大国、有三千許《ばかり》家。不弥国、有千余家）。すると、両者の特徴と関連は、何か。

⑥旅程記事のなかで、国から国へは「東南奴国に至る」のように「至《いたる》」の用字形式。ところが、狗邪韓国と伊都国に限っては「到《いたる》」の字が用いられる。「至」と比較して、「到」の字は最終目的地のニュアンスを強くもつ字だ。この二通りの使い分けも「文の錯え」と思われる。では何《な》故《ぜ》か。

陳寿は、当時を代表する春秋家であり、桁《けた》の違う年期の入った筆力があったわけだ。これらの「文の錯え」は、彼の「微言」と見なすべきであり、「文外の文」「言外の言」の存在を強く予感させる。

①――⑥は、まるで散漫で脈絡《みゃくらく》がないようだが、その部分を寄せ集めると、一つの鮮明な全体像が出現するかも知れない。

真の目的地は伊都国か

そこで、私の推測、あるいは①――⑥の辻褄《つじつま》を合わす思考実験だ。

まず、⑥に注目する。『説文解字《せつもんかいじ》』の段玉裁注《だんぎょくさい》には「到は至の地を得たる者なり」と説明される。

つまり「到」の用字は、目的地に到達することを意味する。

ところが、問題の旅程記事で「到」は韓国南端の狗邪《くや》韓国への到着と、「郡使往来するに常に駐《とど》まる所」の伊都《いと》国への到着にだけ用いられる。その他は「至」（通過の意味）だ。

これは、不思議な用法だ。なぜなら、魏使の最終目的地は、女王の都のはず（常識的に）であり「筆法」の観点からは、「到」の用字は、奴国か邪馬台国のところで用いられねばならない。明らかに「文の錯《たが》え」だ。

これではまるで、伊都《いと》国が最終目的地のような書きぶりだ。しかし、興味深い事実も見られる。『魏志』には、一大率《いちたいすい》という強力な権限を持った行政官が伊都国に「常治」し、その港で、魏使と一大率が外交交渉を開始したことを記録する。

また、魏使と女王卑弥呼は「卑弥呼……王と為《な》りてより以来、見る有る者少なし」と、両者が直接には対面しなかったことを暗示する文もある。これは、一大率が魏使から受け取った「伝送文書、賜遺之物」を彼が女王に詣《いた》らせた、とあることによっても裏付けられる。もし魏使が女王と対面したのであれば、何も一大率の手を通さずとも、直接に手渡せばよかったはずだ。

また、伊都国以前と以後とには、書き方に相違があり「距離」と「地名」が逆転することは、前に述べた通りだ。『魏志』「倭人伝」行程記事中で、伊都国がこのような特殊な位置を占めるのは、果たして何故か。

私は、①―⑥の辻褄を無理にでも合わすための、一つの仮説として、新しい角度から旅程を見直してみたい。

つまり、魏使は女王と面接した形跡がない。また、魏使は実際の外交業務を伊都国に「常治」する一大率と行なっていた。魏使はその国に「常駐」し、一大率は「常治」した。「駐」も「治」も、一時的なものでなく、恒久的というニュアンスが強い用字だ。

すると、魏使の最終目的地は、実は伊都国ではなかったのか。そう考えたとき⑥の、伊都国に特に「到」の字、が用いられたのも、それ以後から「距離」と「地名」が逆転するのも、良く説明がつく。また「常治」と「常駐」と、「常」が対句《ついく》のように連結して用いられていることもだ。

魏使の最終目的地を、女王国――奴国ではなく、伊都国とする解読は、地理記事のみでなく社会・政治記事も見てみれば、実は容易に理解できる。また、十世紀に成立した『太平御覧』所引『魏志』は、「帯方使往来常止住」と、「常駐」ではなく「常止住」と書く。つまり、常に止まりて住す、と解釈する。

このように、女王国が真の目的地ではなく、魏使たちは、実際には伊都国を目指したと考えれば①の、一見旅程外の不弥《ふみ》国が旅程記事中に書きあげられる必要も見当がつく。それは、不弥国を通過する旅程だ。

不弥国《ふみ》＝海国《うみ》か

では、不弥国の所在は何処か。魏使の真実の旅程を解読する前に、その位置の確定が先決だろう。そのためには、読者は、榎学説の放射コース読法を想い起こして欲しい。伊都国までは「方位・距離・地名」の形式、その後は「方位・地名・距離」の書例変化に注目した榎一雄氏は『新唐書』「地理志」に引かれる「賈耽《かたん》」の文を参考にし、伊都国より後は、伊都国を中心に放射コースと読むべきだと解釈した。ただし、投馬国・邪馬台国も伊都国よりと考えた。

私も筆法論の立場より、この解釈に賛成した。そこには明らかに「文の錯え」があり、⑥の「到」の「微言」とも一致する。

また、『後漢書』は、奴国を倭国の「極南《きょくなん》」と解いたが、その見地からも、奴国と不弥国が「極南」である（直線コース）より、奴国のみが「極南界」の方が文意に即している。

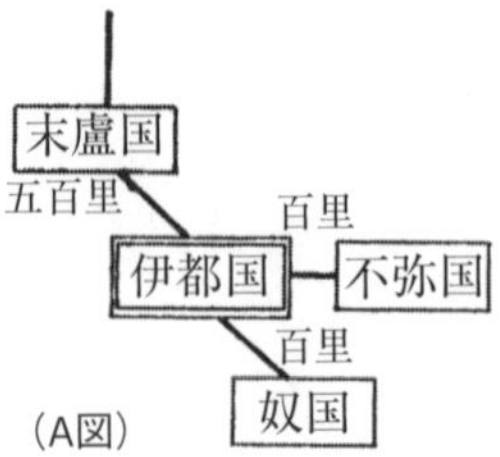

（A図）

すると、このA図の里数を「露布《ろふ》の原理」によって十分の一のキロ数に換算し、当時の地形に重ね合わせれば、不弥国の位置を知ることができるはずだ。

したがって、伊都国の中心より「東」「百里」、実質は十里、約四・三四キロの地点が、不弥国の所在地ということになる。これは思考実験だ。

ところで、考古学者の定説では、伊都国の中心は糸島市前原町の平原《ひらばる》遺跡周辺と考えられている。そこで、平原部落を中心にして半径四・三四キロの円を描き、その円周上で港の機能を持ちうる地点が、すなわち不弥国だと推定できる。

というのは、魏使の旅程は「全水行」という見地より考えて、どうしても船の着けられるところでなくては、具合が悪い。実は、私としては、不弥《ふみ》国とは、「一大率《いちたいすい》」が伝送の文書等を捜露《そうろ》した伊都《いと》国の「津《つ》」（港）ではないか、と逆算して推測しているのだ。

古代糸島水道の港「主船司」

さて、三世紀の当時は、次頁のB図のように糸島《いとじま》半島の中央を「糸島水道《すいどう》」という水路が横に走っていたとされる。糸島市は、もとは怡土《いと》郡と志摩《しま》郡に分かれていた。その北部の志摩《しま》郡——『日本書紀』の嶋《しま》郡——は、古代は文字通りの島だった。

この古水道は、土砂の埋積や農民の干拓によって陸繋化《りくけいか》され、新しい平野となったのだが、古代は、博多湾と唐津湾を直結する重要な海上交通路だった。地球には、海進《かいしん》・海退《かいたい》現象があるが、弥生時代の海面は、今よりかなり高かったらしい。

では、伊都国（平原・三雲部落）より半径「百里」（約四・三四キロ）で、「港」つまり古代糸島水道と交わる地点はどこか。不弥国は、果たしてどこか。

読者もB図を見てほしい。それは、まさに周船寺《すせんじ》（福岡市西区周船寺町）に当たる。この周船寺

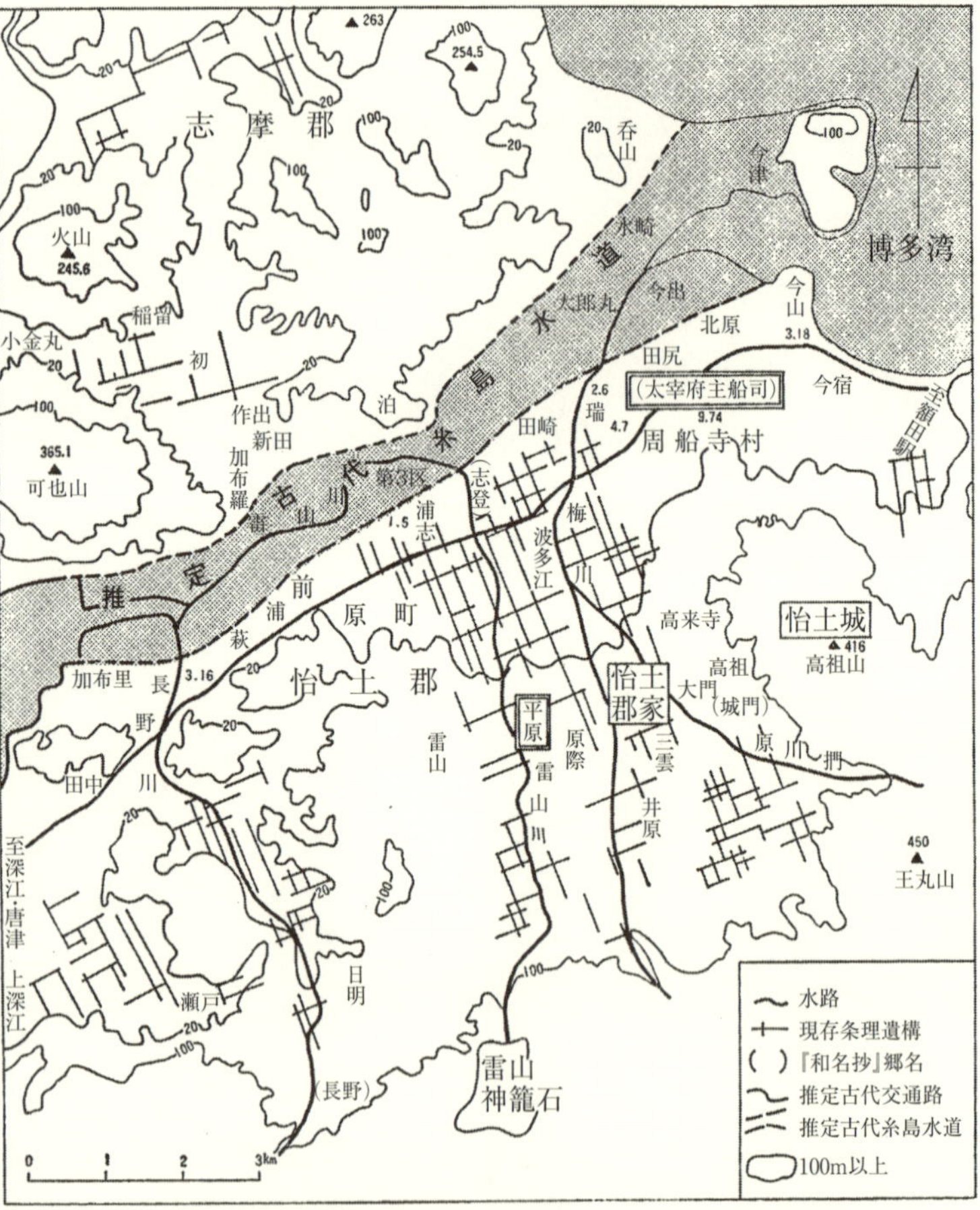

（B図）　古代糸島水道略図（『日本歴史地理総説』「古代篇」より作図）

の地名は、太宰府《だざいふ》（大和朝廷の九州行政府）の出先機関で、船舶と海上交通を管轄する役所「主船司《しゅせんし》」（現代の海上保安庁に類似）が、この地に置かれたことに由来した。

さきに、不弥国は「一大率の津《つ》」と推理をしたが、すると伊都国の津《つ》（倭国の海上交通の主港）の役割と、数百年後の太宰府「主船司」の機能に著しい類似があることを見逃せない。両者とも、今日の税関のような業務（「津《つ》に臨《のぞ》んで捜露《そうろ》す」）を執《と》り行なった。

この考えを推し進めると、実は古代糸島水道東端の周船寺附近こそが「一大率の津《つ》」――不弥国ではなかったかとの推測も、とりあえず辻褄はあうので、仮説としては可能だ。

すべてが明快に解けた

このB図に注目し、伊都国が⑥の「微言」の示すように最終目的地であることを知れば、魏使の本音《ほんね》の旅程は、おのずから明らかだ。そのポイントは、伊都国から不弥国へではなく、不弥国（糸島水道の周船寺、一大率の津）から伊都国王の治所と推定される平原《ひらばる》部落へと進むという、逆転の発想をすることだ。頭の切り換えこそ解読、あるいは理屈や屁理屈のこつなのだ。でも、著者の私はフェアに議論を進めたいと思っている。そこで私は、①――⑥を綜合して、とりあえず、次のように推論してみた。

②の「周旋五千余里」は、郡から女王国までの「万二千余里」の一部を重複して述べたものではない。それは、⑥の「到《いたる》」から「到《いたる》」の間、すなわち狗奴韓国・伊都国間の、本音の旅程の距離を

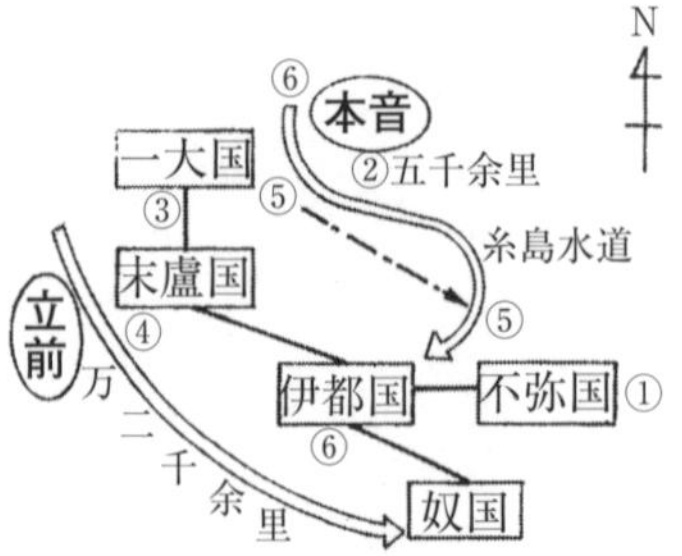

六つの筆法図

狗邪韓国――対海国		1,000
対海国の2辺		800
対海国――一大国		1,000
一大国の2辺		600
一大国――末盧国		1,000
末盧国――不弥国	※	500
+）不弥国――伊都国	※	100
周　旋		5,000

※　B図より判定

秘かに示しているのではないか。まず、そう仮定した。

B図の現実の地形を確認したとき、そのコースは、郡……末盧国↓不弥国↓伊都国となる。その合計が、すなわち「五千余里」ではないか。

この旅程の解読から、③と④と⑤の「微言」が理解できる。つまり、③と④は「全水行」で、末盧国に上陸しないことを語る。そのために一大国――末盧国間の方位が書かれず、上陸を否定するために、末盧国の官名も敢《あえ》て書かれないのではないか。同時に陸行をも否定する。

したがって、⑤で一大国と不弥国にのみ「家」を用いているのは、一大国と不弥国とのつながるべきこと、言い換えれば、一大国から不弥国へ船で直行する本音のコースを示すのではないか。

これを図示すれば、上図のようになる。つまり「万二千余里」の立前のコースと、「五千余里」の本音のコースの二種類を想定してみたのだ。この仮説的な視角で、①――⑥を眺め直してみれば、実に良く「文の錯《たが》え」が納得できる。とりあえず、説明がつく。

他の小国家の官名が「官が卑狗《ひこ》、副が卑奴母離《ひなもり》」であるのに、不

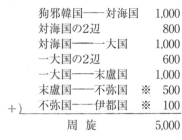

弥国のみが「官が多模《たも》、副が卑奴母離《ひなもり》」と異質だったのも「一大率の津《つ》」としての特殊性を物語っていたのか。

以上のような解読（仮説です）によって、「万二千余里」は根本史料（魏・晋王朝政府の公式見解）の踏襲であり、「女王国＝奴国」までの行程を語る。しかし「周旋五千余里」は⑥の「到」から「到」へのコースを示す陳寿の修正、あるいは遊びであって、⑤の「家」から「家」への「全水行」が実際の旅程だった、と読むこともも可能だ。

また、こう読むことによって、①——⑥の筋道が明快に通じ、一見混乱したような『魏志』叙述の骨組みが、そこに整然と現われる。ともかく、そう考えれば、実に辻褄が合うのだ。

177頁でみたように、『魏志』は二八〇年以前、戦時中に編纂された。裴秀《はいしゅう》地図が「秘府《ひふ》に蔵された」ように、戦時中に正確な地理情報は公表されないのは当然だが、陳寿さん、やり過ぎだ。

魏使の倭国への旅

さて、第三章で、当時の外洋帆船は、かなり大型の遠洋船であることを説明した。そして同章で「水行陸行」を解読した。

そうすると、帯方郡から倭国に至った使節団の真実の行程は、まずソウル附近（帯方郡）から船出する。次に朝鮮半島の西岸から南岸を海岸に循《したが》って沿岸航海し、狗邪《くや》韓国（金海か釜山の附近）

に到《いた》る。そこから一海（朝鮮海峡）を渡り、対馬島《つしま》に着く。浅茅湾《あそう》に入って船越《ふなこし》の水道を過ぎ、対馬南島の北辺と東辺、つまり南島を海岸沿いに半周する。
そこから、また一海（対馬海峡＝瀚海《かんかい》）を渡り、壱岐《いき》島の西北端に着く。そして海岸沿いに島を半周する。又一海（壱岐水道）を渡り、松浦半島か松浦川河口にあった末盧《まつら》国に達する。しかし上陸はしない。更に海岸線に沿って東進し、現在は陸地化してしまった糸島水道《いとじますいどう》に入る。そこを東に進んで不弥国、今の周船寺に至り、そこで「一大率」から人員・積荷の検閲を受ける。そこから「百里」――実質十里・約四・三四キロで、福岡県糸島市前原町の平原の部落、すなわち伊都国王の治所に「到《いた》」ることができた、というのが真実の行程ではなかったか。

また、邪馬台国論争の難問の一つに、狗邪《くや》韓国が何故に「其《そ》の北岸」とされるか、という問題があった。この「其《そ》の」とは何を指すのか。周知のとおり、朝鮮半島は北が陸、南が海だ。したがって「其の」が韓国の意味と解すれば「北岸」ではなく「南岸」と書かれなくてはならない。倭国の意味と考えても、「倭の北岸」では話が通じない。朝鮮海峡は海であり、「北岸」と言えるのは、対馬島の北岸のみだ。

これも、②の「周旋五千余里」の計算を思い出せば解決できる。つまり⑥の「到《いたる》」から「到《いたる》」まで、「或は絶《た》え、或は連《つら》なる」を計算する（五千余里）の起点（「其《そ》の」）を示す「微言」であり、

②の文と完全に対応していたと考えられる。ここで「其の北岸」の章句がはっきりと活《い》きてくる。②で、「倭の地を参問《さんもん》するに……」と述べられる。そして普通にこの文を読めば「倭国の地理を計算してみると……」くらいの意味であり、格別のこともない。

しかし、陳寿の文——本音《ほんね》と立前《たてまえ》の二重構造を思うとき「読み手はこの個所を参問（深く考え）しなさいよ」というのが、陳寿の裏の言葉ではなかったか。こういう読み方をしてみるのも、非常に面白い。というのも、大体中国史書においては、撰者が私見を陳《の》べたりするのは伝末の論《ろん》や賛《さん》の部分に行なうのが慣例であって、②の「参問するに」のように、伝中に撰者の考えを述べるのは異例だ。「文の錯え」とも言える。

地理記事で倭国の位置について「其《そ》の道里《どうり》を計《はか》るに……」とあるのも、あるいは「読み手よ、其の道里《どうり》を計《はか》ってみなさい」と言っていたのかも知れない、との解釈も可能だ。春秋家の、とくに言葉いじりの好きな春秋公羊《くよう》学派の文の遊びだろう。どの業界も、プロはいやらしい。

魯迅《ろじん》は、この時代の気分として、「魏晋《ぎしん》の気風および文章と薬および酒の関係」という評論を書いているが、人に白目をむいたりする阮籍《げんせき》など、竹林《ちくりん》の七賢《しちけん》に代表される当時の人物には、変なことを面白がる変わった人間がおおい。時代の気分、流行だろう。やり過ぎだが。

三　女王の周辺

女王の宮殿に迫ろう

さて、邪馬台国の位置に関して、残された最も興味深い謎は、女王の宮殿の位置、その墓の所在だろう。「邪馬台国は、女王を盟主とする九州北部三十国の連合体であり、女王の都する所は奴《な》国」だった。では、その女王の宮殿は、果たして何処《どこ》か。

『魏志』には、卑弥呼の居るところを「宮室、楼観《たかどの》、城柵、厳《おごそ》かに設《もう》け、常に人有り、兵を持《じ》して守衛す」とか「婢《ひ》千人を以《も》って自ら侍《じ》せしむ」と述べており、その宮殿がかなりの規模だったこと、魏の使者が実際に見たらしいことを伝える。まあ、千人ではなく、例によって、その十分の一の百人かも知れないが。

また、女王の官に伊支馬《いさま》、弥馬升《みまそ》、弥馬獲支《みまかき》、奴佳鞮《なけて》などという名称が記録される。その語感が母音的で極めて女性的であり、女王はシャーマンだったので、これらは「婢《ひ》千人」の内の職名ではないか。これらの官は、巫女の集団内の地位ではないか、と私は推測する。

しかし、宮殿といっても、壮大な竜宮城とか乙姫さまを想像するわけにはいかない。時は弥生の後期であり、各地に大農耕集落が作られはじめた時代だった。当時の遺跡や遺物を見たことのある読者は、それらの大規模なものとしての女王の宮殿の見当がつくだろう。

ともかく、卑弥呼の「居処」——宮殿は、果たしてどこにあったか。これを推測する良い方法が、実は有る。

位置の測定法

以下も、例によって思考実験だが、その方法は、「露布《ろふ》」による実数の距離を、現実の地理に当てはめることだ。

前に述べたように、伊都国より先は、榎説の放射コース読法が、筆法論よりみても最も妥当だった。それは、（1）伊都国の前後では明らかな記述形式の変化（文の錯え）があり、（2）「到」の用字が特徴的（微言）になされており、（3）他史書（『新唐書』）の書例とも合致し、（4）はまた、不弥国から最終目的地の伊都国へ、という陳寿の「六つの筆法」とも正確に重なり合った。

そして、投馬国・邪馬台国の「方位＋目的地＋距離」の形式も、郡よりの放射コースの可能性が高い。したがって、このように、少なくとも陳寿の作文に関する限り、伊都国から放射コースと読むべきかも知れない。

そこで第四章の（208頁）のA図だ。この図から、伊都国・奴国・

（C図）

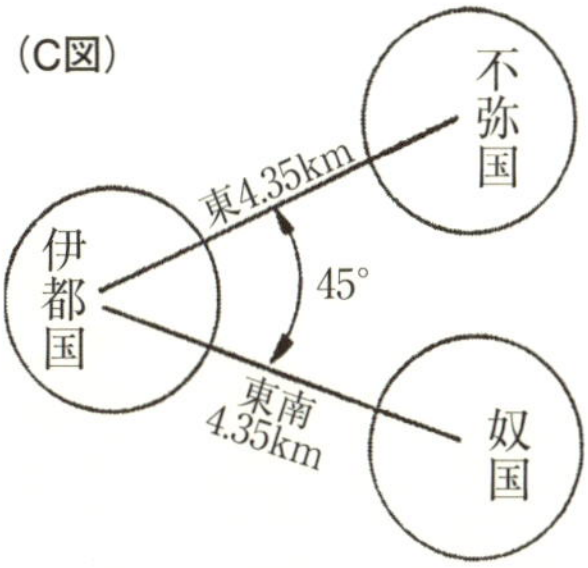

伊都国・奴国・不弥国の位置関係

不弥国の位置関係を見てみると、前頁のC図のようになる。

この不弥国は「百里」の誇大里数を「露布《ろふ》の原理」によって十分の一に修正し、210頁B図の古代糸島水道に重ね合わせて、後世に太宰府主船司のおかれた周船寺のあたりとする。

同じ要領で、伊都国を福岡県糸島市前原町にある平原《ひらばる》の遺跡あたり、不弥国を周船寺町あたりとしてC図を前のB図に重ね合わせれば、理屈としては、奴《な》国の中心地が推定できる。

ところで、奴国は博多平野にあったが、春日市の須玖《すぐ》遺跡のあたりが中心だったとされる。というのは、この地の旧名は儺県《なのあがた》、那珂《なか》郡であり、奴《な》国→儺《な》県→那珂郡と考えられ、また弥生銀座と呼ばれるほどの豊富な弥生遺跡群がある。したがって考古学的には、この地域が奴国の中心だった、としか考えられないそうだ。

しかし読者も、C図を210ページのB図に重ね合わせて見てほしい。すると、この二つの図面は、通説のように須玖《すぐ》の遺跡（平原の東に約二〇キロ）ではなく、まったく新しい地点を指し示すのだ。そこは、ある山の頂《いただき》だ。

女王の宮殿は聖なる山頂にか

ここで『魏志』の語る距離について一言しようと思う。現実の地理においても『魏志』の末盧国・伊都国・奴国においても、これら三国は連続的に隣接している。つまり、国間距離は0《ゼロ》なのだ。

なのに、末盧国→伊都国「五百里」、伊都国→奴国「百里」などと各国間の距離が述べられるのは、何故《なぜ》か。可能な答えは唯一つ。それは、その距離が各国の中心地点——すなわち、首長の「居処」の間の距離以外には考えられない。末盧国の王の住む所から、伊都国の王の住む所までが「五百里」……ということだ。

したがって、考古学者たちの言うように遺跡の密集地（奴国《な》は須玖《すぐ》遺跡）が、ただちにその国の中心——王の「居処」だったとは思えない。ましてや女王卑弥呼のように、鬼道のシャーマンであり、人とめったに会わない神秘的な女王であれば、なおさらだ。町中に住むのは逆におかしい。

先に第三章で述べたように、奴国とは「女王国」であり「女王の都する所」だった。「所《ところ》」と書いている。すると『魏志』の記録する奴国の位置——伊都国の東を四・三四キロとは、すなわち女王卑弥呼の宮殿の位置ということになる。それは陳寿が「宮室、楼観《ろうかん》、城柵、厳《おごそ》かに設け、常に人有り、兵を持して守衛す」と書いた女王の「居処」のあった地点、つまり「所《ところ》」を指す。

この見地に立てば、C図をB図と重ね合わせることにより、宮殿所在地の「所《ところ》」の最有力候補を、推定することができる。

伊都国を平原、不弥国を周船寺として、C図をB図に重ね合わせると、ある山の頂《いただき》を指し示す。それは、「高祖山《たかすやま》」——標高四一六メートル。陳寿の文章は、この山の頂上を明確に指し示すのだ。

古代の宗教と山岳の神聖化が深く結びついたことは、よく知られた事実だ。シャーマニズムの生き神様だった卑弥呼の宮殿候補地として「高祖山《たかす》」が推定されるには、単なる偶然として済ますべきではない重大な意味を含んでいるのではないか。

また、この山には大和朝廷の命によって七五六―七六八年、吉備真備《きびのまきび》が対新羅《しらぎ》戦のため怡土《いと》城を築いたように、宮城所在地としての充分な地政的条件もそなえている。東に博多平野、北に糸島水道、西に糸島平野を押える政治的・軍事的な要地だ。

この山からは、東は博多湾一帯、西は唐津《からつ》湾から玄界灘《げんかいなだ》を越えて壱岐《いき》・対馬《つしま》さえも眺望できる。邪馬台国が九州北部三十国の総称であることを知った今、まさにこの山こそは、その中心のなかの中心だった、とも思われる。八世紀最高の戦略家――吉備真備がこの山に城を築いたのも、この山の価値を鋭く見抜いたからのことだろう。海の彼方を睨《にら》み、九州北部一帯を押さえるには、絶好の地の利だ。

神の土地、聖なる高祖山

そういう目で『魏志』を読み直してみると、あらためて合点《がてん》のいく文章が見え出してくる。その記述のなかに、(1)「王と為《な》りしより以来、見る有る者少なし」と述べられ、魏使と女王が直接に対面していない(魏使は伊都国の一大率と交渉)ことを示唆している。しかし、(2)女王の宮殿を「宮室、楼観、城柵、厳《おごそ》かに設け……」と形容しているのは、魏使が女王の宮殿を実見したと解釈すべきだろう。

魏使が常駐した伊都国から高祖山を望む

すると、（３）伊都国に「常に駐《とど》まった」魏使が、伊都国内に居ながら見ることのできた地点に、女王の宮殿が建っていたことにもなる。（１）（２）（３）を重ねると、伊都国の東にそびえる「高祖山《たかす》」――この山上が最も条件に合うと私は思う。

卑弥呼は、「年すでに長大なるも夫婿《ふせい》なし」と書かれている。つまり、彼女は二四〇年には、すでにかなりの年齢に達しており、夫も婿《むこ》もいなかった。宮殿の奥深くに一人住み、めったに人とは会わなかったが、「ただ男子一人有りて飲食を給し、辞《ことば》を伝えて居処に出入りした」という。これは、中国の使節たちの目には、多分に邪教的に見えたらしく、「鬼道《きどう》に事《つか》え、能《よ》く衆を惑わす」と述べられる。

この「鬼道」は、一般にシベリアから東北アジアにひろく分布する、北方シャーマニズムの一つと考えられている。一種の自己催眠の中で、意識の異常が生じる。まず精神がバラバラとなって没我の状態になり、そこに信ずる神や霊が乗り移る。その神懸《が》かりの間に、言葉や動作を通じて神の意志が託《たく》宣《せん》される。古代社会では、これは神意そのものと解され、社会の指標となり、政治ともむすびついて神権政治が行なわれた。現代でも、青森県恐《おそれ》山のイタコや韓国のムダン、旧満州やモンゴルのサマンなどが有名だ。

『魏志』「韓伝」の馬韓条にも、「鬼神を信仰し、国邑《ゆう》ではおのおの一人を立てて天神を主祭させ、これを天君《てんくん》と名付けている。諸国には別邑《べつゆう》（特別な聖地）があり、これに名付けて蘇塗《そと》という。そこに大木を立てて鈴鼓《れいこ》を懸《か》け、鬼神に事《つか》える」との同種記録がある。この蘇塗というシャーマニズムの特別霊域は、政治権力を超越したらしく、逃亡犯人がそこに逃げ込めば、追手は手を出せないと述べる。

馬韓《ばかん》の「鬼神に事《つか》う」シャーマニズムに、蘇塗《そと》という特別霊域があったことを思うと、卑弥呼の「鬼道に事《つか》う」シャーマニズムにも、同じような霊域があったと考えられはしないか。すると卑弥呼の「別邑《べつゆう》」――蘇塗《そと》はどこか。それを「高祖山《たかすやま》」と考えるのは、さて不可能か。

近くにクシフルという地名が残り、山頂に立てば、韓国に向かって岬も見え、東の博多平野からは朝日がただ刺し、西の糸島平野からは夕日が日照るのだ。

女王は、二世紀後半の「倭国の大乱」を終息させるため、三十の諸国から「共立」されて王となった。すると、この山は、シャーマニズムの神域であり、同時に邪馬台国の平和と安寧のシンボルの山でもあったことになる。これが女王卑弥呼の最も重要な性格ではなかったか。

彼女は、高祖山の頂《いただき》に座し、少なくともその存命の間は、倭国三十国に平和をもたらした。私は、とりあえず、そう推測したい。

女王卑弥呼の墓

これまでの推測が正しければ、卑弥呼の墓の大体の位置も、考えることができる。『魏志』は「大いに冢《ちょう》（墳墓）を作る。径百余歩（約一四五メートル）、徇葬《じゅんそう》する者、奴婢《ぬひ》百余人」と述べ、かなりの規模だったことを記録する。「径《さしわたし》」とあるから、円墳《えんふん》のように想像できるが、どういう形式かについては、考古学者たちの意見も一致しない。

しかし、『魏志』の新解読法によれば、この問題についてもある程度は推理できる。以下は、中国史書の原理がどうしたではなく、雑学的推理だが、先に、女王の宮殿の所在は「高祖山」ではなかったかと推測した。この立場より考えれば「女王の墓」のありかは、この山の東（奴国）か、西（伊都国）か、あるいは「高祖山」、蘇塗《そと》地域そのものか、という問題となる。

「奴国＝女王国」との結論だったから、卑弥呼の墓も奴国にあるべきかも知れない。しかし、ここに一つの疑問がある。

それは、『魏志』の語る卑弥呼の墓は「大いに冢《ちょう》を作る」と、魏使がその墓を見たこと（「大いに」と強調）が示唆されていることだ。邪馬台国は九州北部諸国の総称であって、魏使はその一国の伊都国に「常駐」したわけだから、卑弥呼の墓の記事は伝聞であり、魏使は実際には見ていないのだ（通説）と見なす理由は、今や何もない。したがって、
（1）魏使が女王の墓を「実見」し、
（2）魏使は伊都国に「常に駐《とど》ま」っており、
（3）地理記事以外の「筆法」の解読（後論）などを考え合わせると、
《女王の墓は、実は伊都国の領域内にあるのではないか》とも考えられる。

もし、前述した「露布《ろふ》の原理」が、この墓にも当てはまると仮定すれば、「径《さしわたし》百余歩（一四五メートル）」の墓は、実は「径十余歩」となり、直径が、実際は約十四・五メートル程度になる。同じ論法で「百余人」の徇葬者も、実数は十数人ではなかったか。

遺跡の発見は偶然の所産だ。今後どのような発見があるかも知れない。だが、この条件に当てはまる遺跡なら、今までに発見された遺跡の中にも見当たる。

伊都国の故地——福岡県糸島市の前原町には、有名な平原《ひらばる》弥生遺跡がある。東西二つの遺跡よりなる。その西のものは、中央の方形部は東西一七メートル、南北一二メートルで、幅二—三メートルの溝が周囲にめぐらされた「方形周溝墓」だ。その中央に幅一メートル、長さ三メートルの割竹形木棺が据えられており、その内外から白銅鏡四二面、素環頭《そかんとう》太刀一、刀子一、ガラス勾玉三、コハク丸玉約一〇〇〇、めのう管玉一二、他にガラス管玉・小玉など、夥《おびただ》しい副葬品が出土している。

発掘時の平原遺跡

副葬品の中に武器がほとんどなく、ネックレスやブレスレットなどのアクセサリーが多いこと、中国で女性が身につける耳《じ》とうとよばれるイヤリングがあることから、葬られているのは女性ではないかと考えられている。

その東のものは、東西一三メートル、南北八メートルあって、周囲の溝からは、寝た状態で十六人の殉葬《じゅんそう》者が推察されるという。「卑弥呼の墓」の条件の一つは「殉葬者のあること」だが、日本国内の弥生遺跡では、殉葬者のある遺跡は、平原遺跡を除くと一例も発見されていない。①女性であり、②殉葬者がある、となれば、もう答は一つしかないかも知れない。

この平原の遺跡は、三種の神器と同じ、鏡、玉、剣を組み合わせた副葬品を持ち、その被葬者は、女性ではなかったかと推測されている。――原田大六氏『実在した神話』『卑弥呼の墓』。

奇妙なことに、あるいは奇怪なことに、たくさんの銅鏡が発見され、そのなかには直径四六・五センチの巨大鏡も五枚あるらしいが、なぜかそれらの銅鏡はみな人為的に割られているらしい。また当時は甕棺墓《かめかんぼ》が主流らしいが、なぜか木棺墓《もっかんぼ》だ。「倭人伝」は、「棺ありて槨なし」（有棺無槨）と書くが、これは『魏志』「韓伝」馬韓の「有棺無槨」と同じだ。

第五章　一大率と伊都国王について

一　一大率の春秋学的な解釈

国家の起源と一大率

普通、何らかの強制力をもった恒常的な政治権力の発生、体制維持により受益する集団の世襲化、支配階級《ルーリングクラス》の成立をもって国家の誕生と見なされる。この古代国家成立の指標として、（一）階級社会（「倭人伝」の大人《たいじん》と下戸《げこ》）、（二）経済・租税制度（大倭、租賦《そふ》を収める邸閣《ていかく》）などの存在の他に、（三）官僚機構（王、大夫《たいふ》、官、副）の確立があげられる。そして、『魏志』は三世紀の日本列島に初期の国家が成立していた証《あかし》として、一大率（普通イチダイソツかイチダイスイと訓《よ》む）という執政官の存在を記録する。

「女王国自《よ》り以北には特に一大率を置きて諸国を検察す。諸国之を畏憚《いたん》す、常に伊都国に治す。国中に於《お》いて刺史《しし》の如《ごと》く有り」

読者もよく御存知のように、難問の多い邪馬台国論争のなかでも、とりわけの難問が、この一大率問題だ。要するに彼は、三世紀の福岡県糸島市に治所をもって、九州北部の諸国家に、絶大な権力をふるった人物らしい。

一大率《いちたいすい》とは何者か——。

私に、一つの切り口がある。この本ではそれを出発点として三世紀史に切り込んでみたいが、少し込み入った、わずらわしい論議になる。これはこの種の本の避けられないところで、著者の私は、できるだけ筋道だてて話を進めたいが、読者も、根気よく御付合《おつきあ》いを願いたい。

*

まず、『魏志』に記録される倭国の職官名において、漢語的表現と現地音的表現の二つの区別がある。前者には、

官・副・女王・大夫《たいふ》・大人《たいじん》・下戸《げこ》・中郎将・校尉《こうい》……

などがあり、明らかに中国的な形容表現と思われるが、後者は、

卑狗《ひく》・卑奴母離《ひなもり》・爾支《にき》・泄謨觚《そばこ》・柄渠觚《へきょこ》・兕馬觚《とまこ》・多模《たも》・伊支馬《いきま》・弥馬升《みまそ》・弥馬獲支《みまかき》・奴佳鞮《なかて》

……

などは現地の発音を、そのまま漢字を用いて記録したものだ。つまり、三世紀日本の土着語であることは一読して明らかだ。

この『魏志』外国列伝における中国的呼称（表意用法）と現地的呼称（表音用法）の二種の併用記述は、ただ「倭人伝」のみの特殊例ではない。

例えば、「韓伝」において、長帥・主帥・渠帥・邑君・侯・中郎将・都尉・伯長などの中国的呼称と、臣智《しんち》・険側《けんそく》・樊濊《さつわい》・殺奚《さつけい》・邑借《ゆうしゃく》などの現地的呼称が併存するように、『魏志』巻三十「烏《う》丸《がん》・鮮卑《せんび》・東夷伝」において二種呼称併用は、ごく普通の形式だった。

一大率の問題にもどれば、この言葉が表意による中国的呼称だということについては、まず、読者も了解されるに違いない。

そして現在、（1）一大率とは三文字で一つの職官《しょくかん》を指示する言葉だという意見と、（2）一＋大率であって、この場合の一は数詞あるいは不定冠詞として「一人の……」と解すべきだという二つの意見がある。

さて、果たして（1）（2）、どちらが正しいと見なすべきか。恐縮だが、以下、すこし細かすぎる議論に入る。

『旧唐書』の一大率と『新唐書』の本率一人

唐《とう》の時代は劉知幾《りゅうちき》の史学理論書『史通』や呉兢《ごきょう》『貞観政要』の記述に窺《うかが》えるように、実に史学の栄えた時代だった。国史編修は国家事業として史館スタッフによって組織的、継続的に進められ、多くの史書の完成のほかに、厖大《ぼうだい》な歴史資料を後世に残した。

ところが十世紀、唐末から五代十国の動乱によって、これらの書籍・資料は焼滅《しょうめつ》し、散佚《さんいつ》した。中原の地には五王朝が交替、各地に独立国が乱立したが、その一つの後晋《しん》朝において散佚した資料を集め、唐一代の正史を編《あ》む作業が進められた。宰相《さいしょう》である劉昫《りゅうく》自らが監修した『旧唐書《くとうじょ》』二百巻だ。資料価値の高い史書だ。だが動乱の時代環境の中で編《あ》まれた『旧唐書』には、いくつかの短所も残った。

やがて宋《そう》王朝（九六〇—一二七九）が成立。社会は安定する。文治主義のこの時代には、朱子学《しゅしがく》のような新しい思想が興隆する。宋学《そうがく》と呼ばれる潮流だ。かねて問題点を語られていた『旧唐書』の

〔新唐書・日本伝〕

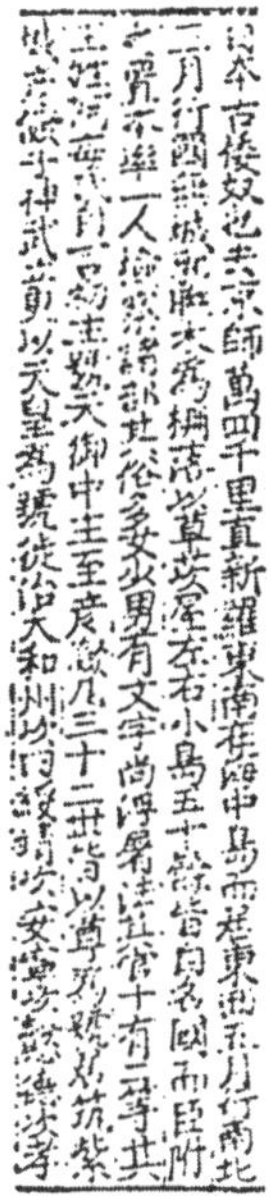
日本古倭奴也去京師萬四千里直新羅東南在海中島而居東西五月行南北
三月行國無城郭聯木爲柵落以草茨屋左右小島五十餘皆自名國而臣附
之置本率一人檢察諸部其俗多女少男有文字尚浮屠法其官十有二等其
王姓阿每氏自言初主號天御中主至彥瀲凡三十二世皆以尊爲號居筑紫
城彥瀲子神武立更以天皇爲號徙治大和州次曰綏靖次安寧次懿德次孝

〔旧唐書・倭国日本国伝〕

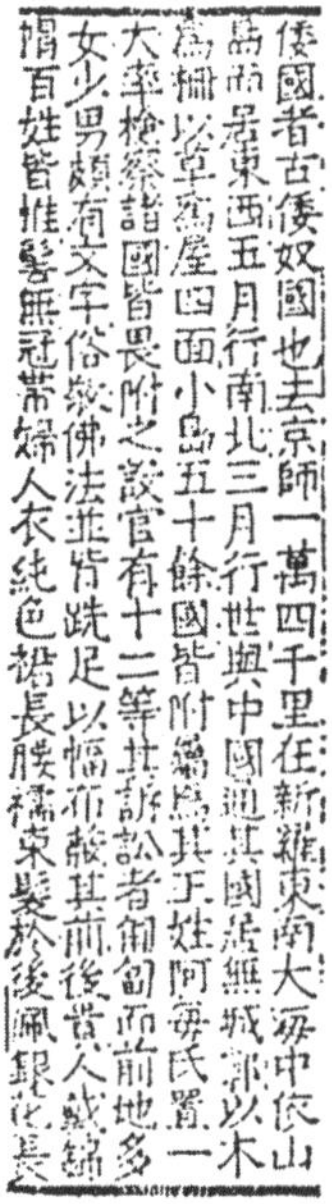
倭國者古倭奴國也去京師一萬四千里在新羅東南大海中依山
島而居東西五月行南北三月行世與中國通其國居無城郭以木
爲柵以草爲屋四面小島五十餘國皆附屬焉其王姓阿每氏置一
大率檢察諸國皆畏附之設官有十二等其訴訟者匍匐而前地多
女少男頗有文字俗敬佛法並皆跣足以幅布蔽其前後貴人戴錦
帽百姓皆椎髻無冠帶婦人衣純色裙長腰襦束髮於後佩銀花長

〔魏志・倭人伝〕

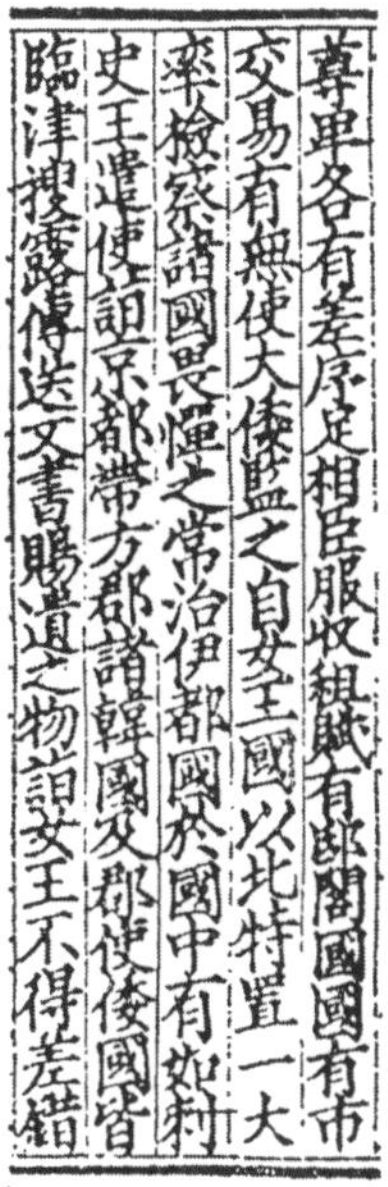
尊卑各有差序足相臣服收租賦有邸閣國國有市
交易有無使大倭監之自女王國以北特置一大
率檢察諸國畏憚之常治伊都國於國中有如刺
史王遣使詣京都帶方郡諸韓國及郡使倭國皆
臨津搜露傳送文書賜遺之物詣女王不得差錯

改修も、王朝の修史事業として宋祁《そうぎ》（九九八—一〇六一）、欧陽脩《おうようしゅう》（一〇〇七—一〇七二）の二人が主席編纂官となって、修史官たちと監修し、正史『新唐書《しんとうじょ》』二百二十五巻の完成をみた。唐の時代（六一八—九〇七）を扱う史書だ。

さて、一大率《いちたいすい》を考えるとき注目せねばならぬ記事がある。それは『新唐書』の「日本伝」表現だ。唐時代の日本国の行政組織の長官についての説明なのだが、その書は、つぎのように記す。

①「本率《ほんすい》一人を置き、諸部を検察させる（置本率一人検察諸部）……其の官は十有二等」

本率一人——本率とは一体どういう意味

か。この時代は日本史の奈良時代にあたり、十二等の官制といえば冠位十二階《かんいじゅうにかい》の制しかないが、本率などという官名はない。明らかに第三者の眼による漢語表現だ。

しかし、少し前に書いたように『新唐書』は『旧唐書』の改編書、両書は本質的に同系統の史書だ。すると、『旧唐書』は本率一人の文脈をどう書くのか、その比較が興味深い。

『旧唐書』は、①と同じ箇所を、

②「一大率を置いて諸国を検察させる（置一大率検察諸国）皆これに畏付する。官を設けること十二等がある」

とする。何と「一大率」と書くのだ。

③これは『魏志』「倭人伝」の問題の文章、

「特に一大率を置いて諸国を検察させる（特置一大率検察諸国）諸国はこれを畏憚する」

に依拠《いきょ》し、先行モデルを踏襲《とうしゅう》したのは間違いない。②と③の文章は、用辞、語順、文脈が完璧に照応する。

230ページのように、史書の成立順は③『魏志』三世紀↓②『旧唐書』十世紀↓①『新唐書』十一世紀だが、①と②は同じ意味であり、②と③も文義において等しく、当然に①イコール③……。『新唐書』の本率一人と『魏志』の一大率は確実に一致する。

そう考えると、①で欧陽脩《おうようしゅう》らが本率《ほんすい》一人と②を書き直すのは、明らかに彼ら宋《そう》代の学者たちの、③『魏志』一大率《いちたいすい》の言語解釈だとも言える。

『魏志』の一大率と『旧唐書』の一大率、そして『新唐書』の本率一人は確実に一致する。
（一）一大率＝本率一人、ゆえに大率一人。つまり複数の大率の中の特定の一人であること。
（二）大率は、欧陽脩らが本率と書き換えるように、①中国に既存した官名ではなく、②現地語でもなく、単なる漢語的形容だったこと。

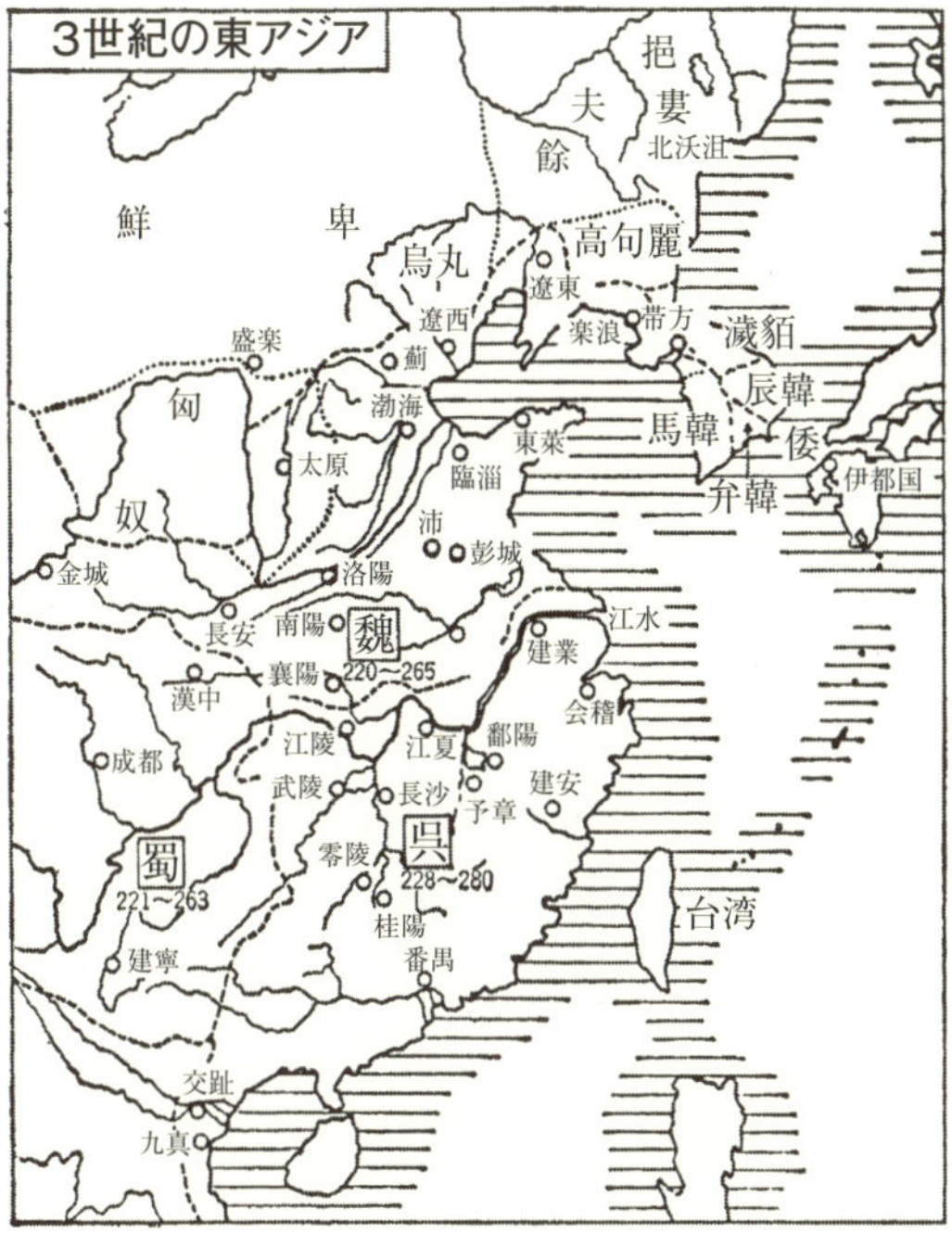

このように解釈するのが最も無理がなく、自然だ。one of 大率、一人の大率（一人の本率）と結論できる。

大率とはなんだろう

大率《たいすい》という言葉で、まず予見できるのは、この言葉が現地有力者を形容した表現（『新唐書』は本率と換える）ではないか、という語感だ。

そこで私は、『魏志』巻三十のなかで周辺諸国の有力者を表す言葉を探してみることにした。それを次にあげる。

（1）渠帥《きょすい》——烏丸《うがん》伝・挹婁《ゆうろう》伝・東沃沮《よくそ》伝・濊《わい》伝・韓《かん》伝
（2）小帥——烏丸伝（裴注・三世紀の王沈『魏書』）
（3）長帥——東沃沮伝・韓伝
（4）主帥——韓伝
（5）大帥——鮮卑《せんぴ》伝（裴注『魏書』）

これらは、（1）の渠帥《きょすい》と同じ内容が『後漢書』「烏桓《うがん》伝」では豪帥《ごうすい》と書かれ、（3）の長帥《ちょうすい》が『晋書』「韓伝」では渠帥と書かれ、（5）の大帥《たいすい》を『後漢書』「祭彤伝」が魁帥《かいすい》と書くように、問題の核心は漢字の字面ではなく、意味と表象機能にある。

『魏志』『旧唐書』の大率が『新唐書』の本率であるように、

（1）の渠帥＝豪帥《ごうすい》（『後漢書』）
（3）の長帥＝渠帥《きょすい》（『晋書』）
（5）の大帥＝魁帥《かいすい》（『後漢書』）

と史書によって表現が変わる。もちろん、意味する内容は同じだ。

そして、読者も心を凝らして読み直すとき、一つの示唆《しさ》に気がつかれるはずだ。それは音《おん》問題だ。つまり、大率と（1）——（5）を比較した時、後者の中に大率と全く同じ発音をする——つまり同一の意味を持つかも知れない用語を一つ発見できる。

率と帥——言葉の音と意味

どの国の言語の音声も、歴史の過程のなかで様々な変形——音声変化を受ける。中国語の発音においても、五度の音韻《おんいん》構造の変化があったらしい。三世紀的発音の実際、その音価の決定は、テープレコーダーのない時代であり、かなり難問とされる。『春秋左氏伝音義』や『経典釈文』のような音韻の考古学ともいえる音義学という分野もあり、清《しん》初の顧炎武《こえんぶ》らの分類もあるが、残念ながら私にはその間の知識はない。

ここでは、『廣韻《こういん》』『集韻《しゅういん》』などの韻書・字書に基づいて考えてみたい。

その細部の調査は詳述できないが、大率と（1）——（5）の比較について、簡単に要点のみを言えば、（5）の大帥が、俄然《がぜん》、浮かび上がって来る。大率《たいすい》と大帥《たいすい》、両者の音《おん》が全く同じ。意外にも、率《スイ》と帥《スイ》は完全に同音同義の文字であるのだ。

十一世紀北宋《そう》の司馬光《しばこう》『集韻』韻書によれば、率《すい》は朔律切・所類切でスイ（shuai）と音《おん》し、帥《すい》も同じく朔律切・所類切であって同音《おん》、同韻《いん》だ。楊正衡《ようせいこう》『晋書音義《おんぎ》』もこれを所類切とし『集韻』と同じ。

明の韻書『洪武《こうぶ》正韻』は、「率《すい》は帥《すい》と同じ（率同帥）」と説明する。つまり両字の発音は完璧に一致する。

古典の一字一句を考証する訓詁《くんこ》学は、とりわけ清朝の乾隆《けんきゅう》・嘉慶《かけい》の時代（一七三六—一八二〇）に隆盛をきわめたが、その代表的な訓詁学者の王引之《おういんし》『経義述聞』は、「声《せい》が同じく声の近い字はよく仮借《かしゃく》（近似音の漢字を借りて対象を表現）されるから、声によって意義をおい、仮借字を本字にかえして読むとよく判る」と説く（声訓法）。形音義《けいおんぎ》であり、率《スイ》と帥《スイ》のケースは、これだ。

視点を変えて、率と帥の訓詁《くんこ》的な字義《じぎ》解析ではどうか。『荀子《じゅんし》』「富国篇」楊倞注に「率は帥と同じ（率興帥同）」とあり、一例をあげれば『史記』『漢書』において同音同義の将帥と将率が併用されているように、率と帥の字義もその音と同じく正確に一致する。江沅『説文釈例』には「帥或いは率を仮りて之を為す……帥・帨・率・㕆・刷・雪の六字は古《いにしえ》は同用す」とある。帥と率の字義は、ともにリーダーシップ、ヘゲモニーを意味する。

帥と率、両字の可動的通用に次の例がある。アルタイ山脈の西南にトルコ系の高車国があったが、六世紀魏収奉勅撰の『魏書』「高車伝」（百衲本）に、率屯《すいとん》山という地名がのる。この魏収『魏書』などの北方四朝の記録を唐の李延寿が『北史』にまとめたのだが、『北史』（百衲本）は、『魏書』率屯山と同じ内容文脈を帥屯《すいとん》山とするのだ。率屯《すいとん》山と帥屯《すいとん》山、当然ながら同じ土地だ。

要するに、率と帥は同音同義、一つの言葉だ。では、どちらも固有官名ではなく形容表現である大率と大帥は、大率《たいすい》＝大帥《たいすい》——流れとしてはそう展開せざるを得ない。

結論から先に言えば、できる。そして、三世紀に大率と大帥が同音同義として共に使われたことには証拠がある。
『魏志』「烏丸《うがん》伝」裴注所引『魏略』に、

ⓐ「景初元年、毌丘倹……右北平烏丸単于《うがんぜんう》の寇婁敦、遼西烏丸都督率衆王護留葉……降伏。……魏はその渠帥《きょすい》三十人を封じて王と為す……」

とある。同じ史実を『魏志』「毌丘倹《かんきゅうけん》伝」では、

ⓑ「右北平烏丸単于寇婁敦、遼西烏丸都督率衆王護留等……降伏。……その渠率《きょすい》二十余人を封じて侯王となす……」（紹興本）

としている。ⓐⓑは同一の史実だが、ⓐの渠帥《きょすい》をⓑは渠率《きょすい》と文字を換えている。ⓐⓑの意味は同じ。したがって、渠率《きょすい》＝渠帥《きょすい》であることは間違いない。

この用例をみても、率《すい》と帥《すい》の両語が、当時でも同音同義として自由に併用されていたことが分かる。渠率＝渠帥を知れば、大率《たいすい》＝大帥《たいすい》についても格別の説明はいらない。同一視するのが最も正しい。——大率《たいすい》は大帥《たいすい》なのだ。一つの言葉なのだ。

誰が「帥」ではなく「率」と表現したか

もう一歩、論議を進めてみる。
この章の課題は一大率だが、『魏志』において一＋何々の表現構成と「率」の表現は、なぜか

「東夷伝」に特徴的に現れるという奇妙な事実がある。

『魏志』「東沃沮《よくそ》伝」で、二四五年頃の幽《ゆう》州の長官毋丘倹《かんきゅうけん》（—二五五）麾《き》下《か》に玄菟《げんと》太守の王頎《おうき》がいたが、『魏志』にのこる彼の報告の中（311頁参照）に、

ⓐ「一布衣《ほい》（一人の庶民）……」

ⓑ「一破船（一隻の難破船）……」

という表現がある。御承知のように、アジア系言語はヨーロッパ系言語のように名詞の頭に数詞を接《つ》けるのは一般的ではない。中国語も然《しか》りだ。

『漢書』「地理志」に「楽浪《らくろう》は幽州に属す」とある。『晋書』「地理志」も遼東地方経営、極東アジア諸国外交は幽州行政区（かつての中国十三州の一つ。今の北京《ペキン》辺に治所）の管轄とされ、倭国との交渉は帯方《たいほう》郡（今のソウル付近）が窓口だった。

ⓐⓑの王頎《おうき》は、二四八年には帯方太守に転任している。卑弥呼死後の内乱など、直接に倭国との歴史ともかかわっている。その倭国の記録「倭人伝」に、

ⓒ「一大率《すい》（一人の大率）……」

と、ⓐⓑと実によく似た言葉の特徴、スタイル、筆癖《ひっぺき》のような表現が出る。これは何を意味するか。

スウェーデンの中国学者カール・グレンは、『春秋左氏伝』の虚詞《きょし》の用いられかたを分析、『論語《ろんご》』『孟子《もうし》』等の文体との比較照合を試みた。その結果、異質な文章の色合いを発見、この書物

は伝説のように春秋時代の魯《ろ》人の文体ではなく、先秦《しん》の著述ではないかと推定した。文章家には固有の文体《スタイル》がある。彼は、その相違に着目してテキスト考証を行なったが、ではすると、『魏志』の場合はどう考えるべきか。

私の印象で言えば、ⓐⓑⓒのような三音節の言葉は声《せい》のすわりがわるく、癖《くせ》を強く感じる。漢語（文言）は、対偶の美が求められて駢《べん》文も生まれたように、偶数のほうが声律《リズム》がよい。

この三つの癖のある表現が、特定の人物、つまり「毌丘倹《かんきゅうけん》」と「王頎《おうき》」の周辺にのみ現れるのを、単なる偶然として捨てるのは、余りにも、もったいない。

私がこのようなことを言い出すのは、実は予感があるからだ。

『魏志』「東夷伝」序文に、それまで知られることのなかった極東地方の未踏の地が、魏の時代になって初めて外交・遠征によって公式に観察され「遂《つい》に諸国を周《あまね》く観《み》た」と書かれる。この二三〇—二四〇年代の観察者の復命報告のような資料が『魏志』等の史書の基礎となり、それによって陳寿は「東夷伝」を「詳述」（序文）できた。

すると『三国志』文章の全体のトーンの裡《うち》に、一部異質な響きの言葉が混入しているとすれば、それは陳寿自身の文章、言葉ではなく、原資料の言葉の痕跡（史《し》の成文《せいもん》）ではないか。

そこで幽州の長官、毌丘倹の列伝で渠帥《きょすい》が渠率《きょすい》と書かれていたことと、その部下に王頎《おうき》という人物がいたのが、ⓒの一大率《すい》と想い合わせても興味深い。

率直に言えばⓐ一布衣ⓑ一破船と同じく、ⓒ一大率の言葉の出所は、幽州の特定の文章家（毌丘倹か、王頎か、その属僚か）の原文書にあり、一大率問題も、その一人の筆者の文体――文章の癖の問題に収斂《しゅうれん》されるのではないか。充分なデータの上のことではなく、明快な結論は得られないが、そう的を外れてはいまい。

前述のように、杜預《とよ》も『春秋経伝集解《しっかい》』において、史書の文字表現に差違があっても、それは必ずしも一字褒貶《ほうへん》の義（特別意図）が隠されている場合だけではなく、非例《ひれい》（義例に非《あら》ず）つまり「史の成文《せいもん》」（各種の原史料・史之成文）を写した結果に過ぎないケースもあると、史文の形成過程に生じる新旧二層の文章系統の理解を説《と》いている。「帥《すい》」を「率《すい》」とする、名詞の頭に「一」をつける筆癖《ひっへき》の持ち主は、誰か？　私は、おそらく、それは「王頎《おうき》」だと直感する。

「一大率」とは何か

更に一歩、論議を進める。――では大帥《たいすい》とは何かと。

大帥《たいすい》は『魏志』「鮮卑《せんぴ》伝」裴注所引『魏書』に特徴的な言葉で、『後漢書』は、これを魁帥《かいすい》と書き換えていた。つまり、形容表現であって固有の名称ではない。234ページに示したように、基本的には他例伝中の渠帥・長帥・主帥・豪帥と同義であり指導的地位《ヴァンガード》を表す。読者もすぐに御理解されたように、大・渠（巨）・長・主・豪……まったく同じ意味なのだ。

結局、この探究は、

《大率＝大帥（渠帥・渠率・長帥・主帥・豪帥・魁帥）》

という図式に落ち着く。

ともかく、今までの論点を整理すると、

（一）『魏志』一大率と『旧唐書《くとうじょ》』一大率は同一モデル、『旧唐書』『新唐書』は同構造。ゆえに『新唐書』も『魏志』文脈と対応する。

（二）『新唐書』本率一人の記述は、欧陽脩《おうようしゅう》ら宋代学者の『魏志』一大率への言語解釈でもあり、

①大率一人――つまり複数の大率の中の特定の一人であること、

②大率は本率と書き換えられるように、固有名称ではなく単なる職分の形容だったこと、が理解できる。

（三）大率《たいすい》は三世紀において『魏志』「鮮卑伝」所引『魏書』の大帥《たいすい》と同音義だ。

（四）率《すい》と帥《すい》の両字は、訓詁《くんこ》において同音義・同字義であり、三世紀の証例として、『魏志』「烏丸《うがん》伝」裴注所引『魏略』の渠帥《きょすい》と、同一史実である『魏志』「毌丘倹伝《かんきゅうけん》」の渠率《きょすい》の一致例がある。

（五）『魏志』『後漢書』『晋書』の三史書には234ページに示したように多様な周辺諸国の君長への表現があるが、本質的に同じだ。

（六）これらを考え合わせると『魏志』の一大率は、固有の官名ではなく、倭国《わこく》（弥生日本）の現

地有力者の一人と結論できる。

今、私は細かいことを、繰り返し、くどくど、くどくどと言い立てているが、このような、くどくどした思考の流れ、パターンが、「春秋学」と「考証学《こうしょうがく》」の「思考の型《パターン》」だ。読者は諦《あきら》めて、それを面白がっていただくしかない。

二　大師は「率衆王」だ

鮮卑の大師

一大率《たいすい》は一大師《たいすい》であり、複数の大率、大師（渠帥・渠率・長帥・主帥・豪帥・魁帥）の中の一人だった。ここまでは、よい。では、彼は具体的に三世紀弥生時代の中で、どのような立場だったのか。さてこれまでに、『魏志』「倭人伝」の大率《たいすい》は「鮮卑伝《せんぴ》」所引『魏書』の大師《たいすい》と照応することが分かった。ここらで更に一歩、論議を進める。――では大師とは何かと。

この鮮卑は、モンゴール系の北方騎馬民族だ。内陸アジアのモンゴールの平原は、ゴビ砂漠をはさんで広濶《こうかつ》な草原地帯や高原が展《ひろ》がる。十三世紀、ジンギス汗のモンゴール帝国に代表されるように、古来、幾多の遊牧国家がこの草原に興亡した。古くから牧畜を経済の主とし農耕を併用したが、部族制による遊牧の生活は騎馬戦術を発達させた。北方騎馬民族、天下の精兵と称された東胡《とうこ》の騎兵団だ。

『魏志』「烏丸《うがん》・鮮卑《せんぴ》伝」序文には、「烏丸・鮮卑は即ち古《いにしえ》の所謂《いわゆる》東胡なり。其の習俗・前事は『漢記』を撰する者、已《すで》に録してこれを載《の》せたり。故《ゆえ》にただ漢末・魏初以来を挙《あ》げ、以《もっ》て四夷の変（兵乱）に備えん」と、陳寿は書く。

烏丸も鮮卑も、言語習俗は同じく、小聚落《じゅらく》が草原に分散して遊牧移動をしていたが、一人の英雄が出現すると、諸聚落は彼の傘下に一時的に統一され、その圧倒的な騎兵戦力で東北・華北・西《さい》域《いき》地方まで席捲《せっけん》した。

この鮮卑は、北方遊牧民であり、古くは多数の邑落《ゆうらく》が分立して統一勢力はなかったが、後漢の末になると檀石槐《だんせきかい》（―一八三頃）が推《お》されて大人（指導者）となった。たちまちモンゴール一帯を制圧し、南進して後漢にも侵入した。ロシアにおけるコサック軍団のクリルタイ・システムのように、勇健者を推戴《すいたい》して大人とするのが本来の習慣だったが、このカリスマ的指導者以後、階級《エステイト》が固定され、権力は世襲されるようになった。

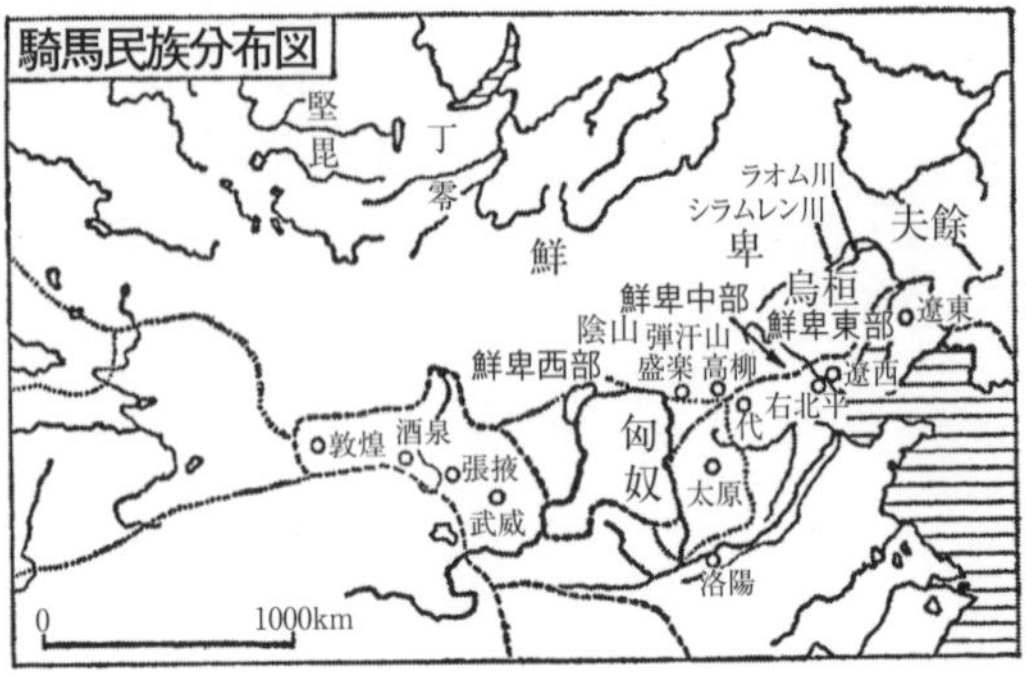

大帥は、この二世紀後半の鮮卑集団での有力指導者を意味する。

① 「檀石槐《だんせきかい》……その地を中、東、西の三部に分けた。……東部は二十余邑《ゆう》で、その大人を、弥加、闕機《けつき》、素利、槐頭《かいとう》といった。……中部は十余邑で、その大人を柯最、闕居、慕容などと呼ばれ大帥だった。……西部は二十余邑で、その大人は置鞬落《ちけんらく》、羅曰《えつ》律、推演、宴茘游《えんれいゆう》などと呼び、皆大帥

だった。檀石槐に従属していた」
②『魏志』「烏丸伝《うがん》」所引『魏書』に小帥という表現があり「邑落には、おのおの小帥があったが世襲ではなかった」と述べられるが、その邑落の何十人かの小帥の上位に大帥の身分《ランク》が置かれた。一般用法として、これらの階級は大人と称された。
③「常に、勇健で、闘争・訴訟・侵犯を能《よ》く理決する者を推募して大人と為《な》した。……世襲ではなかった。……その約法は、大人の命令に違《たが》うは死刑、盗みを止めざれば死刑、殺人には被害邑落の報復を認めるが、相報復しあって止まらなければ大人に裁断を仰《あお》ぐ」（『魏志』「烏丸伝」所引『魏書』）
④「鮮卑……その言語習俗は烏丸と同じ。……檀石槐……勇健で智略は衆に絶《すぐれ》た。……部落は畏服し……遂に人々は彼を推《お》して大人と為《な》した」（『魏志』「鮮卑伝」所引『魏書』）
③④のように、大人は、あくまで社会制度における地位《デグソー》を表す言葉であり、指導者《リーダーシップ》という意味を強く持ち、漠然と支配階級《ルーリング・クラス》全体を表すのではない。この一般的意味は、他の諸列伝中の大人の用例においても支配的だ。

「大人」と「率衆王」

ここで興味深いのは、この大人にも大《ハイ》と小《ロー》のランクがあり、②の小帥（邑落の大人）より①の大帥（数十邑落の上位大人）が上層の身分《ランク》であって、この大人中の大《ハイ》なるもの――大帥は、同時に王として中国側から認証される慣例があったという事実だ。

⑤「建武二十五年（四九）、烏丸大人郝且《かくしょ》等九千余人は衆を率いて漢の宮闕《きゅうけつ》に詣った。漢はその渠帥八十余人を侯王と為した」（『魏志』「烏丸伝」裴注所引『魏書』）

⑥「景初元年（二三七）……魏はその渠帥三十余人を封じて王とした」（『魏志』「烏丸伝」裴注所引『魏書』）

⑦「建武三十年、鮮卑大人於仇賁《おぎょうぽん》を封じて王とした」（『魏志』「鮮卑伝」裴注所引『魏書』）

⑧「安帝の時（一〇六―一二五）、鮮卑大人燕茘陽《えんれいよう》に王の印綬、赤車、参駕を賜与した」（『魏志』「鮮卑伝」裴注所引『魏書』）

⑨「安帝の末、鮮卑大人烏倫《うりん》を封じて王と為した」（『魏志』「鮮卑伝」裴注所引『魏書』）

つまり『魏志』『魏書』『魏略』という三世紀の同時代の三史書の用語を調査すれば、

大人＝渠帥（大帥・長帥・主帥）＝王

という図式が浮かび上がる。これは「東夷伝」においても同様で、例えば「韓伝」では大君長（君長）＝主帥（渠帥）＝王という形となる。

もっとも、この場合の王は、親魏倭王と同格の王ではない。現行『後漢書』に合刻される『続《しょく》漢書』「百官志」四夷条に、周辺の異民族の階級区別について、

「国王・率衆王・帰義侯・邑君・邑長」の序列《オーダー》の存在が記録される。つまり王にも二種類の区別があり、一般的な言葉としての王――全国の王の下に、率衆王と呼ばれる地域的な下位の王があったのだ。これが中華冊封体制《パクス・シニカ》（九服の制の漢魏的展開）での慣制だ。

⑤⑥⑦⑨の王たちも、⑨の王が『後漢書』では率衆王と書き換えられるように、この率衆王であり、⑧の大人や檀石槐やその後継者の歩度根《ほどこん》クラスが総王――金印の王に当たるのだ。

⑩「和帝の時（八八―一〇五）、鮮卑の大都護校尉魔を封じて、率衆王となした」（『魏志』「鮮卑伝」裴注所引『魏書』）

⑪「霊帝（一六八―一八九）の初め……烏桓《うがん》大人……これ等の大人は、みな自ら王と称していた」（『後漢書』「烏桓伝」）

檀石槐の配下の大師達も、このランクにあたる。もっとも、檀石槐とその大師達は、中国王朝からの授爵を拒否、つまり懐柔策に応ぜず、彼の地を馬蹄にかけるのを専《もっぱら》としていた。ジンギス汗の先祖達だ。

以上のように、小帥、大帥は『魏志』より数十年古い王沈《おうちん》『魏書』の用語だが、三世紀同時代の言葉であり、最も通用していたらしい渠帥と同義で、指導的《ヴァンガード》地位を表す。従って本題に戻ると、

大帥（渠帥・渠率・長帥・主帥）＝上位の大人＝率衆王

という仮説的図式が、一つの可能性として立てられる。

大帥は「王」だ

すでに述べたように、大率《スイ》と大帥《スイ》は、『魏志』『魏書』テキストに現れる同時代の言語の体系の中で、不可分の一体をなす。異民族の有力首長を指すのに最もよく使われた言葉は渠帥《きょすい》だったが、後漢末から魏の時代には口語《パロール》の型の差の範囲内で、大帥《たいすい》という語彙を形成したと考えられる。

そこで、再び一大率の問題にもどると、ⓐ大帥＝大人＝率衆王《そつしゅうおう》という図式が考えられた。個々の渠帥などにあたった場合、渠帥（大帥）＝率衆王と一律に見なすべきか異論も生じる。しかし幾何の問題を解く秘訣は補助線の導入と、その引き方にあるように、この図式を実験的に「倭人伝」に導入してみれば果たしてどうなるのだろう。

結局、一大率も王（大人）の中の特定の一人として説明するのが、一番正しいと思われる。とすれば、この結論を支えるような具体的な証拠があるのか。実は私は、例によって、それを『後漢書』「倭伝」のうちに見ている。

「国は、みな王を称し、世世、統《とう》を伝えた」（三十許国、国皆称王世世伝統、其大倭王居邪馬台国）

とある。『魏志』に明記される諸小国の王は伊都国王だけだが、范曄《はんよう》は諸国の総てに王が存在したと断言する。つづけて「其《そ》の大倭王《だいわおう》は邪馬台国に居す」と書く。

ちなみに『翰苑《かんえん》』所引『魏略《ぎりゃく》』も、行程中の対馬国・一支国・末盧国・伊都国について「其の国王、皆女王に属す也」と、これらの諸国の王の存在を記録する。彼らが、一般的な言葉での渠帥《きょすい》(渠率)であり、つまり倭国の大率《たいすい》だと考えるのが、もっとも合理的だろう。

王号の構造——『後漢書』の解釈

(1)『魏志』は諸小国の王として伊都国王のみを明記し、他の諸国のことは沈黙する。
(2)『魏略』は諸小国の王の存在を認める。
(3)『後漢書』は諸小国すべてに王が存在したことを強調する。さらに「大倭王《だいわおう》」の存在を述べている。

さて、(1)の前テキストとして王沈《おうしん》『魏書』(二六五年頃までの編纂と推定)説と、⑵の魚豢《ぎょけん》『魏略』(『史通』に魏時に私撰とあり二六五年以前)説などの諸説があった。

だが私は、違うと思う。高等官である王朝の著作郎《ちょさくろう》が、(2)のような民間人の私撰《しせん》本をまる写しするなど、絶対に、あり得ない。絶対に無い。それらは、裴松之《はいしょうし》が『三国志』に注釈を付けるときに利用したので、ついそんな説が立っただけだ。

『文選《もんぜん》』に、陳寿の後任の著作郎の陸機《りくき》（二六一―三〇三）、彼がはじめて著作郎として晋王朝の秘《ひ》閣《かく》にはいり、機密文書にはじめて接し、その文書を読んで偉大な英雄と思っていた魏の曹操《そうそう》が、血の通った家族おもいの父だったことに気づき慨然《がいぜん》と作った詩、「魏の武帝を弔《とむら》う文」が録《ろく》される。

この秘閣《ひかく》の文書類こそ、陳寿『三国志』の原資料で、『三国志』はその厖大な資料群を整理、意識的無意識的に取捨選択し、多数の材料が捨てられていった残りだ。極端に言えば、秘閣文書群の一つの断片《フラグメント》にすぎず、彼が記録するのは、彼が重要と考えた物事全体の、ほんの一部分にしかすぎないのだ。史書は歴史家の個性の反映でもある。

現代の私たちは、正史「芸文志」「経籍志」に名の残る書物、その背後の厖大な典籍《てんせき》群を披《ひら》くことはできない。ほとんど散逸《さんいつ》した。

すると、ここで方法論だが、（1）の『魏志』より少し早い（2）の『魏略』、百数十年遅いが、諸家の『後漢書』『漢記』を綜合し充分な資料調査の上に編《あ》まれた（3）の『後漢書』、これら（1）により接近した立場の記述を組み合わせ、参照して読むことで、彼ら春秋家の解釈を通して、彼らの独特の「思考の型《パターン》」に従うことで、史書と史実を知ることができるかも知れない。

そこで『後漢書』が、

「国は皆、王を称す、世世、統《とう》を伝う。其の大倭王《だいわおう》は邪馬台国に居す」

と、ことさら断言し強調するのが、なかなか面白い。わが范曄《はんよう》氏は、複数の「王《おう》」と、さらに「大倭王《だいわおう》」がいたと強調する。

倭国の王たちと大率

再び、『魏志』に眼を向ければ、次ページのように諸国には官と副がいた。王と官との構造パターンが、端的に示されているのが⑦と⑧の用例（次頁の表）だ。

「邪馬台国……女王（卑弥呼）の都する所……官に伊支馬《いきま》有り。次を弥馬升《みまそ》と曰《い》う。次を弥馬獲支《みまかき》と曰う。次を奴佳鞮《なけて》と曰う」

この王と官の相関は、文脈上で瞭《あき》らかに王≠官（女王卑弥呼≠伊支馬）、王→官を表すために使われていることを示す。①——⑧の官の用法が理解できるのも、この意味においてだ。

ここでの王と官との関係は、きわめて明快だ。王イコール官ではなく、官の存在は王の存在を意味する。諸国にも王（率衆王・地方首長の意）が存在した。この王を、現代的な王《キング》の意味と思うか

		国名	王	官と副
里数記事	①	対馬		（官）卑狗《ひく》――（副）卑奴母離《ひなもり》
	②	一文		（官）卑狗――（副）卑奴母離
	③	伊都	王	（官）爾支《にき》――（副）泄謨觚《そばこ》・柄渠觚《へきょこ》
	④	奴		（官）兕馬觚《しまこ》――（副）卑奴母離
	⑤	不弥		（官）多模《たも》――（副）卑奴母離
日数記事	⑥	投馬		（官）弥弥《みみ》――（副）弥弥那利《みみなり》
	⑦	邪馬台	女王 卑弥呼	（官）伊支馬《いきま》――（次）弥馬升《みまそ》―弥馬獲支《みまかき》―奴佳鞮《なけて》
	⑧	狗奴	男王 卑弥弓呼	（官）狗古智卑狗《くこちひこ》

ら誤解するのであり、地方の有力者くらいのことだ。246ページの烏丸の渠帥《きょすい》の例のように、一度に八十余人、一度に三十余人を王（率衆王《そつしゅうおう》）に封じるのであって、王の実態はこの程度のことだ。モンゴルの遊牧民のボス八十余人が、まとめて全員、みんな王様なのだ。今で言えば、町長さんか村長さんだ。いや、それ以下だ。246ページの⑤では、総員九千人に対して王が八十人であり、王一人当たりは百十二人半にすぎない。

弥生遺跡を見ればわかるが、倭国三十国とは、弥生時代の北部九州の三十の大集落なのだ。その王様といっても、地元の集落の長、ボス程度だろう。『魏志』を読むかぎり、この王様たちも、顔に刺青《いれずみ》をし、普段は裸足《はだし》で歩いていたのだろう。

国防の見地から、異民族対策として、野蛮人のボス達に金や銀や銅の印綬《いんじゅ》をバラまいて、下賜《かし》品の分配や交易の利益を認めて懐柔《かいじゅう》するのは、古来、中国王朝の常套《じょうとう》的な国防・外交政策なのだ。利益で釣るのだ。国際交易であるから、その文書や交易品には、身分確認のハンコが必要だ。金印《きんいん》や銀印《ぎんいん》は、装飾品ではなく、金《かね》になる実用品なのだ。飴《あめ》ちゃんを、しゃぶらせるのだ。すこし金はかかるが、戦争よりはるかに安い。

したがって、①倭国における諸国王の存在と、②大率《たいすい》と同音同義である大帥《たいすい》は率衆王ランクだという証例から、肝心の一大率とは、それらの諸国王中の特定の一人—— one of Kings ——という考え方が最も自然と思う。

倭国の全諸国にも王達がいたとの記述を認めると、どうしても、大率《たいすい》＝王《おう》だ、「一大率は倭国三十の諸国の王《おう》のうちの一人」との結論になる。「女王を共立」した諸国の王（下位の王）のうちの一人となる。『後漢書』のいう「大倭王《だいわおう》」は一人だが、「王《おう》」は三十人だ。

三　伊都国王が最大の権力者では

研究史における二大難問

さて、すると邪馬台国論争に詳しい読者の方は、論争史において二つの争点の柱があることを憶い出されるだろう。

（1）一大率の解釈問題。

（2）女王国以北の字義解釈問題。

（1）の一大率は、227ページ以下でみたように倭国の有力首長と思われるが、（2）は「自女王国以北、特置一大率」であり、（1）の政治権力の及ぶ範囲を示す。

〈位置〉……女王国自《よ》り以北には特に一大率を置いた。常に伊都国に治していた、

〈権力〉……諸国を検察した。諸国はこれを畏《おそ》れ憚《はばか》った。倭国の中において刺史《しし》（後論）のような存在だった、

〈外交〉……中国王朝・諸韓国との国際外交と使節の往来を監察《かんさつ》し、伝送文書等を捜露《そうろ》（検査）する倭国側の外交窓口だった、

というアウトラインだ。

一大率解釈史では、喜田貞吉氏「漢籍に見えたる倭人伝の記事」大正六年『歴史地理』所載の、「ここに一大率とは紀に筑紫率、筑紫大宰などあると同じく、実に後の太宰府の先蹤《せんしょう》なり。太宰府の長官を帥と書し、古訓ソッと読ましむ。蓋し此の一大率の称を継げるものにして、筑紫に於ける大率の義なるべし……言ふまでもなく大和朝廷の派遣の都督なり」

とする見解が一般的だ。

九州論者は、これと少しニュアンスが変わるが、一大率＝女王派遣官《はけんかん》とは、大和・九州両論者に共通する了解事項だ。そして読者の貴方も、多分、一大率は女王の派遣官だと、自然と考えておいでではないか。

「国中」表現の矛盾

一九八二年、前著『邪馬台国の全解決』（本書の第一～四章の原型）は、刊行された冬に、古代史研究の季刊総合雑誌『邪馬台国』十四号誌上において、責任編集者安本美典氏の御好意により、斯界の諸先生によって合同書評される機会を得た。

その際、東大教授井上光貞氏は、私の所説《しょせつ》に対して、

「女王国より以北ということばが二カ所ありますね。その前の方の『女王国より以北は、その戸数・道里は略載するを得うすべし』というのは、奴国でもわからなくはないが、後の方の『女王国より以北には、とくに一大率をおいて、諸国を検察す。常に伊都国に治す。』は、女王国を奴国と

するとどうなりますかね」

と御叱正なされた。井上氏の論旨は、私自身、至極もっともなことと思う。女王の派遣官が女王国をも検察する、などはあり得ないはずだ。ただ弁解すれば、前著は、問題を全体として把《とら》えるのではなく『魏志』「倭人伝」里程記事に焦点を絞ったもの。

したがって前著の次元では、他の部分には触れておらず、井上氏が御叱りになる「自女王国以北、特置一大率検察諸国畏憚之、常治伊都国、於国中有如刺史」の段落の疎解《そかい》は扱っていなかった。井上氏の指摘される二箇所目の「自女王国以北――」を解読すること、それがこの本の意図の一つでもある。

問題の文章は、次のとおりだ。

「女王国より以北《いほく》には、特《とく》に一大率《いちたいすい》を置き、諸国を検察《けんさつ》せしむ。諸国之《これ》を畏憚《いたん》す。常《つね》に伊都《いと》国に治す。国中に於て刺史《しし》の如《ごと》し」

自女王国以北、特置一大率、検察諸国、諸国畏憚之。常治伊都国、於国中有如刺史。（十二世紀の紹照本）

自女王国以北、特置一大率、検察諸国、畏憚之。常治伊都国、於国中有如刺史。（十二世紀の紹興本）

これに訓詁《くんこ》解析という操作を加えて、とくに『後漢書』の『魏志』解釈を通して、それを洗い出してゆきたいが、それは、こういうことだ。一大率は、

①「自女王国以北《いほく》」の諸国を検察し、諸国を畏憚《いたん》させたのであり、

②その権限は「国中」において中国の刺史《しし》（行政監察官、軍政官）の職務に似ている、

と述べられる。

②の「国中」において刺史の如き働きをするため、①の「自女王国以北《いほく》」の諸国が彼を畏憚したのだ。この刺史の機能については、すぐ後で詳しくみたいが、①の検察行政を行なう。その権力の及ぶ範囲は、当然に①であり②だ——①「自女王国以北《いほく》」の諸国＝②「国中」なのだ。

念のために「倭人伝」の「国中」の用例を調べると、正始元年（二四〇年）の魏の明帝より女王卑弥呼あての詔書の文中に、魏朝よりの賜物を、

ⓐ「悉《ことごと》く以て汝《なんじ》（卑弥呼）の国中《こくちゅう》の人に示し、国家（魏王朝）汝を哀《あわ》れむを知らしむ可《べ》し……」

とある。また正始八年（二四七年）の卑弥呼の没後の後継者に、今度は男王が立ったのだが、

ⓑ「国中《こくちゅう》服さず、更に相誅殺《ちゅうさつ》す、時に当り千余人を殺す」

内乱が発生したため、卑弥呼の宗女の十三歳の壱与《いよ》を立てたところ、

ⓒ「国中、遂《つい》に定まる」

となった。

さてⓐの「国中」は「汝（卑弥呼）の国中……」であって、当然に女王の居る国を含む。またⓑⓒはⓐの後継者争いであり、史実はあくまで女王の周辺を舞台として展開する。すなわちⓐⓑⓒの用例で明らかなように、「国中」の範囲に「女王国」は含まれる。他の解釈は、とても無理だ。

今までの邪馬台国研究史の通念は、一大率は女王の派遣官だと教えた。ところが②の「国中」に「女王国」も含まれるとすれば、その通念と、決定的にぶつかる。

先ほどの文章を注意深く読み、ⓐⓑⓒを想起し、①＝②の等式を考え合わせれば、「女王国も含めた諸国（国中）が一大率に検察され、女王国も含めた諸国（国中）が彼を畏《おそ》れ憚《はばか》った」となる。

今、私は一大率女王派遣官説にそって話を進めているが、これでは話はあべこべだ。女王の派遣官が女王国をも検察する、女王国までが一大率を畏憚する、そんな馬鹿げたことがあるはずがない……。

「女王国以北」とは

ここで、重要な問題が生じる。すなわち「自女王国以北」の構文は、文義において女王国をも含むのか、含まないのか。

私は『魏志』の「自女王国以北……」の文を読んだとき、奇妙に思ったことがあった。それは

「簡潔で質直」と評される陳寿の『三国志』であり、事実、他の部分の文体はその通りであるのに、この「自女王国以北」の文に限っては、くどく繰り返されている印象を感じることだ。

まず地理記事に、

「女王国自《よ》り以北は、其の戸数・道里を略載可《する》ことが得《でき》る」

と書かれ、次に倭国の風俗・物産を述べたあと、

「女王国自《よ》り以北は、特に一大率を置き諸国を検察せしむ。諸国之を畏憚《いたん》す」

と同じ「自女王国以北」の構文が反復されている。

そこで、127ページ以下で、「自女王国以北」の文義を追求した。中国流読史の法でいう章句訓詁《しょうくくんこ》（一章一句の意味を言語学的に解釈する方法）の手順だ。『三国志』における「自□□以北・東・南・西」の全用例を考証してみた。『三国志』の全用例においても「自□□以北・東・南・西」の用法は、例外なく□□の地名を文の指示範囲に含むことを確認した。

すると、変なことになる。

「自女王国以北には、特に一大率を置き諸国を検察せしむ。諸国これを畏憚《いたん》す」の文は、逆に読めば、「女王国も一大率に検察され、彼を畏憚した」となる。変な話だ。逆のはずなのに。東大教授井上光貞氏が、私の前著に対して指摘されたのも、ここだ。

刺史について

『魏志』「倭人伝」は、一大率を「刺史《しし》」と表現する。――問題は一大率の具体的な性格だ。重複をいとわず『魏志』文章を引くと、

「女王国自《よ》り以北には特に一大率《たいすい》を置きて諸国を検察せしむ。諸国之《これ》を畏憚《いたん》す。常に伊都国に治す。国中に於いて刺史の如《ごと》く有り」

とある。簡潔な文章だ。一大率の人物、役割り、地位の特徴を的確に述べる。

『魏志』「倭人伝」の記述は、繰り返し書いたように、倭国に派遣された魏の使節団の経験に基づく（史の成文）のだが、彼らは、倭国の一大率が国中（倭国全体・257頁参照）において刺史《しし》のようだと観察した。

刺史《しし》とは、『漢書』「百官公卿表」によれば、秦《しん》の監察御史《ぎょし》の制度をうけて漢の武帝が置いた部刺史に遡《さかのぼ》る。全国を十三部（州）に分って、中央政府から派遣され郡国を督察《とくさつ》する行政検察官だった。年俸六百石の中央官だったが、後に牧あるいは州牧《ぼく》と改められ二千石に加増された。

中国の地方行政区級は州・郡（国）・県（日本は県・郡）だが、後漢の光武帝の頃より、州内に治所（刺史府）を定め、州内の郡県を統括、地方長官的色彩を濃くした。皇帝に直属、再び刺史と改められ、地方に対し絶大な権力をふるった。

『後漢書』「朱穆《しゅぼく》伝」には、新任刺史の朱穆が峻厳だとの風聞を得て、州内の諸官で自ら冀部《きぶ》令長の印綬を解いて去る者が四十余人あったと述べる。

後漢末から三国の動乱時代になると、刺史の性格は更に変貌した。

もともと刺史は一州の民政を担当するのが任務だったが、戦乱に応じて、刺史は将軍職を帯《お》び、兵馬の権を兼有するようになった。『晋書』「職官志」に「黄初三年（二二二年）、始めて都督《ととく》諸州軍事を置き、或は刺史を領させた」とある。

都督《ととく》（方面軍司令官）と刺史は兼任職となった。もはや単なる行政監督官ではなく、兵・民・財政各部面に亘《わた》って強大な権力を有する軍政長官となった。これが邪馬台国の時代の刺史の実情だった。

東晋南北朝の時代（四―六世紀）になると、刺史で将軍職を兼任しない者は、ほとんどなく、時には複数の州を一人の刺史が統括する多州刺史も現れた。六世紀の隋《ずい》帝国の中国統一まで、各地に刺史が割拠し、あるいは中央政府に服従し、あるいは反乱を起こして軍閥《ぐんばつ》化し、各地に強大な兵権を養った。ある意味、その地方（州）の独裁者だった。

刺史は軍政官・将軍

邪馬台国の時代（三世紀）の刺史は、どうだったか。

黄巾《こうきん》の乱の後の全国的内乱で、洛陽の中央政府の機能は崩壊、地方への統制力を失う。各地の有力太守、豪官たちは、自ら刺史《しし》（漢・魏兵制の徴兵権者）を兼任することによって都よりの統制を拒否。刺史を公称・自称して支配下地域の兵戸《へいこ》（軍役義務者）の壮丁《そうちょう》を徴兵し、軍団を編成した。

刺史という中央政府のシビリアン・コントロールの機能を形骸化された各軍団は、戦国大名のような刺史の下で容易に私兵化した。刺史（将軍）達は事実上独立、軍閥化していった。御承知のように、その最強力な者が、後に魏を建国した曹操《そうそう》（一五五―二二〇）なのだった。

つまり三国時代から隋《ずい》の中国統一までの間の刺史は、漢《かん》の時代の検察官・州の民政長官の刺史とはまったくニュアンスが違い、軍政長官であり、方面軍司令官でもあった。

倭国に直接にかかわる刺史に、幽州《ゆうしゅう》（今の河北省辺の上級行政区）刺史、毌丘倹《かんきゅうけん》（―二五五）がいる。山西省の人であり、今の北京《ペキン》に刺史府を置き、遼東方面の経営に当たった。二三八年に遼東の軍閥公孫淵《こうそんえん》を撃ち、二四四年には高句麗にも侵攻。後には司馬氏打倒のクーデターを計画して敗死するように、彼は生粋《きっすい》の武将なのだ。

毌丘倹麾《き》下《か》の武将である玄菟《げんと》太守王頎《おうき》は、対高句麗戦でも成果をあげたが、二四七年には帯方太守に転任、韓国と倭国への直接の窓口（女王の死や以後の倭国内乱の現場対応責任者・まったく同時期の帯方郡と馬韓諸国との戦争の指揮官）となった。

倭国に到った魏使（二四〇年、二四七年）達は、すべて毌丘倹の部下（州属官の任命権は刺史）、彼らは九州北部で見た伊都国において権力をふるう人物を、つまり一大率を、自分の長官（刺史・将軍）と同じ職務・社会的位置と見たわけだ。

魏使たちは倭国で何を見たか

『魏志』「倭人伝」は、三世紀の倭国《わ》（弥生日本）を語る。

――倭国の地は温暖であり、冬夏にかかわらず生野菜を食べ、誰もがはだしだ。顔や身体に入れ墨をする。産物は海南島に似る。葬祭のとき喪主は哭泣《こっきゅう》するが、他の者は歌舞飲食する。航海にあたっては持衰《じさい》という者をえらび、航路平安なら彼に財物等を与え、災害等があれば殺す。彼はその間タブーに服する（「其行来渡海詣中国、恆使一人不梳頭、不去蟣蝨、衣服垢汚、不食肉、不近婦人、如喪人、名之為持衰、若行者吉善、共顧其生口財物、若有疾病、遭暴害、使欲殺之、謂其持衰不謹」）。事を起こしたり旅行などの特別のときは骨を焼いて卜《ぼく》し吉凶を占う（「其俗挙事行来、有所云為、輒灼骨而卜、以占吉凶、先告所卜、其辞如令亀法、視火坼占兆」）。租税や賦役《ふえき》があり、それは軍用倉庫に収められる。国々に市があり産物の交易を行なう。大倭《たいわ》が監督する。

今の福岡県糸島《いとじま》郡の地（伊都国）には代々の伊都国王がいた（「世有王」）。常に一大率が治し、諸国を検察して畏れられた。彼は内政だけでなく、中国・韓国との外交を管理する権限を持つ。もともと男子が王位についたが、二世紀の後半、倭国に大乱が起こり、多年の戦闘が続いた。国々は一人の女子を共に立てて王とした（「倭国乱、相攻伐歴年、乃共立一女子為王」）。当時まだ少女の卑弥呼だ。彼女は鬼神崇拝の祭祀《さいし》者として人々の心をつかんだ（「事鬼道、能惑衆」）。夫はなく、弟が佐《たす》けて国を治めた（「有男弟、佐治国」）。王となってから彼女を見た者はほとんどいない。男子がただ一人、飲食物を運んだり、言葉を取り継ぐだけだ（「自為王以来、少有見者、以婢千自侍、唯有男子一人、給飲食、伝辞出入居処」）。

二三九年に、韓国にあった帯方郡を通して魏に入朝、親魏倭王号と金印をうけた。二四七年、なぜか魏王朝の軍旗（「黄幢《こうどう》」）が、帯方郡（太守は王頎《おうき》）より、なぜか、難升米《なずめ》という人物に渡され、その結果らしいが、二四七―八年頃、なぜか彼女は死んだ（「卑弥呼以死」）。奴婢百人以上が殉葬された。つづいて男王（誰のことだろう？）が立ったが、国中は服さず、卑弥呼の宗族の娘である十三歳の壱与《いよ》（台与《とよ》）を立てて王としたら、国中は「遂《つい》に」安定した。

――以上の内容を『魏志』「倭人伝」は伝えている。つまり、帯方郡の役人たちは、リアルに見聞きしているのだ。

女王と男弟＝女性の祭祀と男性の統治

「卑弥呼――鬼道に事《つか》え、能《よ》く衆を惑わす。年已《すで》に長大なるも夫壻《ふせい》無し。男弟有り、佐《たす》けて国を治む。王と為《な》りてより以来、見る有る者少なし。婢《ひ》千人を以て自ら侍《じ》せしむ。唯《ただ》男子一人有りて飲食を給し、辞を伝えて居処に出入す」

この文の内容は、よく知られている。彼女はシャーマン王であり、二四〇年代には既に年長だったが、独身であり、秘室に閉じこもり、実際の国政は男弟《だんてい》が執《と》ったという内容だ。

鬼道《シャーマニズム》への理解が彼女を知る鍵となるが、政治体制においては『魏志』は「男弟《だんてい》有り、佐《たす》けて国を治む（有男弟、佐治国）」と書く。

問題は、男弟《だんてい》だ。これをどう理解するかは、女王の王権の構造にもつながる。『魏志』は「佐治国」と書くが、「治」の字義は、『大学』のテーマが「治国平天下」であるように治《おさ》めるだ。『説文解字』段玉裁注、朱駿声『説文通訓定声』は「理《おさ》む」の仮借義（借用字）と解し、『隋書』「倭国伝」はこのフレーズを「男弟有り、卑弥を佐《たす》けて国を理《おさ》む（有男弟、佐卑弥理国）」と換えている。

つまり現実的、直接的な統治行為を意味する。祭司王である卑弥呼は、王となってから民衆に姿を見せず、俗的権力は男弟が執《と》ったことが理解できるが、これはずっと後の飛鳥《あすか》時代の推古女帝と甥の聖徳太子、斉明女帝と実子の中大兄皇子《なかのおおえのおうじ》との関係に似ている。

支配構成は、女性が祭司王としてシャーマン的な神権をとり、同族の男性が、その神権を背景として政治的な権力を掌握するという、ヒコ＝ヒメ制（説）とも呼ばれる政治形態だ。男女の近親者が聖俗二面を分担する構成であって、古代日本でみられた宗教的君主と行政的君主とによる二重統治という政治形態だ。女が天を祭り、男が国を治める。

祭司王の世界

イギリスの人類学者ジェイムズ・G・フレイザー（一八五四―一九四一）の『金枝篇《きんしへん》』は世界の古典だ。今日の機能主義人類学の反フレイザー的態度も、逆説的ながら、フレイザーの所論の偉大さを示すものと私は思う。

彼はその著書において、人類の信仰と慣習の総括的研究をおこない、近代人類学の基礎を建てたが、彼の古代王への分析は『魏志』を読もうとする私たちにも、多くの示唆を含む。

　フレイザーの説を砕いて言うと、こういうふうになる。

古代において王の称号と祭司《さいし》の任務の結合は、ヨーロッパに限らず世界普遍の現象であり、おおむね古代の王は同時にまた祭司でもあった。この呪術王の権力の源泉は、祭司が偉大な霊魂と交通を保ち、その霊魂の威力を働かせるために超自然的な力をふるうという庶民の信仰の中にある（第六章）。これは『魏志』の述べる卑弥呼の「鬼道に事《つか》え能《よ》く衆を惑《まど》わす」と明らかに通じるように、古代の王は、神でもなければ人間でもない偉大な神霊《ダイモン》であり、神と人間の中間にいる。

　このような王の神秘性を守るためタブーが作られる（第十七章）。王は人民に見られてはならない、王は海を観《み》てはならない、王は河を渡ってはならない……等々の禁制が、アジア、ヨーロッパを問わず、諸地方の古代王を縛っていた。タブーが破られれば、その国は疫病、飢饉《ききん》、悪天候などに見舞われる。

　その時、王は殺される（第二十四章「弑殺される王」）。女王卑弥呼と同じく共立された王である夫《ふ》余《よ》王の古俗は、事変・天災に弑殺《しいさつ》されるフレイザーの語る通りの王であり、倭国にも持衰《じさい》という同様の呪術的習慣がある。

　また『魏志』は卑弥呼を「王と為《な》りて以来、見る有る者少なし」と伝えるのであり、彼女の戒律と禁制の生活が想像できる。

祭司《さいし》としての王は、この煩《わずら》わしい戒律のため、遁世《とんせい》的隠者のようなものになりさがり、政治的実権は彼（彼女）の痲痺《まひ》した手から、自分の名を表面に現さずに、事実上の至上権をふるうだけで満足する者の強力な手中におちることが、しばしば起こる。ある国々では、至上権のこの裂《さ》け目は霊的権力と俗的権力の全体的恒常的な分離にまで深まって行く。俗的権力がより若々しく更に活発な者に移って行くのに対し、古来の王族は純粋に宗教的な職能だけを保持し続けるようになった（第十七章「王者の重荷」）。

この祭政の分離化、王が宮殿で隠者のように祭祀《さいし》を事とするのに対し、俗的実力者が世襲的に統治の実権を掌握するという古代の人類学的パターンを、フレイザーは日本のミカド、将軍職《タイタン》などの多くの例証を示し説明する。

一大率と男弟の本質

ここで、倭国の権力構成について一つの問題があらわれる。ここまで一大率《いちたいすい》の考証を行ない、女王と男弟による女性祭祀《さいし》・男性統治《とうち》の構造的パターンをみた。

すると、「諸国を検察」する一大率（王）と「国を治める」男弟《だんてい》、この二つの、見たところ相矛盾しあうような存在は、どう折り合うのか。その権力が、バッティングするのだ。

（1）前節で、一大率《たいすい》は諸国を検察し、国中において刺史《しし》の如《ごと》くだった、諸国=国中であり、国中には女王国も含むと解明した。一大率は女王国も検察したのだ。

（2）そして今、女王卑弥呼の男弟《だんてい》を『魏志』は「佐《たす》けて国を治む」と書く。彼が佐《たす》けて治めた国とは、共立された女王卑弥呼の国であり、すると、その国の表現は具体的にどのような意味を持つのか。

一大率と男弟の機能をみると左表のようになる。

	人物	条件	行為	行為対象
（1）	Ⓐ一大率	Ⓑ特置	Ⓒ検察	Ⓓ諸国（国中）
（2）	Ⓔ男弟	Ⓕ佐	Ⓖ治（国）	Ⓗ国（倭国）

単刀直入に言えば、読者も既《すで》にお気づきのように、（1）（2）は同一人物か、逆に、別人物なのかという問題だ。

普通に考えて、（1）一大率、（2）男弟と別種の表現であるから、別種の概念（人物）を指示すると考えるべきかもしれない。私はしかし、この両者の段落をじっと眺めていて、どうもそうでないように感じる。（1）（2）は、私にふたたび杜預《とよ》『春秋経伝集解』の説く《事《こと》同じくして文《ぶん》異なる》規則、同一事象にたいしての別種表現のレトリックを思い出させる。

論理の煩雑《はんざつ》を避けるため、考証的なことは省くが、Ⓑ特置とⒻ佐の性質はともに臨時的とのニュアンスであり、Ⓒ検察行為とⒼ治国行為も同じ意味の内容だ。

『魏志』は、二世紀後半に①「倭国が乱」れたため「乃ち《すなわ》」女王卑弥呼を共立したと書く。男弟は、女王を佐《たす》けてその②「国（佐治国）」を治めた。つまりⒽの国は女王の王権の及ぶ範囲であり、①＝②、倭国全体なのだ。ところがⒹ諸国（国中）も、第四章でみたように、倭国三十国全体を範囲とする。

こう観察してみると、（1）（2）には鏡像関係がある。つまり、（1）（2）は同一構造を持つのであり、つまり（1）＝（2）、一大率《いちたいすい》と男弟《だんてい》は同一人物ではないか、という話になってしまう。

一大率権力の由来

ふつう、文章は、あるいは歴史書は、この概念はこの言葉、この事象《じしょう》はこの言葉というように、一人の著者の文脈中での用辞《ようじ》に統一的なバランスがとられていることを信頼するから成立する。一つの事物や概念は、一つの言葉で統一してくれたほうが、それは読みやすい。

ところが、中国史書叙述の重要な技法の一つに、表現の転置（文の錯《たが》え、微言《びげん》書法）がある。同一概念に対して複数の表現を錯綜《さくそう》させ、文章を攪乱《かくらん》することによって、著者の真意を示す、こういう屈曲した構造があった。今日的な感覚でこれに接すると、読む者は、この表現のくいちがいに困惑することになる。

たとえば、『春秋公羊《くよう》伝』荘公三十二年冬十月の経文に、

「子般卒《しゅう》す。公子の慶父《けいほ》、斉《せい》に如《ゆ》く」

とある。前六六〇年、魯《ろ》の荘公は臨終に際し、世子の般《はん》を後継としたが、般は叔父の慶父に殺され、慶父は斉に出奔《しゅっぽん》する（『左氏伝』は別解釈）。ところが『公羊伝』閔《びん》公元年冬の経文に、

「斉の仲孫《ちゅうそん》が来朝す」

とある。『公羊伝』は、斉の仲孫とは何者か、公子慶父なり、何故に「斉の」と言うか、悪人の故にこれを魯国人とせず外国人として扱ったのだ――と解説する。荘公三十二年の公子慶父は閔《びん》公元年の斉の仲孫として表現が換えられて再登場するのだ。『公羊伝』の解説なしに両年の記事を読めば、まず別人と錯覚してしまう。

　このような屈折した書き方が、それでも当時の正統的《オーソドックス》な形だったという局面に、私たちは注目せねばならない。とすれば、三世紀の春秋公羊《くよう》家、我らが陳寿《ちんじゅ》氏の文章の実際は――男弟《だんてい》とは誰か、ということになる。

　前述の（1）（2）のように、一大率《いちたいすい》と男弟《だんてい》の表現形態は、一つの湖より流れる二つの流れであって、同一人物と考えるべきだ。

　そう考えると、一大率が「自女王国以北――」の諸国（国中、倭国三十国）を検察し、畏憚《いたん》させた権力の所以《ゆえん》が、実にスムーズに理解できる。彼が女王の「男弟《だんてい》」であり、祭司王の聖的権力を背景にして、俗的権力の統治を諸国（三十国）に及ぼしたとすれば、女王を佐《たす》けて諸国を検察したと

すれば、一大率の謎（陳寿が、このような表現をする理由は後論）は、一応解《と》ける。

魏使往来の実際は

そこで、つぎは二四〇年代の魏使《ぎし》の体験から、話を進めよう。これには昔から謎があった。読者も御存知のように、果たして「魏使は女王の都（宮殿）にまで着いたか」という問題だ。

簡単に述べよう。邪馬台国論争史をみると、魏使伊都国止り説と、女王宮殿への到着説の相反する二説があるが、第一の説はこうだ。

「倭人伝」を読めば、すぐ気づくが、『魏志』里程記事の書法は、伊都国までと、それ以遠とで突然に変化する。

「土地は山険《けわ》しく、深林多く、道路は禽鹿《きんろく》の径《みち》の如し……。竹林・叢林《そうりん》多く……やや田地有り、田を耕せど猶《なお》食するに足らず……。山海に濱《そ》い、草木茂盛《もせい》し、行くに前人を見ず」

伊都国までの、実地体験によるビジュアルな情景記事は、それ以後は消える。郡使（魏使）が伊都国以遠にも赴《おもむ》いたのなら、それまでの文脈の流れよりみて、伊都国以後の観察も書かれるのが自然だが、事実は違う。

『魏志』は、伊都国が「郡使《ぐんし》の往来するに常に駐《ちゅう》する所（郡使往来常所駐）」と書く。「駐」は一時的ではなく恒常的滞在の意。清《しん》代の『康熙字典《こうきじてん》』は「州郡の駐《ちゅう》する所を治《ち》と曰《い》う（州郡所駐曰治）」とする。十世紀宋《そう》の李昉《りほう》らによる『太平御覧《ぎょらん》』は『魏志』のこのフレーズを「帯方使の往来するに常に止住す（帯方使往来常止住）」と「所駐」を「止住」に書き換え（文章解釈）ている。「止《とど》まりて住《す》む」とは、断乎とした明晰《めいせき》な宣言だ。最終目的地と解釈している。

このような観点に立つと、魏使が伊都国以遠に進んだとは考えにくく、白鳥庫吉氏「卑弥呼問題の解決」、和田清氏「魏志倭人伝に関する一解釈」、榎一雄氏「魏志倭人伝の里程記事について」……等、多くの論者が魏使の伊都国止り説に賛成するのだ。

ところが、反対説、魏使は倭王と会ったとする説の論者も、伊都国止り説と同じように多い。

『魏志』は、「正始元年、太守弓遵、建中校尉梯儁《ていしゅん》等を遣《つか》わして、詔書・印綬を奉じて倭国に詣《まい》らしめ、倭王に拝仮し、并《あわ》せて詔を齎《もたら》し、金・帛・錦罽《きんけい》・刀・鏡・采物《さいぶつ》を賜《たま》う。倭王、使に因《よ》りて上表し、詔恩を答謝す」と記する。

津田左右吉氏が「邪馬台国の位置について」で、

「一つ問題となるのは、魏使が邪馬台国にいったかどうかということだ。……常識的に考えても……特に張政が使となっていった時の魏志の記載は、邪馬台国までいったとしなければ解《かい》し難《がた》いもののようである」

と論じられるように、「倭王に拝仮《はいか》」「倭王、使に因《よ》りて上表」の文章は、魏使と倭王が直接に会ったとしなければ、絶対に理解できない記述だ。

「拝《はい》」は『礼記《らいき》』「郷飲酒義第四十五」に「拝至《はいし》、拝洗《はいせん》、拝受《はいじゅ》、拝送《はい》、拝跪《はいき》するは敬を致す所以《ゆえん》なり」とあるように、個人同士が相見て互いに敬重する義を言う。これが官爵がかかわる場合は、たとえば『魏志』「公孫度伝《こうそんたく》」で「恭を車騎将軍に拝《はい》し為《せし》め、節を仮《か》し、平郭侯に封ず（拝恭為車騎将軍、仮節、封平郭侯）」となるように、官位を拝命《はい》させ、節《せつ》（地位権力の信標）や印綬のような地位を象徴する物品を仮す《か》（権限委任）のだ。この場合の仮《か》とは、中書省（内閣）における「制」での権力付与の意味であり、「仮に《かり》」との日本的漢語の意味ではない。

『三国志』の具体的用例をみると『魏志』「牽招伝《けんしょう》」に「昔、遠公は制を承《う》け、拝仮する有るを得《う》」との一例があるが、中国の使者たちは常に直接に拝仮の相手（この場合は烏丸王《うがん》）に印綬を与えることが理解できる。ともあれ煩雑な考証は省略するが、拝仮《はいか》とは常に相手に対しての官位とそのシンボルの直接授与をいうのだ。

そこで、前述の「倭王に拝仮」「倭王、使に因《よ》りて上表し」の文章を読むと、どうしても魏使と倭王は対面したとの帰結が導かれ、菅政友氏「漢籍倭人考」、稲葉岩吉氏「魏志倭人伝管見」、和歌森太郎氏「私観邪馬台国」……等の多くの論者が、倭王と魏使は会っていると主張するのだ。

（1）「郡使往来――」等の地理記事に注目すると、魏使は伊都国に止ったと解《かい》される。

（2）社会・外交記事の「倭王に拝仮――」等の文章によると、魏使と倭王との直接の対面と解すべきだ。

（1）（2）は一つの逆説《ぎゃくせつ》を構成する。（1）伊都国止《とま》りで、（2）倭王と対面《たいめん》とは。つまり、「魏使は、伊都国で止《とま》ったが、倭王に対面した」との、困った結論となる。

伊都国王とは誰か

そこで、伊都《いと》国王が問題となる。帯方郡使が「常」に駐《とど》まり、一大率が「常」に治した伊都国には歴代の王がいた。

「伊都国――世有王、皆統属女王国。郡使往来するに常に駐《とど》まる所なり」
「一大率――常に伊都国に治す。国中に於《お》いて刺史の如く有り」

伊都国は、『日本書紀』の伊覩《いと》県、『和名抄』の怡土《いと》郡にあたり、現在の福岡県糸島市前原町がその故地だ。『魏志』は、「世有王」と書く。世という文字は卅と一を合わせてできたものであり、三十年を一世と計算するのだが、文脈においては歴代の、代々の時間的連続を意味する。「倭人伝」のなかで王と書かれる人物は、女王の卑弥呼、狗奴国の男王、そして伊都国王の三人しかいない。

249ページで述べたように、『魏略《ぎりゃく》』『後漢書』の解釈は「諸国に皆、王あり」なのだが、『魏志』文脈において、なぜ伊都《いと》国王のみが突出して記されるのか、何やら不自然なものを誰しも感じた。「伊都国王――皆、女王国に統属す」の文章にしても、同様の印象をうける。『魏略』はこの部分を「女王に属する（其国王皆属女王也）」とするが、諸国が共立された倭国の女王に属するのは、当然だ。

したがって、普通ならば「世有王皆統属女王国」の文は言わなくてもよいのであり、ことさら伊都国についてのみ明記する理由はないはずだ。それを、敢《あえ》て書く。伊都国のみが何故《なぜ》にか。これを、どう解釈するか。そう言えば、『魏志』の叙述において、伊都国は、

(1)それまで里程記事が〈方位・距離・地名〉のパターンだったのが変換し〈方位・地名・距離〉の型となる。

(2)伊都国までの里程記事は道中の風物の観察が記録されるが、以後はなくなる。

(3)特徴的に「到伊都国《いたる》」と、他の諸国のように「至《いたる》」とは錯《たが》う用辞が観《み》られる。

(4)伊都国王のみ王の存在が明記される。

(5)他の諸国と比較して、伊都国のみが特に充実した行政機能を持つようだ(252頁参照)。伊都国の副と奴国の官が同格の印象)。

(6)郡使の往来の「常に駐《とど》まる所」と書かれる。十世紀の『太平御覧《たいへいぎょらん》』はこの部分を「帯方使の往来するに常に止住《しじゅう》する(帯方使往来常止住)」と書き換え(文章解釈)ている。

(7)一大率は伊都国に「常治」し、諸国を検察、諸国を畏憚させている。

(1)——(7)を眺めると、どうしても一つの疑問が湧く。それはこうだ——伊都国王《いとこくおう》とは、一体何者《なにもの》かと。

文章解釈の試み

（1）――（7）は、確かに奇妙ではある。ただ私には、いわば肉眼に映じる文章よりも、文章の背後の精神の相貌といったもの、行間の微妙なニュアンスのようなものに興味がある。

少し話が横道にそれるが、私は次のような匂いを嗅《か》ぐ。

『魏志』は「特置一大率……」と書く。私はこの文に違和を感じる。劉知幾《りゅうちき》『史通』「叙事篇」に、歴史叙述は「華を逝《す》てて実を存《のこ》す」とあるように、用辞は簡潔を旨《むね》とする。事実、陳寿の文体は『晋書』が評するように簡潔であり質直だ。

それが、私の印象を言えば、「特置」の「特」は煩《はん》字、無用の文字なのだ。働いておらず、削るべきとの印象をうける。

ところが、想像だが、この文字に陳寿の意図、強調のニュアンスが含まれてでもいるのなら、事情は一変し、別な文章解釈の道筋もたどれる。

繰り返したように、陳寿《ちんじゅ》は基本的に春秋公羊《くよう》家だが、公羊学は『春秋』解釈学というより、それを発展させた一種の歴史哲学だ。『左氏伝《さしでん》』はエピソードの面白味があり、読まれた読者も多いだろうが、『公羊伝』はやたら理屈っぽく、極めて観念的な体系だ。言葉の一字一句に、ああだの、こうだのと、わずらわしいことを言う。

『春秋』経文の解釈も、反語《はんご》的表現を重視し、深読み、裏読みを求める。

『春秋公羊伝』隠公四年「衛《えい》人、晋を立てる（衛国人が公子の晋を擁立した）」

『春秋公羊伝』成公六年「武官を立てる（武勲を顕彰する宮殿を建立した）」

——『公羊伝』は、立てるとは何か、それは立ててはならぬものを立てたとの意味だと解説する。

『春秋公羊伝』成公十七年「郊祭《こうさい》を用う」も『公羊伝』は、用うとは用いてはならぬものを用いたとの義だ、と解説する。


現代人の文章感覚には馴染まないレトリック認識だが、当時においては決して否定的ではなく、そういう時代もあったのだ、と覚悟するしかない。諦《あきら》めましょう。

そこで、「特置《とくにおく》——」の文章だが、仮に「特《とく》」に強調のニュアンスが含まれていたのなら、「置くべからざるを置いた」との公羊《くよう》学的解釈が成り立つ余地も少しはある。

もちろん、これだけでは具体的に何かを示すものではないが、しかし史書読者の読書心理を、なにか刺激してくれることは確かだ。

権力構成への一つの仮定

ともかく、一大率が特置の職能であり、便宜《べんぎ》的に設置されたものであることは文字に明らかだが、すると、「①特置一大率——②常治伊都国」の文章が、俄然《がぜん》、腸捻転《ちょうねんてん》を起こす。

「特」は、引伸義（概念延長）として「一」「独」の意味を持ち、孤立、特別、単数をも表す。逆に「常」は、段注『説文解字』によれば「裳」の引伸義であり、長い布との意味を字源とする。転用されて、時間が長いとの意になり、不変、恒常との意味を持った。

つまり「特《とく》」と「常《つね》」とは、反対概念だ。特置の官が常治したとは、訓詁《くんこ》解釈の上からは見逃すことのできない文章の捩《よじ》れであり、①②は一つのパラドックスを構成する。

これは、一体どういう問題か。繰り返し述べたように、こういう場合、粗雑な文章家としての陳寿をみるのではなく、『春秋』以来の純粋伝統に基づく彼の文章の設計を観《み》ようとするのが、私の立場だ。

『魏志』は、一大率が伊都国に「常に治した」と書く。「治《ち》」の字義は、『漢書』「高帝紀」顔師古《がんしこ》注に「治は之《これ》都の請《いい》なり」とあり、一般に王都を意味する。ただし、中国々内の場合には、州都の政庁の所在との意味も持つ。

州刺史のような中国王朝の正式の官が「――に治した」と書かれるのは、異例ではないが、倭国のような外国列伝の記載に「治」の字が用いられる場合は、顔師古《がしこ》の解説のように、王の都を示す傾向がある。

『漢書《かんじょ》』「西域伝《さいいき》」に「鄯善国、楼蘭王は扜泥城に治《ち》す」、「小宛国、王は扜零城に治《ち》す」、「于闐国、王は西域に治《ち》す」……とあるような書例であり、王都を意味する。

問題を整理しよう。

第一に、第一節でみたように、一大率は諸王中の一人であること。彼は伊都国に「常治」した。

第二に、伊都国は「世有王」であり、歴代の伊都国王がいた。

問題を、このように眺めてみると、おのずと私たちは、結局、伊都国に一大率（諸王中の一人）と伊都国王という二人《ふたり》の王が同時《どうじ》にいたか、あるいは同一人物《どういつじんぶつ》かという、単純な問題に直面することになる。イライラする話を整理すると、左表になる。

	社会序列	治　所	存在期間	条　件
一大率	率衆王の一人	伊都国	常に治す	特　置
伊都国王	率衆王の一人	伊都国	世々王有り	

一大率と伊都国王の諸要素を、見比べてみよう。

この表において、両者の性質を比較すると、ふたつの表現が完全な合同をなすことに気づく。常識的に考えても、一つの国に二人の王とは不自然だ。

両者が、同一テーマのヴァリエーションであり、同一人物、とのコンテクストで読むと、たとえば先に問題とした、何故に伊都国のみに特別に多くの官僚的制度があったか、なぜ伊都国王のみが『魏志』文脈において特殊な位置を占めていたか等のことも、すっきり解ける。

一大率が「特置」したと表現されるのも、諸王中の一人が、ある期間特別に「佐治国」権力をふるったと考えると、うまく説明がつく。伊都国のみ特別に「世有王」と記されることとも繋りがつき、話は簡明になる。

倭王と伊都国王と一大率と男弟は同一人物

再び、『魏志』に戻ると、一大率の外交業務を説明する文章は次のようだった。

「王、使を遣《つか》わして京都《けいと》・帯方郡・諸韓国に詣《いた》り、及《また》、郡の倭国に使《つかい》するや、皆津《つ》に臨《のぞ》みて、伝送の文書・賜遺《しい》の物を捜露《そうろ》し、女王に詣《いた》るに差錯《ささく》あるを得《え》ざらしむ」

遣使するのは「王」であり、一大率が捜露《そうろ》し差錯《ささく》（送り違え）のないよう検査した物品を受けとるのは、「女王」だ。この転調は誰が読んでも不自然であり、古来、難問とされた。しかしどうやら、「王」と「女王」、「倭王」と「倭女王」との用辞の使い分けが味噌《みそ》のようだ。史文を解釈するときは、全体の文脈に即して、その一字一句を吟味するのが春秋学の手法なのだ。

さて、『魏志』は、正始元年の魏使が詔書・印綬を「倭王に拝仮《はいか》」したと書く（八年には難升米に拝仮）。すると正始元年、二四〇年の倭王は、「佐《たす》けて国を治める」女王の男弟《だんてい》の一大率《たいすい》、つまり伊都国王《いとこくおう》、そう想定できるのではないだろうか。

というのは――

（一）正始八年も女王にではなく難升米《なずめ》に拝仮されていること（彼については諸説・中郎将＝外臣の王）、

（二）女王は「見る有《あ》る者少なし」として、魏使と対面した印象が感じられないこと、

（三）271ページで書いたように、魏使は伊都国に止住（所駐）したこと、等の理由による。

本章本節の結論である《男弟《だんてい》＝一大率《いちたいすい》＝伊都国王《いとこくおう》》の図式から、「倭王に拝仮」の倭王を、一大率と想定し、先ほどの文章の王と女王との相関を考え直すと、文章は竹が刃を迎えて裂けるように、一気にサーッと読め、謎は氷解する。

「男弟《だんてい》」の伊都国王が倭国の執政官（一大率）として津《つ》（港）に臨んで、魏の使節団と交渉したいきさつが、『魏志』に描かれていたのだ。

以上とほぼ同じことが、他の用辞の錯綜《さくそう》にも言えるかと思う。読者も巻末の『魏志』の文で照合いただきたいが、「倭王」を「男弟」（一大率・伊都国王）と置き換えたとき、文脈は最も意味が通じ、矛盾は解消される。また伝統的レトリックを想えば、そう読むべきなのだ。

こう考えてゆくと、連立方程式の解は、自動的にこうなる。《男弟《だんてい》と一大率《いちたいすい》と伊都国王《いとこくおう》は同一人物に対する別種表現だ》と。「事《こと》同じくして文異《こと》なる」だ。

刺史号と外臣国王号

『魏志』「倭人伝」には、「一大率は国中において刺史《しし》の如《ごと》し」と述べていた。以下、今までの仮説の補強のための状況証拠として、すこし考証する。まず、正史のうちに、周辺国王への授爵《じゅしゃく》と刺史《しし》のかかわりを調べると、次の例がある。

たとえば『宋書』「氐胡《ていこ》伝」を開けば、

①使持節都督隋右諸軍事征西大将軍開府儀同三司平羌校尉秦州《しんしゅう》刺史武都《ぶと》王
②使持節征西将軍平羌校尉北秦州刺史武都王
③使持節都督雍涼諸軍事秦州刺史平羌校尉武都王
④督北秦州諸軍事寧朔将軍平羌校尉北秦州刺史武都王
⑤侍中都督涼秦河沙四州諸軍事驃騎《ひゅうき》大将軍領護匈奴中郎将西夷校尉涼州牧《りょうしゅうぼく》（牧＝刺史）河西王
（持節・開府儀同三司）
⑥使持節侍中都督秦河沙涼四州諸軍事車騎《しゃき》大将軍開府儀同三司領護匈奴《きょうど》中郎将西夷校尉涼州牧
（刺史）河西王
⑦持節散騎常侍都督涼河沙三州諸軍事征西大将軍領護匈奴中郎将西夷校尉涼州刺史河西王

氐胡族は、チベット系の民族であり、五胡十六国（三〇四―四三九年）時代に中国西方で国を立て

ていたが、宋《そう》帝国は懐柔策として爵位を与えていた

この称号の構造パターンは、刺史《しし》号と王《おう》号との組み合わせとなっている。

これらの刺史号と王号を組み合わせた冊封《さくほう》の例は、〈内臣の刺史＝外臣の王〉の等置関係を示すものだ。ちなみに①―⑦の涼州《りょうしゅう》・秦州《しんしゅう》は、漢の武帝《ぶてい》の十三州のうちだが、この頃は、中国の衰退に乗じて、西域諸民族の独立国が建てられており、そのために、内臣の刺史号と外臣への王号が共存した。

端的に言えば、氐胡《ていこ》の王も『魏志』の言葉の「国中（倭国全体）において刺史《しし》の如《ごと》く有り」なのだ。『三国志』は三世紀、『宋書』は五世紀の史実を語るのだが、魏晋の王朝が南部中国に立てた司馬氏の政府を禅《ゆず》られて宋王朝が建てられたのであり、その政治制度、九品官人法に基づく官位制度は連続するものであって、同一のシステムといえる。

つまり、『宋書』に明らかな「刺史＝王」の関係は、三世紀にも当てはまると考えてよい。つまり倭国にもだ。当時の認識において、外国の有力者に「刺史《しし》」という表現が用いられていたら、それは異民族の「王」と思うのが、当時の、普通の言語感覚、読書感覚のはずだ。

では、なぜ『魏志』は、陳寿は、こんなわずらわしい記述をせねばならないのか、とうぜん、この疑問がわく。

付け加えれば、難升米《なずめ》とは何者か、なぜ彼が女王の死の前後に、魏の軍旗をもらう（魏と倭国と

の軍事同盟の当事者）のか。

なぜ女王は死んだのか。その後の男王《だんおう》はだれか。なぜ倭国で内乱が起こるのか。『魏志』は、なぜこんな書き方をするのか。晋王朝に不都合な真実でもあるのか。『魏志』は春秋公羊学の「三世異辞」説から見れば、「所見世」の記述、じつは現代史だ。とすれば、陳寿は、誰かのために「廻《かい》護《ご》」しているのか。

この本は、まず初めに春秋学と「春秋の筆法」を前面に出してはいるが、今までは、とくに「春秋の筆法」は問題にならない。『魏志』「倭人伝」の里程記事「万二千余里」は、「春秋の筆法」ではなく「史《し》の成文《せいもん》」の結果だ。つまり、慣例による「十倍」。

『魏志』つまり『魏国志』編纂の時期の二七〇年代頃は、晋が呉国に総力戦を挑もうとしていた、決戦前夜のクライマックスの時期だった。「万二千余里」の表現にしても、その地理情報秘匿《ひとく》の結果として「十倍」表現が、修正されないまま残ったにすぎない。

だが、次の章で、いよいよ「筆法《ひっぽう》」解釈にはいる。じつに、推理小説めいた世界にはいる。おそらく殺人事件だ。さあ、「仁義なき戦い」のはじまりだ。

第六章　東アジアの中の倭国

一　中郎将の難升米

春秋の時代

紀元前六九四年の春秋時代、今の山東省のあたりに斉《せい》という列国があった。太公望呂尚《ろしょう》を祖とする強国だったが、この国と、孔子《こうし》の母国である魯《ろ》の国とのあいだで文姜《ぶんきょう》説話と呼ばれる宮廷スキャンダルが生じた。

この説話は、春秋学の伝統的な方法論と、史書分析の基本的な考え方を理解するのに非常に都合がよい。

『詩経《しきょう》』斉風の最も古い注釈書である『詩毛伝《もうでん》、鄭箋《ていせん》による詩経学や『史記《しき》』「斉《せい》太公世家」は、その説話を今に伝える。斉《せい》の十四代の釐《き》公には男子三人、女子三人があった。ところが、異母兄妹である長男の諸児《しょげい》と長女の文姜《ぶんきょう》が情を通じる関係となる。日本古代史における中大兄《なかのおおえの》皇子と間人《はしのひとの》皇女《ひめみこ》の関係であり、つまり、近親相姦だ。

父の釐《き》公は噂を惧《おそ》れ、彼女が笄年《けいねん》（十五歳）になるとすぐ、隣国の魯《ろ》の桓《かん》公に縁づかせた。三年目に釐公が卒し、太子の諸児が後を継いで斉侯となった。これが襄《じょう》公だ。それから十二年後、両国の親善のために国境近くで懇親《こんしん》の会がもたれた。だが、兄が忘れられないでいた妹は夫に同道をねだる。魯《ろ》の重臣たちは、礼に反すると禍《わざわい》がおこると強く諫《いさ》めたが、魯公は妻の願いを許した。国境近い濼《ろく》水で会した両君主は、さらに斉の都にまで足をのばす。これは兄と妹の秘かな合意の上の誘導であり、兄妹はかつての関係を深めることになる。

逢《お》う瀬《せ》が重なり、遂《つい》に魯公の知るところとなった。魯公は妻の兄を譴《せ》めた。斉侯《せいこう》は公子彭《ほう》生に命じ魯公を殺害させた。

事件が、魯国に報告された。魯の政府は、

「わが君は斉君の威光を畏《かし》こみ、貴国に出かけ旧来のよしみを脩《おさ》めましたのに、その聘礼《こうれい》が終わっても再び国に反《かえ》れない仕儀となりました。咎《とが》を帰するにも相手がなく、諸侯への面目が立ちません。願わくば彭生を殺して、魯国の恥辱をそそぎたいと思います」

と抗議した。斉《せい》国と魯《ろ》国では国力が段違いであり、半分泣き寝入りのような口上《こうじょう》になったのだ。

彭生のみが処刑され、一応の形がついた。

魯は、文姜の子である太子の同《どう》を立て魯公とした。荘公《そうこう》だ。

母の文姜《ぶんきょう》は、再び魯国には還《かえ》らなかった。そして誰にも憚《はばか》ることなく、兄との関係を続けた。魯の国人は、屈辱と挫折を強く感じながらも、顔をそむけているしか択《と》る道はなかった——という展開が、文姜スキャンダルの一応の筋だ。

歴史書のレトリック

この頃は、魯《ろ》国の史書『春秋《しゅんじゅう》』の守備範囲内だ。『春秋』は、どう叙《じょ》すか。その文章術を知ることは、正史《せいし》書法の理解への良い教材となる。

①「桓公三年、春正月、公、斉侯に嬴《えい》に会す。秋七月、公子翬《き》、斉に女を逆《むか》う。九月、斉侯、姜《きょう》氏《し》を讙《かん》に送る。公、斉侯に讙に会す。夫人姜氏、斉より至る。冬、斉侯、その弟年《ねん》をして来聘《らいこう》せしむ」

②「桓公十八年、春、王の正月、公、斉侯に濼《ろく》に会す。公、夫人姜氏と、遂《つい》に斉に如《ゆ》く。夏四月丙子、公、斉に薨《こう》ず。丁酉、公の喪、斉より至る。冬十有二月己丑、わが君桓公を葬る」

③「荘公元年、春三月、夫人、斉に遜《のが》る」

④「荘公二年、冬十有二月、夫人姜氏、斉侯に禚《しゃく》に会す」

⑤「荘公四年、春、王の二月、夫人姜氏、斉侯を祝丘《しゅくきゅう》に享す。冬、公、斉人と禚《しゃく》に狩す」
⑥「荘公五年、夏、夫人姜氏、斉の師に如《ゆ》く。冬、公、斉人・宋人・陳人・蔡人と会して衛を伐《う》つ」
⑦「荘公六年、冬、斉人来たりて衛の爵《ふ》を帰《おく》る」
⑧「荘公七年、春、夫人姜氏、斉侯に防《ぼう》に会す。冬、夫人姜氏、斉侯に穀《こく》に会す」
⑨「荘公八年、冬十有一月癸未、斉の無知、その君諸児《しょげい》を弑《しい》す」
⑩「荘公九年、春、斉人、無知を殺す。秋七月丁酉、斉の襄公を葬る」
⑪「荘公十九年、夏、夫人姜氏、莒《きょ》に如《ゆ》く」
⑫「荘公二十一年、秋七月戊戌、夫人姜氏薨《こう》ず」
⑬「荘公二十二年、春、王の正月癸丑、わが小君文姜を葬る」

これは、文姜の輿入《こし》れから薨去《こうきょ》までの記述を抽《ぬ》き出したものだ。編年史だから、各種の事件は孤立して記録されるが、一定の事件や人名に着目して、記事文を連携づけて読めば、そこにまったく新しい文章風景が出現する（属辞比事《しょくじひじ》義法）とされる。

義法の心理と解読

さて、一見、単純な事実を書き並べただけの印象であり、格別の意味も無さそうに思える。しかし、本当はそうではないのだ。
簡潔な記録の羅列にすぎないようなこれらの文章群は、表面的な文章の奥のうちに、列国間のパワーバランスに苦しみながら、記録しつづけた魯《ろ》国の修史官の息づかいを、かくしている。

考証的なことは省くが、②の「夏四月丙子、公、斉に薨《こう》ず」とは、第一章でも述べたように、暗殺された場合の書例だ。その前の文脈に「夫人姜《きょう》氏と、遂《つい》に、斉に如《ゆ》く」とあり、夫人と斉国が関《かか》わり魯公が殺害されたとの含みを匂わせている。

史書において、「遂《つい》に」という表現は、強調のニュアンスを持った助辞だ。講談師ならば張《は》り扇《せん》をひときわ高くパパーンと鳴らし、客にハッと聴き耳を立てさせる間投句のような、史書読者の注意を喚起させようとする合図だ。

そこで、文姜への表現の変化を辿《たど》ると、①の姜《きょう》氏は未婚時の家姓であり、良い。⑬の文姜も、文公（諡号《しごう》）の妻の姜氏という女性の諱《いみな》の定式であって、正しい。

そして②――⑫までが魯公夫人の時期であるが、「夫人姜氏」が正例の記述形式だ。ところが③のみは「夫人」と書かれる。杜預《とよ》『春秋経伝集解《しっかい》』で言う「文の錯《たが》え」であり「事《こと》同じくして文《ぶん》異なる」のケースだ。

なぜか。『左氏伝』荘公元年解説は「三月、夫人、斉に遜《のが》る。姜氏と称せざるは絶《た》ちて親と為《な》さざるなり」と、公殺害に関与して魯を出奔《しゅっぽん》したため縁を断ち切って母親と認めないという、筆誅《ひっちゅう》的な義法と説明する。

『穀梁伝』荘公元年解説は、「遜《そん》」というは「奔《ほん》」を忌《い》むが為なり、「夫人姜氏」と書かぬは之を貶《へん》したのだ、と説明する。

『公羊伝』桓公十八年解説は、逆に②を、なぜ「夫人姜氏」と書き「夫人」とのみ書かぬか、夫人を外《おろそか》にする義法であると、逆退的説明をする。

さて、詮索《せんさく》はこれまでにするが、③の一例のような文章術、これが微言大義《びげんたいぎ》（微妙な文章に大きな意味を秘める）、一字褒貶《いちじほうへん》（文字一字一句の厳密な使用と逆用）のレトリックなのだ。

読者も、このような方法を知って、もう一度①――⑬全体を見渡し細部を観察してみると、一字一字の効果の差が際立って目立ち、計算された構造が御理解いただけるだろう。荘公が、父の仇たる伯父と生母をいかに恨《うら》んでも、魯《ろ》国の人々が斉《せい》国をいかに呪っても、弱国の哀しさであり、また姜氏は荘公の母夫人でもあり、やむを得ず仇敵《きゅうてき》に服事したことの消息を記し示す。

普通、史書に公夫人の行動が①――⑬のようにいちいち記録されるものではないが、あえて執劫《しつよう》に書き続けたところに、大国の横暴に憤《いきどお》る小国の修史官の心情が察せられる。

⑬において、文姜の薨去《こうきょ》を得て、ほっと安堵《あんど》し事件の落着をみた彼らの心理がリアルに看《み》てとれる。⑨で、大国の君主を名前で呼びすてにするのは、筆誅《ひっちゅう》だ。ザマア見ヤガレ、だ。だが①――⑬を普通の眼で何千回読み直しても、そんな「史実」は絶対に見えてこないはずだ。

旧中国史書のこういう性格、一種の神秘主義は、近代の歴史書の観点からすれば不可解きわまる。春秋学そのものに対しても、真に正しい『春秋』解釈か、発展した独立な存在ではないのかと、種々の批判もある。

しかし、私たちにとって肝心なのは、この思想と方法論が旧中国史学の深層潮流であり、『史記《しき》』も『三国志《さんごくし》』もその系譜《けいふ》に連綿《れんめん》するから、彼らの史書は、彼らの方法をもって読まれねばならぬ、経学《けいがく》・注釈学の方法をもって読まれねばならぬ、という一事《いちじ》だ。しょうがない。

「倭人伝」の政治記事

『魏志』「倭人伝」に載《の》せる記事の内容は、大きく三系に分かれる。まず、最初の三分の一くらいに、地理記事がある。この解読が、前著『邪馬台国の全解決』のテーマだ。

中段には、弥生《やよい》日本列島の歴史、産物、慣習、政治制度を述べる社会記事があり、これが前著『魏志東夷伝の一構想』（一部が本書第五章）のテーマだった。

最後の三分の一が、中国の魏王朝と倭国との交渉を記録する政治記事、という構成であり、この章においては、ここに焦点を当てたい。

だが、『魏志』「倭人伝」政治交渉記事は、一言で言えば、文脈が捻《ねじ》れている。

この章のはじめの『春秋』文姜《ぶんきょう》説話の文章の例のように、読者も『魏志』を繰り返し読み直してみられるとよい。例えば、肝心の倭国王の書例一つを見ても、王・女王・倭王・倭女王との用辞の混乱があり、文章は混沌とし錯綜《さくそう》する。

その場合に、粗雑な記録者・文章家としての陳寿《ちんじゅ》を看《み》るべきか、あるいは純粋伝統による彼の精緻《せいち》な計算を読み取るべきか。

だが、陳寿が書いたように、読むしかないのだ。一大率《いちたいすい》、倭王、男弟、伊都国王など、文姜説話《ぶんきょう》の文章の例のように、同一人物にさまざまな別表現を意図的に与えるのが、彼らの方法論だということを知ることと、趙翼《ちょうよく》が『二十二史劄記《さつき》』のなかで「寿は司馬氏において最も多く廻護《かいご》す」というように、司馬氏関係記事は、春秋学における「内なる恥は諱《い》む」原則に従い、直接的記述はされないこと、それは『三国志』が「三世異辞《いじ》」説での、「所見世《みるところのよ》」つまりリアル同時代史だからだ、というコード解読の発想で充分だ。

さらに、文姜説話のように、「筆法」が使われる場合は、その裏に誰かの「不都合な真実」があると気づけば、充分だ。煙《けむり》の下には、火《ひ》があるのだ。

一大率、倭王、男弟、伊都国王も、文姜説話の文章の例のように、これらは杜預《とよ》が『春秋経伝集解《しっかい》』で言う「文の錯《たが》え」であり《事《こと》同じくして文《ぶん》異なる》のケースだったが、さて、いよいよだ。この最後の章で超重要人物名、表現の登場だ。

それは、スーパースター、われらが「ミスター難升米《なずめ》」さんだ。

幽州刺史府

少し、時系列で整理しよう。

ただし、幽州刺史《ゆうしゅうしし》の目からだ。幽州刺史府は今の北京にあり、華北から遼東半島、朝鮮半島にいくつもの郡《ぐん》（行政区）をもっていた。

だが、その最も重要な役割は民政ではなく、今の中国東北地方からモンゴル草原に展開する北方騎馬民族、朝鮮半島や日本列島の、異民族対策だった。『魏志』「倭人伝」は正史『三国志』の『魏書』三十「烏丸鮮卑東夷伝《うがんせんぴ》」の一部だが、烏丸《うがん》、鮮卑《せんぴ》、夫餘《ふよ》、高句麗《こうくり》、東沃沮《よくそ》、挹婁《ゆうろう》、濊《わい》、韓《かん》、倭《わ》人のことが記される。つまり、これら地方の異民族対策が、幽州刺史の最も重要な任務だ。

そのため、幽州刺史は軍人として安北将軍、平北将軍、寧東将軍、征東将軍、平東将軍などの将軍号を持つ。また護烏丸《うがん》校尉、護鮮卑《せんぴ》校尉、護東夷《とうい》校尉などの軍職名も持つ。これらの軍人号にみられるように、その主任務は、北方と東方の異民族に対する国境の防衛なのだ。

これらの烏丸《うがん》、鮮卑《せんぴ》、夫餘《ふよ》、高句麗《こうくり》、東沃沮《よくそ》、挹婁《ゆうろう》、濊《わい》、韓《かん》、倭《わ》人に対して、交易の利益を与え、懐柔し、金印や銀印や王号をばらまき、特権を与え、夷《い》を以て夷《い》を制する策をつねに展開し、場合によっては幽州刺史みずから軍団を率《ひき》いて、その地方に侵攻する。さらに場合によっては、異民族の王を暗殺する。

二三九年に女王卑弥呼の使者が、幽州刺史府の支配下にある帯方郡をとおして、魏の王朝に朝貢するのだが、その三年前の二三五年、幽州刺史の王雄《おうゆう》は、北方の脅威である鮮卑《せんぴ》の大王の軻比能《かひのう》に罠《わな》を仕掛け、刺客として剣客の韓龍《かんりゅう》をおくり暗殺している。そして鮮卑同士が争うように仕向け、鮮卑の勢力を削《そ》いでいるのだ。

後任の幽州刺史は、幽州刺史・度遼将軍・護烏丸校尉の毌丘倹《かんきゅうけん》（……二五五）だ。これも半端な男ではない。

魏の将軍だが、幽州（北京方面）長官として二三七年に遼東《りょうとう》半島に進出。烏丸《うがん》を下したが、遼東半島の軍閥である公孫淵《こうそんえん》に敗退した。翌二三八年、応援の軍団を率いて遠征して来た司馬懿《しばい》将軍の指揮下で公孫淵を滅ぼし、さらに海上より軍をおくり、朝鮮半島の楽浪《らくろう》郡、帯方《たいほう》郡を接収した。二四五年には高句麗《こうくり》に侵攻し、首都の丸都《がんと》を陥《おとし》て、紀功碑を立てて凱旋《がいせん》。その後は、南方に転じて呉と対峙《たいじ》していたが、二五五年、魏の帝位を奪おうとする司馬氏に対して兵を挙《あ》げ、司馬氏側の討伐軍に敗れて戦死した。

二三九年、女王卑弥呼が使者を洛陽《らくよう》に派遣したときの、魏側の現地司令官は、こんな男だったのだ。そして倭国対応は、毌丘倹配下の軍人である王頎《おうき》などの帯方《たいほう》郡太守が担当していた。この王頎も、対高句麗戦の指揮をとっている。以下、「属辞比事《しょくじひじ》」を整理する。

◎二三五年、幽州刺史《しし》王雄、北方騎馬民族鮮卑《せんぴ》の内紛に乗じて、剣客韓龍《かんりゅう》をおくり鮮卑の大王の軻比能《かひのう》を暗殺。鮮卑勢力の弱体化をはかる。

◎二三六年頃、新任幽州刺史田丘倹、度遼将軍・使持節・護烏丸校尉《うがん》として、幽州の諸軍を率いて襄平に進出、遼隧（遼寧省鞍山市海城）に駐屯。北方騎馬民族である右北平烏丸単于《ぜんう》（烏丸王）の寇婁敦・遼西烏丸都督で率衆王の護留らは、手勢五千余人を率いて降った。寇婁敦は弟の阿羅槃らを遣《や》って魏に朝貢したので、魏は、その渠率《きょすい》の二十余人を封じて侯・王とした。また輿馬繒綵（車馬と絹・綾絹）を下賜した。

◎二三七年、幽州刺史田丘倹は、遼東半島に独立王国を立てていた軍閥の公孫淵《こうそんえん》と戦い、勝利せず引き還《かえ》した。

◎二三八年、魏の明帝は太尉《だいい》（軍総司令官）の司馬懿《しばい》を遣《や》って、中軍および田丘倹ら軍兵数万を統《す》べて公孫淵を討たせた。同時に、ひそかに海上より軍を派遣し、公孫淵の支配下にあった朝鮮半島の楽浪郡《らくろう》、帯方郡《たいほう》を接収した。これを『魏志』「明帝紀」は、二三八年八月七日「司馬宣王（司馬懿）、公孫淵を襄平に囲み、大いに之《これ》を破る。淵の首を京都《けいと》に伝う。海東《かいとう》の諸郡平らぐ」と書く。『魏志』「韓伝」では、「景初中、明帝、密《ひそ》かに楽浪太守の劉昕《りゅうき》と帯方太守の鮮于嗣《せんうし》を遣《つか》わし、海を越えて二郡を定めしむ」と書く。

◎二三九年、正月一日、魏の明帝は三十六歳で崩御《ほうぎょ》。八歳の新帝が即位、公孫淵討伐に功のあった司馬懿は、太傅《たいふ》となり、侍中・持節・都督中外諸軍・録尚書事という政治と軍事の両方の実権を持つ形で、子供皇帝の政治を補佐した。

◎二三九年、六月、帯方郡に対して、倭国より朝貢したいとの要請があった。幽州刺史指揮下の帯方郡太守劉夏《りゅうか》は、部下に引率させて、倭国よりの朝貢《ちょうこう》使節団を魏の都の洛陽におくった。

◎二三九年、十二月、八歳の新帝は、倭国の使節を引見、詔書《しょうしょ》を発して、倭の女王卑弥呼を親魏倭王とし、金印紫綬と下賜品をあたえ、同時に使者である倭の大夫《たいふ》【難升米《なずめ》】に率善《そつぜん》中郎将の爵位と銀印青綬をあたえた。

◎二四〇年、正始元年正月、『晋書』「宣帝紀」に「東倭《とうわ》が重訳して納貢してきた」という記事がのる。「東倭」つまり東《とう》夷の倭人《わ》とは誰か、新帝（八歳）即位後の朝廷の正月参賀だが、ともかく、倭国からの使節が、他の諸国の使節とともに、正月参賀《さんが》している。これは、二三九年の十二月の使節団、つまり難升米《なずめ》等が、そのまま翌月も滞在していたと考えるのが自然だ。

◎二四〇年、帯方太守弓遵《きゅうじゅん》は、建忠校尉《こうい》の梯儁《ていしゅん》等を倭国に遣《つか》わし、詔書、印綬を奉じて倭国に詣《まい》り、それを【倭王】に拝仮《はいか》した。【倭王】は上表して恩詔《おんしょう》に答謝した。帯方郡の使者が往来するときは、伊都国が「常に駐《とど》まる所」だが、伊都国には【王】がいた。また「特置」された【一大率】が伊都国に「常治」し、諸国を検察し、諸国はこれを畏憚《いたん》した。女王卑弥呼には【男弟】があり、佐《たす》けて「治国」した。

◎二四三年、【倭王】は、魏に大夫伊聲耆《いせき》、掖邪狗《ややこ》等八人を遣わしたが、掖邪狗等は率善中郎将の印綬をうけた。

◎二四五年、魏は、詔して【倭の難升米《なずめ》】に黄幢《こうどう》（魏の軍旗、大将旗）を下賜《かし》し、それを帯方郡に送付した。

（魏の皇帝の詔書が、女王ではなく、難升米宛に発され、魏の軍旗、大将旗が難升米に下賜される。それが魏の都より帯方郡に送られる。）

◎二四七年、馬韓との戦いでの弓遵《きゅうじゅん》戦死をうけて、新任帯方太守に王頎《おうき》が着官した。倭の女王卑弥呼は、素《もと》より狗奴《くな》国男王卑弥弓と不和であり、倭の載斯《さいし》、烏越《うえつ》等を帯方郡に遣《つか》わし、攻撃する状《さま》を説明した。帯方郡は、塞曹掾史張政《ちょうせい》等を遣わした。伊都国は帯方郡の使者が往来するとき「常に駐まる所」であり、【伊都国王】がおり【一大率】が「常治」し諸国を検察して畏憚《いたん》させていたが、「常に駐まる所」で張政等は、魏の皇帝よりの詔書、黄幢《こうどう》（魏の軍旗、大将旗）を齎《もたら》し、【難升米《なずめ》】に拝仮し、之を檄《げき》（軍令書）をもって告喩《こくゆ》した。

（倭国内において、張政等により、伊都国で、魏の皇帝の詔書や軍旗、大将旗が、女王ではなく、難升米に与えられた。また、正始元年、二四〇年は「拝仮《はいか》倭王」と表現されるが、ここでは「拝仮《はいか》難升米」と表現される。）
◎二四七年、【難升米】に魏の詔書と軍旗が拝仮《はいか》された直後に、女王卑弥呼は死亡する。陳寿《ちんじゅ》は、「卑弥呼以死」と「以死」表現する。
◎二四七年か、【男王《だんおう》】が立つ。しかし「国中不服」であり「相誅殺《あいちゅうさつ》」し合い、当時、千余人が殺された。
◎二四七年か、復《ま》た卑弥呼の宗女の十三歳の壱与《いよ》（台与《とよ》）を立てたら、「国中は遂《つい》に定まった」ので、張政等は、檄《げき》をもって告喩《こくゆ》した。
（文による限り、新女王の壱与《いよ》に直接にあって告喩《こくゆ》している。異民族の王に対する「檄《げき》」のような上級の公文書、王朝の公式見解は、張政等のような帯方郡の属僚につくれるものではないから、また倭国側も、張政等のような属僚のつくった「檄」など受け入れないだろうから、帯方郡にただちに連絡し、郡か幽州刺史から送られたと推測される。つまり幽州刺史は、政変の結果を事後承諾したのか。おそらく、その妥協の結果が倭国の再朝貢《ちょうこう》につながる。）

◎二四七年直後、壱与《いよ》は倭の大夫《たいふ》率善中郎将掖邪狗《ややこ》等二十人を遣わし、張政等を帯方郡に送還した。また臺《だい》（魏の都）に詣《まい》り、男女生口三十人、白珠五千、孔青大句珠二枚、異文雑錦二十匹を献上した。

（張政等の倭国滞在期間は不明だが、張政等は倭国の政変のすべてを実見している。）

さあ、大変だ。「Who is ミスター難升米《なずめ》」なのだが、前述したように、同じ人物に別な表現を与えることで、言外の言を裏表現するのは、春秋学、中国史書の常套《じょうとう》の方法論だった。さあ、難升米《なずめ》さんは誰か。読者のご意見は。そして、卑弥呼《ひみこ》はなぜ死んだのか。

また、そのまったく同時期に幽州刺史《しし》支配下の楽浪《らくろう》郡と帯方《たいほう》郡は、韓《かん》族と軍事紛争を起こしている。帯方太守の王頎《おうき》など、同じ顔触れで、倭国の政変と韓国の政変が、まったく同時期に起こっている。倭国にも「卑弥呼は誰か」問題があるが、韓国にも「辰王《しんおう》は誰か」問題があり、謎の出所は同じ『魏志』だ。帯方郡の魏の軍人たちだ。「倭人伝」と「韓伝」は二卵性《にらんせい》の双子なのだ。

幽州刺史毌丘倹は、すべて知っている。もちろん、その三十数年後の後任（二八二―二八七）として幽州刺史となった陳寿の官界における庇護者の張華《ちょうか》（持節・都督幽州諸軍事・領護烏桓《うがん》校尉・安北将軍）も、すべてを知っている。そのうえで、張華は『三国志』を高く評価している。

最重要人物は難升米《なずめ》

◎二四〇年、帯方太守弓遵《きゅうじゅん》は、建忠校尉の梯儁《ていしゅん》等を倭国に遣わし、詔書、印綬を奉じて倭国に詣《いた》り、それを【倭王】に拝仮《はいか》した。【倭王】は上表して恩詔《おんしょう》に答謝した。（太守弓遵遣建中校尉梯儁等奉詔書印綬詣倭国、拝仮倭王、并齎詔賜金、帛、錦罽《きんけい》、刀、鏡、采物、倭王因使上表答謝恩詔。）

◎二四五年、魏は、詔書を用意し【倭の難升米】に黄幢《こうどう》（魏の軍旗、大将旗）を下賜《かし》し、それを帯方郡に送付した。この頃は、幽州刺史毌丘倹の部隊と、高句麗や韓が戦争状態だった。だが、魏の皇帝の詔書が、女王ではなく、なぜか難升米《なずめ》宛に出され、魏の軍旗、大将旗がなぜか難升米《なずめ》に下賜されるのは、どういう意味か。（詔賜倭難升米黄幢、付郡仮授）

◎二四七年、帯方郡は塞曹掾史張政等を遣《つか》わし、魏の皇帝よりの詔書、黄幢（魏の軍旗、大将旗）を齎《もたら》し、【難升米】に拝仮《はいか》し、之《これ》を檄《げき》（軍令書）をもって告喩《こくゆ》した。（遣塞曹掾史張政等因齎詔書、

黄幢、拝仮難升米為檄告喩之)

◎二四七年、【難升米】に魏の詔書《しょうしょ》と軍旗が拝仮された直後に、女王卑弥呼は死亡し、【男王《だんおう》】が立つ。(更立男王、国中不服、更相誅殺、当時殺千余人)

とくに魏の皇帝の詔書《しょうしょ》や軍旗、大将旗が、女王ではなく、難升米《なずめ》に与えられたことが、大問題だ。また、正始元年、①二四〇年は「拝仮倭王《わおう》」と表現されたが、②二四七年では「拝仮難升米《なずめ》」と表現される。

皇帝の「詔書」が、その国王を飛《と》ばして、異民族の臣下に出されるなど、絶対に有り得ない。その国王に対して、だけだ。

①「拝仮倭王」

②「拝仮難升米」

①で魏の皇帝の詔書が「倭王《わおう》」に発されている。

②で魏の皇帝の詔書が「難升米《なずめ》」に発されている。

つまりは、同一人物なのだ。これは本章のはじめで、春秋文姜《ぶんきょう》説話で述べた記述法と同じだ。杜預《とよ》『春秋経伝集解《しっかい》』で言う《事同《こと》じくして文《ぶん》異なる》のやり方なのだ。煙《けむり》の下には火《ひ》がある。すると、卑弥呼の死の直後に立った「男王《だんおう》」が誰かも、わかりきった話となる。

卑弥呼の「男弟《だんてい》」の、「伊都《いと》国王」なのだ。「男弟」が「男王《だんおう》」なのだ。それは前章で見たように、「一大率《いちたいすい》」であり、女王を「佐治国」しながら伊都国に「常治」し、諸国を検察《けんさつ》し、畏憚《いたん》させた人物、名は「難升米《なずめ》」なのだ。すこし文章的交通整理をしたが、その視座《しざ》から「倭人伝」を読み直すと、話はじつにスーッとおさまる。

これは「属辞比事《しょくじひじ》」式の読み方だ。「韓伝」もだが、「倭人伝」は、その手法を用いて書かれており、読み手は、文句を言ってもしょうがないから、あきらめて、その手法で読むしかないのだ。これは『礼記《らいき》』「経解第二十六」の「属辞比事なるは春秋の教えなり——属辞比事して乱れざるは則《すなわ》ち春秋に深き者なり」という特殊な文章伝統だ。

二　卑弥呼の死

なぜ女王は死んだか

二四七年、帯方郡の使者が倭国に来て、難升米《なずめ》に魏《ぎ》の皇帝の詔書や魏の軍旗を与えた直後、卑弥呼は死んだ。「倭人伝」は「遣塞曹掾史張政等因斉詔書、黄幢、拝仮難升米為檄告喩之、卑弥呼以死」と表現する。この文脈で、卑弥呼《ひみこ》と難升米《なずめ》の名前が連《つら》なって書かれる。ふたりの名前が同格《どうかく》で出されている。間違いなく、姉《あね》と弟《おとうと》なのだ。「塞曹掾史《さいそうえんし》の張政等を遣《つか》わし、詔書、黄幢《こうどう》を斉《もたら》し、難升米《なずめ》に拝仮《はいか》し、檄《げき》をもって之《これ》を告喩《こくゆ》す」とあり、つぎに「卑弥呼《ひみこ》以死」と続く。

この、「卑弥呼以死《もってし》」をどう読むかは、古来《こらい》、難問とされた。まず「遣塞曹掾史張政等因斉詔書、黄幢、拝仮難升米為檄告喩之」があり、そして「卑弥呼以死」とつづく。前が原因、後ろが結果とも読める。普通に読めば、そうなる。

では、殺されたのか、ともなる。卑弥呼は殺されたと考える説は、非常に多い。逆に「以死《もってし》」を、すでに死んでいた、と読みたい人もいる。中国語の文法はアバウトであり、古典漢文の助辞も、文脈で判断するしかない。

この本は、春秋学《しゅんじゅうがく》を表に出している手前、「属辞比事《しょくじひじ》」の整理をする。

まず、『春秋』でもかなりの分量がある貴族の死亡記事だが、身分による書き分け（名分の義）がある。周王には「崩《ほう》」の字、魯公と魯公夫人には「薨《こう》」、その他は「卒《そつ》」だ。例外として「弑《しい》」や「殺《さつ》」がある。異民族の王は、「死《し》」だ。

そこで、『三国志』の『魏書』三十つまり『魏志』「烏丸鮮卑東夷伝」での用例を眺める。

『魏志』「烏丸《うがん》・鮮卑《せんぴ》伝」では「丘力居死し、…従子、…代りて立つ（丘力居死）」、「素利死す、…弟を以て王と為す（素利死）」と、「王の名」に「死」の形だ。『魏志』「夫余《ふよ》伝」では、「尉仇台死し、簡位居立つ（尉仇台死）」、「位居死し、諸加、麻余を共立す（位居死）」、「麻余死し、其の子の依慮六歳を立てて、王と為す（麻余死）」とし、『魏志』「高句麗伝」では、「宮死し、子伯固立つ（宮死）」、「伯固死し、……伊夷模を共立して王と為す（伯固死）」、「伊夷模死し、位宮、立って王となる（伊夷模死）」と、すべて「人名」＋「死」の表現になる。みな問題のない普通の死亡記事だ。

ところが、「倭人伝」の卑弥呼だけ、一例だけの例外として「人名」＋「以」＋「死」なのだ。「以死何何」という構文はあるが、これは「死を以て何々」であり、死にはしない。生きている人間の形容表現だ。死ぬ気で頑張ります、借金が払えなかったら、死んでお詫びします、とか。「死を賭して」だ。しかし、卑弥呼の「以死」は本当の「死」であり、これとは違う。「以死」を、もう死んでいたと読みたい人も多いし、古典漢文は、文脈で読むしかない。卑弥呼殺害説をとる人は、前段の理由を受けて、その結果「原因があり、その為に、卑弥呼は以死《もって》す」と読むし、卑弥呼自然死説をとる人は、「卑弥呼は以《すで》に死んでいた」から、その次の文章の、大きな墓をつくったと読もうとする。

もちろん、陳寿《ちんじゅ》の春秋学に基づく用辞使用の計算があると見るのが、私の立場だ。『魏志』「烏丸鮮卑東夷伝」の用例を「属辞比事《しょくじひじ》」的に見る限り、普通の死ではなく、異常な死と考えるしかない。また、『春秋』「穀梁《こくりょう》伝」では、助辞の使い方にも一字褒貶《ほうへん》を強調するが、穀梁学では、「以」の字義解釈は、こうなる。

「哀公の七年、秋、公は邾《ちゅう》を伐《う》つ。邾に入り、邾子益《えき》を以て来る（公伐邾、八月、巳酉、入邾、以邾子益来）」

これを「穀梁伝」は、以《も》ってとは、以って行なってはならない場合をいう（以者、不以者也）、益と名をあげるのは、その罪をにくんでであると解説する。つまり「穀梁伝」での助辞《じょじ》解釈では、「以て」とは、行なってはならないことを行なった場合の助辞の使い方とされる。この助辞の解釈は、公羊《くよう》学も同様だ。

また、状況証拠としても、死の直後に、千余人が殺害される、異常な大内紛《ないふん》が生じているのだ。この死の、前後の状況から見ても、異常な死と考えるのが自然だ。

「原因があり、その為に、卑弥呼は以死《もって》す」と読むべきだ。難升米《なずめ》に、魏使が檄《げき》（軍事文書）をもって告喩《こくゆ》したら、「以《もっ》て」卑弥呼が死んだのだ。なに、それ？

そして、唐突《とうとつ》だが、私は今、こう言いたい誘惑にとらわれる……「ナズメさん、お姉ちゃんをやっちゃいましたね。」……「しかも外国とつるんで。」……さらに「国中の人たちは怒るよ。殺しあいになるよ。」だ。……ついでに「黒幕《くろまく》は、誰よ。」もだ。とすれば、陳寿も書き方に苦労するわけだ。「韓伝」における辰王《しんおう》も、右同様に、奇怪な表現がされているが。

ともかく、二三五年、毌丘倹《かんきゅうけん》の前任の幽州《ゆうしゅう》刺史王雄《おうゆう》は、北方騎馬民族鮮卑《せんぴ》の内紛に乗じて、刺客韓龍《かんりゅう》をおくり鮮卑の大王の軻比能《かひのう》を暗殺、鮮卑勢力を分断し、弱体化をはかったが、これは大手柄として評価されている。

しかし、毌丘倹は二四五年の高句麗侵攻には成功したが、馬韓との領土問題での紛争（後論）にみられるように、二四五年から二四七年の韓《かん》と倭《わ》への仕事は、辰王《しんおう》（「韓《かん》を滅《めっ》す」）は滅ぼしたようだが、帯方《たいほう》郡太守が戦死するように、かなり計算違いが生じたようだ。「東夷伝」は司馬懿《しばい》将軍の活躍した、晋王朝の創業の晴れの舞台のはずなのに、親魏倭王《しんぎわおう》が怪死するとは。

詔書はだれが書いたのか

ただ、晋の官僚である陳寿《ちんじゅ》にとって、二五五年に反司馬氏で挙兵し、敗死した毌丘倹《かんきゅうけん》をまもる必要など、まったくない。率直に、事実を事実として書けばよい。すこし魏に都合の悪い話でも、そう問題ではなかろう。ソンタク（忖度）の必要はない。

一体、何が「晋王朝に不都合か」となると、趙翼《ちょうよく》が『二十二史箚記《さつき》』のなかで、「寿は司馬氏において最も多く廻護《かいご》す」と論じるように、司馬氏一族、現皇帝の一族にかかわる部分だ。

はじめに、卑弥呼に魏《ぎ》の皇帝からの「詔書《しょうしょ》」が下賜《かし》されているが、「詔書」の「詔《しょう》」は、天子だけが使う命令を意味する語だ。二四五年、皇帝は斉王芳だが、まだ十三歳。後見人は、魏の王室につながる若い曹爽《そうそう》と、実力で出世した高齢の司馬懿《しばい》だった。

この時期に司馬懿は太傅《たいふ》となり、侍中・持節・都督中外諸軍・録尚書事となる。『晋書』「職官志」では、持節都督は定員がなく、曹丕《そうひ》の黄初三年、はじめて都督諸州軍事が置かれた。録尚書事は位は上公で、三公の上、幼い皇帝が立つと、太傅・録尚書事が新皇帝の後見人として補佐する。曹爽と司馬懿に文武の大権が与えられ、この二人が国政を仕切ったが、当時の司馬懿は、新皇帝の補佐役であり、軍の指揮権を曹爽と共有していたのだ。

また、『晋書』「宣帝紀」によれば、「正始元年、春正月、東倭《とうい》が重訳して納貢してきた。焉耆・危須等の諸国、弱水以南の地方、鮮卑の名王が、みな使者を遣《つか》わして来貢《らいこう》した。天子は、この美

（威風）を宰相《さいしょう》の功によるものとし、宣帝（司馬懿）を増封した。」との記事がある。

二四〇年の、新帝（八歳）の最初の正月参賀には、異民族の使者が集まり、大パーティー（「その美」）が開かれたようだ。その功績は、前年に遼東半島から朝鮮半島の一部を制圧し、倭国にも通交させた司馬懿のものとして、この時に一県分の食邑《しょくゆう》（領地）が司馬懿に与えられている。つまり、遼東半島から朝鮮半島、倭国にかかわる魏側の総責任者は、司馬懿だということだ。

また、後論する（322頁）が、その前月の二三九年十二月、難升米《なずめ》等が朝貢に洛陽《らくよう》まで来ており、この翌月正月の、『晋書』の書く「東倭《わ》」とは、難升米等としか考えられない。ここで、難升米《なずめ》は司馬懿《しばい》と「接触」している。一緒に酒を飲んだはずだ。


してみると、遼東半島を攻略し、東方異民族政策を仕切ったのも司馬懿であり、倭国処分の判断者は、常に司馬懿であったと考えられる。他にはいない。二四〇年も、二四五年も、幽州刺史の意見具申もあったろうが、地方の刺史に「詔書《しょうしょ》」は出せない。出せるのは、政府中央の最高級の実力者のみだ。

曹爽《そうそう》か司馬懿だが、倭国に与える「詔書」内容を判断したのは、東夷《とうい》で功績をあげ、王朝の実権の半分を掌握していた司馬懿だ、と考えるのが自然だ。当時の太傅《たいふ》、つまり天子の師であり補佐役であり、侍中・持節・都督中外諸軍・録尚書事の司馬懿と考えるのが自然だ。曹爽と司馬懿は、後には少し対立するが、そして曹爽は司馬懿のクーデターにより抹殺されるが、はじめのうちは、曹爽は、父の元同僚で六十歳を過ぎた年長者の司馬懿を、徹底的に立てていたのだ。

そして「詔書」だが、難升米《なずめ》に「詔書」や黄幢《こうどう》（魏の軍旗・大将旗）を与える以上は、二回目以降の「詔書」は、難升米《なずめ》を倭国王《わこくおう》と認めるような内容が記されていた、と考えるのが自然だ。「詔書」が国王を飛《と》ばして、異民族の臣下に出されるはずはない。あり得ない。二四〇年、これを「倭《わ》王《おう》」に拝仮した。二四七年、「難升米《なずめ》」に拝仮した。著作郎として「秘閣《ひかく》」の公文書等を自由に閲覧（250頁参照）できる陳寿は、当然これを読んでいる。あああ、私も読みたいなあ。

すると、卑弥呼の親魏倭王の称号は、司馬懿が遼東半島、朝鮮半島を支配下におき、倭国を引き入れた結果だが、その司馬懿が、その親魏倭王卑弥呼《ひみこ》を飛ばして、難升米《なずめ》を倭王として公認したことになる。

これは私の意見だが、『魏志』「倭人伝」には、魏の皇帝、八歳から卑弥呼への「詔書」が「全文」採録《さいろく》される。『三国志』全体でもきわめて珍しいケースだ。

これは「策《さく》」とか「冊《さつ》」とかよばれる正式な冊封《さくほう》の文書だが、『三国志』を通読して数えてみると、十九例の策書、冊書の文章引用がある。だが、これらは「劉禅《りゅうぜん》を皇太子に立てる冊書」とか、「諸葛亮《しょかつりょう》を丞相《じょうしょう》にする策書」とか、歴史的にも重大なテーマばかりだ。また、この十九例は、全文引用ではなく、一部あるいは要約されて採録《さいろく》されている。まして、外夷の王への冊書の全文採録など、『三国志』だけではなく、どの正史にもない。

だが、『魏志』「倭人伝」の卑弥呼への「詔書」だけは、『三国志』全六十五巻の唯一の例外として、「親魏倭王に制詔《せいしょう》す」から始まり、「国家、汝《なんじ》を哀《あわ》れむを国中に知《し》らしむべし」と、一字一句、全文章が採録される。一字一句だ。全文章が一字一句。

これは普通、あり得ない。

もちろん、八歳の新皇帝の文章ではない。しっかりした、気合の入った人物の文章の印象だ。

そして、陳寿は晋の皇帝に仕えた著作郎（史臣《ししん》）だという地点から逆算して、①外夷の王への冊書が引用されるのは、きわめて異例だ、②まして、正史に冊書の全文章が一字一句、すべて採録されるのも異例だ、③この史実に関する最高責任者は司馬懿《しばい》であったことから考えて、逆算して、つまり「詔書」が書かれた二三九年十二月の洛陽での状況を考えると、この文章を書いたのは、その時点の魏王朝の太傅《たいふ》・侍中・持節・都督中外諸軍・録尚書事である司馬懿の可能性が高い、そんな結論になる。

つまり、つまりだ、現皇帝の祖父の文章だから、省略なし、一字一句、全文採録されたのだ。これだ。これが『魏志』「倭人伝」の最大のテーマだったのだ。前述した①②は、「詔書」は司馬懿の作だと考えれば、説明がつくし、でなければ、どうしても理由がつかない。

思い出した。

私は、澁澤龍彦《たつひこ》という作家が好きだが、陳寿のパトロンである張華《ちょうか》も『博物誌』という本を著している。その張華の文章と『三国志』の文章に、酷似している箇所があるのだ。

『三国志』「東沃沮《よくそ》伝」

毌丘倹討句麗、句麗王宮奔沃沮、……王頎別遣追討宮、盡其東界。問其耆老「海東復有人不」耆老言、国人嘗乗船捕魚、遭風見吹、数十日、東得一島、上有人、言語不相曉。其俗常以七月取童女沈海。

又言有一国亦在海中、純女無男。又說得一布衣、従海中浮出、其身如中国人衣、其両袖長三丈。又得一破船、隨波出在海岸辺、有一人項中復有面、生得之、與語不相通、不食而死。其域皆在沃沮東大海中。

『博物志』巻二、異俗

毌丘倹遣王頎追高句麗王宮、盡沃沮東界。問其耆老言、国人常乗船捕魚、遭風吹、数十口、東得一島、上有人、言語不相曉。其俗常以七夕取童女瀋海。

『博物志』巻二、異人

有一国亦在海中、純女無男。又説得一布衣、従海浮出、其身如中国人衣、両袖長二丈。又得一破船、隨波出在海岸辺、有一人項中復有面、生得、與語不相通、不食而死。其地皆在沃沮東大海中。

並べてみると、陳寿の文章と張華の文章は、かなり長い文章が、ほとんど同じだ。私は、今までは、陳寿は張華の文章をまるまるパクッたと考えていたが、違う。陳寿は、張華の文を正史に採録《さいろく》することで、ボスにヨイショしたのだ。それを読んだ張華は、「君これは、まずいよ」とか、笑いながら言ったかも知れない。

陳寿のもう一人のパトロンである杜預《とよ》の祖父の杜畿《とき》の伝も、良く書きすぎだと評されている。敗戦国の蜀《しょく》から晋《しん》王朝に仕えた陳寿の処世術なのだ。

精密な考証は省《はぶ》くが、『魏志』「倭人伝」の「詔書《しょうしょ》」の文章作者は、流れより見て、まず間違いなく、司馬懿《しばい》だ。陳寿は、仕《つか》えている皇帝の祖父の文章を、全文、一字一句、採録《さいろく》したのだ。それを読んだら、皇帝もご機嫌が良いだろう。私に座布団一枚、論文十本分の仕事だ。これが『魏志』「倭人伝」の、真のメインテーマだ。ここにコンパスの中心を当てて、『魏志』「倭人伝」を読まねばならなかったのだ。ここなのだ。これがメインテーマだ。
陳寿は、『史記』の司馬遷《しばせん》（一家の言）や『漢書』の班固《はんこ》のような、親の代からの歴史専門家とは、かなりキャラが違う。著作郎《ちょさくろう》（年俸六百石）を史臣《ししん》とも呼ぶが、学力優秀な、処世にたけた役人なのだ。また、著作郎という地位は、専門家として終生、歴史書を研究し編纂するのではなく、官僚人生の、出世コースの一つのステップだ。これも司馬遷や班固のような、純粋な歴史専門家とは、いささか違う。

すると、私は少し前に、毌丘倹《かんきゅうけん》は二四五年の高句麗《こうくり》侵攻には成功したが、二四五年から二四七年の韓と倭への仕事は、計算違いが生じたと述べたが、この文章の「毌丘倹《かんきゅうけん》」を、「司馬懿《しばい》」に書き直すべきかも知れない。

そして、魏の対倭国総責任者（おそらく司馬懿《しばい》だが、仮にそうでなくても、彼の承認・許可は必要なはず）と難升米《なずめ》の間で、どういう交渉、取引きがあったか不明だが、魏が、つまり司馬懿が、難升米《なずめ》を倭王《わおう》と公認した結果、親魏倭王が怪死する。「卑弥呼以死」だ。しかし、計算に反して「国中不服」だ。殺し合いが、はじまる。

とすれば、陳寿は口を噤《つぐ》むしかない。また逆算すれば、「東夷伝」で、晋王朝の史官である陳寿が口を噤まねばならない史実は、現皇帝の祖父の司馬懿に関わるところしかない。「韓伝」「倭人伝」には誇大な里数が修正されずに残り、記述の錯綜《さくそう》があるが、陳寿は、公文書等の原文に手を触れず、びくびく細心の注意で編纂《へんさん》したと思われる。

「万二千余里」や「水行・陸行」の文章が、司馬懿将軍の関係する文章にあったのなら、修正はできない。対呉情報戦での、呉《ご》艦隊をあざむく素晴らしい知恵だからだ。逆に言えば、修正できなかったとは、それが司馬懿の文章だからだ、という考え方も可能だ。

第一章の67頁以下で、杜預《とよ》や張華《ちょうか》のような史書の方法論と時代状況や地理を熟知している人間が、「韓伝」「倭人伝」の誰にも気づく混乱記述、誇大な地理記述に、いっさい語らず「沈黙」し、逆に褒《ほ》めたことを述べた。その理由は、ここだ。陳寿は、地雷原《じらいげん》を歩かねばならないが、誰も、そんなヤバイところに近寄りたくない。

神話のなかの女王

以下は、すこし思考実験だ。

読者も、ハインリッヒ・シュリーマンの物語は、よくご存じだろう。例の、神話を信じて遺跡を発掘したという美談だ。実際は、シュリーマン以前から、トロイの場所は学者の議論の対象で、実在が前提だった。十八世紀末、フランスの外交官が、専門家を起用してビガ半島での最初の組織的な調査を行ない、シュリーマンは、それらの議論や調査の成果に基づき発掘したが、神話の中に史実が含まれている、神話には過去の英雄などの事績《じせき》の反映が含まれているとの考え方は、古くからあった。

日本神話における高天原《たかまがはら》と天照大神《あまてらす》の神話でも、これを弥生《やよい》時代の史実をある程度反映したものと考える説はおおかった。文字のない時代だから、おおきな史実が語り継がれるうちに、伝説になり、やがて神話に変化するとされる。とくに祖先の話、建国の話は、すぐに神々の世界の話に変容する。

東洋史学者の白鳥庫吉《しらとりくらきち》は、明治四十三年に『倭女王卑弥呼考』のなかで、『魏志倭人伝』の「卑弥呼」に関する記事の内容と、『古事記』、『日本書紀』の「天照大御神」に関する記事内容とを比較し、卑弥呼の死の前後の状況と、天の岩戸《あまのいわと》の神話がよく似ていることを「その状態の酷似すること、何人も之を否認すること能《あた》はざるべし」と言う。

また、哲学者の和辻哲郎《わつじてつろう》も、大正九年『日本古代文化』のなかで、白鳥庫吉の説を発展させ、いわゆる「邪馬台国東遷《とうせん》説」を説いた。

アマテラスとスサノオ、姉と弟の戦い、弟の勝利、姉の岩戸《いわと》隠れ、つまりアマテラスの死、暗闇、岩戸からのアマテラスの再登場、弟の高天原からの追放など、その基本的ストーリーは、ほぼ重なる。ただ、『古事記』では、姉と弟の国を争っての戦いと、姉の死だが、『魏志』「倭人伝」では、表面的には、姉と弟の戦いが表現されない、ここが難点だった。

しかし、今まで見たように、姉《あね》が女王卑弥呼《ひみこ》で、弟《おとうと》は「男弟」で伊都国王の難升米《なずめ》とすれば、「倭人伝」も『古事記』と同じく姉と弟の戦い、となる。


『古事記』：アマテラスは神をまつる独身の女性で、鏡が好きで、弟がいる。

「倭人伝」：卑弥呼は鬼道につかえる独身の女性で、鏡が好きで、弟がいる。

『古事記』：アマテラスは高天原を治め、弟は海原を治める。

「倭人伝」：卑弥呼は共立された女王で、弟が佐《たす》けて国を治め、海外交渉する。

『古事記』：弟は強力な男神で、山川が鳴《な》り騒ぎ、国土が振動する。

「倭人伝」：難升米は諸国を検察し畏憚《いたん》させる。

『古事記』：弟は根《ね》の堅洲《かたす》国行きを願うが、アマテラスは弟が国を奪うと疑い、武装して戦うが、敗れる。

「倭人伝」：難升米に魏の詔書と黄幢《こうどう》がおくられる。

『古事記』：弟の乱暴により、アマテラスは機《はた》織場で死に、岩戸《いわと》にかくれる。

「倭人伝」：魏の詔書と黄幢がおくられると、「卑弥呼以死」に。弟が王となる。

『古事記』：世界は闇となり、多くの神々の騒ぐ声は夏の蝿《はえ》のようで、あらゆる災《わざわ》いが起こる。

「倭人伝」：「国中不服」であり「相誅殺《ちゅうさつ》」し合い、当時、千余人が殺された。

『古事記』：神々が相談し、岩戸《いわと》からアマテラスを呼び戻す。

「倭人伝」：卑弥呼の宗女の十三歳の壱与《いよ》を立てたら、「国中」は遂《つい》に定まった。
『古事記』：弟は、神々から罰を与えられ、追放される。
「倭人伝」：壱与《いよ》は掖邪狗《ややこ》等二十人を遣《つか》わし、魏《ぎ》の都に朝貢《ちょうこう》させる。

卑弥呼《あまてらす》と難升米《すさのお》が、姉と弟であれば、『古事記《こじき》』と「倭人伝《わじんでん》」は、綺麗にピッタリと重なる。もちろん、偶然ではない。

つまり、三世紀のインパクトのある事件の記憶が核《かく》となって、文字のない時代であり、祖先伝承、氏族伝承として語り伝えられるうちに、いろいろ別な話の尾ひれもくっ付けられ、やがて神話として形を変え、『古事記』などに残ったということだ。とくに、語り手が「鬼道《きどう》」系の集団なら、簡単に神話化し、語り手に都合よく、面白く脚色されるだろう。

すると、アマテラスの名は卑弥呼《ひみこ》であり、スサノオの名は難升米《なずめ》、岩戸《いわと》から出た新アマテラスの名は壱与《いよ》、十三歳だ。

さらに『古事記』では、岩戸のあとの新アマテラスは、常にタカミムスビ（高御産巣日神）と一緒に登場する。タカミムスビは常に新アマテラスの近くにいて、新アマテラスの指示は一度タカミムスビを通してから、他の天《あま》つ神に伝えられる。岩戸の後の新アマテラスには、岩戸前のように、国を奪いにきた弟と激しく口論し、武装して戦う凛々《りり》しさは、もう無い。

十三歳の壱与《いよ》（台与《とよ》説もあり）には、内乱の後の倭国《わ》を仕切るのは難しいのだろう。

では、タカミムスビは、誰か。少し強引だが、内乱のあとに、張政等と同道して帯方郡に出向いた倭の大夫《たいふ》で率善中郎将の掖邪狗《ややこ》が、語り伝えられ、伝承され、やがて神話化された姿ではないか。とすれば、思いつきだが、掖邪狗は壱与《いよ》のお父さんかも知れない。もちろん、ただの思いつきだが。

余談だが、西暦で二四七年三月二十四日、北九州地方で皆既《かいき》日食があったらしい。高天原《たかまがはら》神話では、アマテラスが岩戸《いわと》に入ると、世の中は、すべて闇になる。二四七年、宗教王である卑弥呼の死と同時期に起こった太陽が消える大インパクトに、弥生の人々は驚き、卑弥呼の死にともなう「異変」としてとらえられ、伝承され、神話として残ったのなら、話としては非常に面白い。

そうなら、これも正解だ。神話に残った皆既日食。ジグソーパズルのピースが、かちっとおさまる。すると、卑弥呼は、西暦で二四七年三月二十四日より前に死んだことになる。

そして、想像力は無料だが、流れを見る限り、諸国を検察し畏憚《いたん》させ、極東情勢の変化に即時対応して魏の都に出向いた難升米《なずめ》氏は、じつにパワフルで有能だ。スサノオのモデルになってもよい。このような達者な人物の王権奪取の計画が失敗したとすれば、卑弥呼死後の皆既日食のせいと、こじつけることはできないか。その太陽が消える宗教的「異変」を契機に、不満勢力が蜂起《ほうき》し、「国中不服」「相誅殺」となったと。まあ、根拠の薄い思考の遊びだが。ＮＨＫの「その時、歴史が動いた」という番組なら、話をそう作るはずだ。

さらに脱線だが、姉と弟の間に、ツキヨミという長男がいる。だが神話の中で、いかにも存在感がない。神話作者集団が創作したのなら、もっと活躍してもよいが、影《かげ》が薄すぎる。すると、アマテラスは三人姉弟だったという史実の痕跡《こんせき》が、伝承の中で神話化して残ったのではないか。お姉ちゃんに、思い切り怒鳴《どな》られたりして、激しい気性の姉と弟の間で、苦労したのでは。

率善中郎将《そつぜんちゅうろうじょう》の掖邪狗《ややこ》さん

さて、この本の特別サービスだが、今までの、どの関連図書をみても、わが「ミスター掖邪狗《ややこ》」を無視しすぎだ。

この本は、学説とか、学術論文とか、そんな定型的な思考の形をまねる気はない。自由に仮説をたて、自由に思考実験をする。だから、使う言葉も日常語だ。だが、タカミムスビがどうしたという、思いつきは置いておいて、しかし、『魏志』「倭人伝」で、わが「ミスター掖邪狗」は、特筆的な扱いを受けている。

◎正始四年の表現は、「倭王復遣使大夫伊聲耆《いせき》、掖邪狗《ややこ》等八人、……掖邪狗等壹拜率善中郎将印綬」だが、まず序列して「大夫伊聲耆、掖邪狗」と書かれるのに、つまり倭の大夫の最上位者は、書き順一番の伊聲耆なのに、爵位の授与では「掖邪狗等壹拜率善中郎将印綬」と、掖邪狗を第一の名前として出して、率善中郎將の爵位と印綬（銀印）授与を記述する。

◎内乱のあと壱与《いよ》が新女王となるが、「壱与《いよ》遣倭大夫率善中郎将掖邪狗《ややこ》等二十人」として、第一の名前として掖邪狗が出される。また、この文章の構文は、「景初二年六月、倭女王遣大夫難升米等詣郡」と同じだ。つまり、この時点で難升米《なずめ》と掖邪狗《ややこ》が「同格」になっている印象がある。

また、この時のことが「因詣臺」、「臺《だい》」に詣ったと書かれる。

「臺」は、天子の居所をさす。魏では曹操が建てた銅雀臺、金虎臺、冰井臺の三台が有名だが、「詣臺」の用例では、『三国志』の『魏志』「韓崔高孫王」に文例（帝怒甚、遂召柔詣臺）がある。二四九年、司馬懿はクーデターを起こし、魏の実権をすべて握るのだが、掖邪狗は、実権のない皇帝に会ったのだろう。

だが、単なる東夷からの使者が皇帝の宮殿に呼ばれるとは、おそらく破格の待遇の印象だ。宴席がもうけられ、大量の下賜品があったはずだ。

では、掖邪狗《ややこ》とは何者か。

正始四年、二四三年、倭の大夫《たいふ》の伊聲耆《いせき》、掖邪狗等八人が率善中郎将《とつぜんちゅうろうじょう》の爵位をもらうが、その時の最上位者は、書き順により伊聲耆《いせき》と推測される。そして、卑弥呼死後の内乱のあとで、掖邪狗が最大規模の使節団を率いて、魏の都に向かう。「倭人伝」は「率善中郎将」という公式の爵位をつけて、掖邪狗を表現する。

すると、八人の倭の大夫《たいふ》つまり率善中郎将たちが、つまり八人の「王」たちが、卑弥呼の死の前後に、抗争を起こしたと仮定する。卑弥呼死後の「男王《だんおう》」で「男弟《だんてい》」で伊都《いと》国王の「倭王《わ》」難升米《なずめ》は、敗死か逃亡した。伊聲耆《いせき》も負け組だろう。つまり、おそらく掖邪狗《ややこ》が、この権力闘争の勝利者なのだ。そして、おそらく新女王壱与《いよ》の後見人だ。

魏の王朝が、魏の異民族政策での想定外の失敗の結果、やむを得ず事後承認し、新しい倭国の権力者として、掖邪狗を認め、異民族懐柔策として、やむを得ず、しょうがないから、宮殿に招いて歓待したとすれば、『魏志』「倭人伝」は、すっきり読める。

司馬懿と難升米が

では、誰の失敗か。

おそらく、魏の東夷政策全般を仕切《しき》ったであろう、陳寿の仕《つか》える晋の皇帝の祖父、司馬懿《しばい》の失敗だ。そのため、陳寿には「魏志の筆法」が必要となったと考えれば、「倭人伝」の奇妙な文章の理由、必然性が、納得できる。

遼東半島の公孫《こうそん》氏の撃破、朝鮮半島への進出、倭の女王への親魏倭王号の授与と勢力圏への組み入れは、司馬懿の見事な功績なのに、仮説だが、おそらく魏の都まで来た難升米《なずめ》の話にのせられた。これは、『魏志』は採録しないが、『晋書』が記録する二四〇年正月の外夷の使節たちの参賀に列席（296頁参照）した時か。その「東倭」は、難升米等は、二三九年十二月に洛陽に来ているから、翌年正月の倭人（「東倭《とうわ》」）も、間違《まちが》いなく難升米等と考えるしかない。

だが、すでに二三九年十二月に、卑弥呼が「親魏倭王」に制詔《せいしょう》された後だが、当然に二四〇年正月も、つづけてヒアリングも、難升米と魏側の相互交渉もあっただろう。魏側に、倭国の王権の実際、国中において刺史《しし》の如《ごと》しであり、諸国を検察し畏憚《いたん》させる倭国政治の実態が説明されたのではないか。幽州刺史府や帯方郡からも、それを裏付ける報告があったのだろう。

そこで、どんな結論が出たのか、これは、よく分からない。

だが、一連の状況から見て、魏側は、難升米の言うままに王号交代を認め、つまり、実質の倭国の主権者は難升米だと認めた可能性が高い。だから、二四〇年以降は、魏の詔書は「女王《じょおう》」ではなく、「倭王《わおう》」つまり難升米《なずめ》に拝仮《はいか》される。魏の黄幢《こうどう》（魏の軍旗、大将旗）も、難升米に与えられた。そして、親魏倭王は、結果として密殺された。

だが逆に、倭国内乱が起こり、黄幢まで与えたのに、難升米は敗死か逃亡、反難升米の新権力者が出て、ふたたび魏の都にまで、とことこ朝貢《ちょうこう》に来た。

一連の状況を見ると、このようなストーリーが見える。これは探偵小説ではなく、数学《すうがく》だ。そう考えると、すっきり筋が通るし、でなければ、まるで辻褄《つじつま》が合わなくなる。

しかし、これでは、司馬懿《しばい》の立場からすれば、大計算違い、面目まるつぶれだ。そりゃ、洒落《しゃれ》にならない。倭人の難升米の口車《くちぐるま》に、簡単に乗せられて大失敗では、諸葛孔明《しょかつこうめい》と戦った名将軍、司馬懿の名が泣くというものだ。仕《つか》える皇帝の、祖父の名声に傷がつく。ヘタをうったのだ。

陳寿に、書けるはずがない。趙翼《ちょうよく》が『二十二史箚記《さつき》』で論じる「寿は司馬氏において最も多く廻《かい》護《ご》す」ということだ。ソンタク（忖度）するしかない。

そして、掖邪狗《ややこ》が魏の皇帝の「臺《だい》」つまり宮殿に詣《まい》ったという朝貢《ちょうこう》記事を最後に、『魏志』「倭人伝」は終わる。

冊封《さくほう》した国の王の交替があれば、あらためて金印紫綬《しじゅ》を授けるはずだが、何も触れられない。また、外夷の朝貢は、「景初二年六月、倭女王遣大夫難升米等詣郡」のように年月を記すべきだが、記されない。ただ貢納品《こうのうひん》の品目だけが残る。

朝貢の年月の記録があるのは、つぎは『晋書』帝紀三「世祖武帝」にある二六六年、泰始二年十一月の「倭人来りて方物を献ず」だ。この時期は、陳寿は晋の官僚であり、洛陽に来た倭人を、その目《め》で見《み》ているはずだ。陳寿は、リアル当事者なのだ。

極東動乱と辰王

前にも述べたが、『魏志』で「倭人伝」と「韓伝」は二卵性の双子だ。そこで、『魏志』「韓伝」

に目を転じると、極東アジア全体で、異常な出来事が、同時多発的に発生している。

この本では、詳しく紹介できないが、とくに294ページ以下の幽州刺史の積極的な朝鮮半島政策結果か、①現地勢力の軍事衝突が起こった。「倭人伝」にも出る帯方太守弓遵《きゅうじゅん》は、この馬韓《ばかん》との戦争で、戦死している。

だが、まったく同時期に、②倭国でも、卑弥呼の死と内乱《ないらん》が発生している。

ともに窓口は幽州刺史指揮下の帯方郡《たいほう》であり、①韓国の騒乱と②倭国の騒乱が底で連動《れんどう》していると見るか、見ないかは決めにくいが、私の結論から言えば、まったく同時期に前後して、倭国では卑弥呼が死に、韓国では、おそらく辰王《しんおう》が死んだ（滅《めっ》した・後論）。すると、二つの死が無関係とは、これは考えにくい。どうしても①②は一つのものと考えるべきだろう。

この本の読者は、みなさん、すでにネットを自由にお使いだろう。ネットで、魏志韓伝、魏志東夷伝、辰王、司馬懿《しばい》、毌丘倹《かんきゅうけん》、張華《ちょうか》、杜預《とよ》などその他、検索しながら、パソコンを横において、以下をお読みいただきたい。まず『魏志』「韓伝」、全漢文、さまざまな読み方がネットに掲載されている。

そして、辰王《しんおう》だ。

書けば限りが無いから、『魏志』「韓伝」の考証は省《はぶ》くが、例によって范曄《はんよう》『後漢書』の解読をもとに、それから逆算して『魏志』「韓伝」を読み直し、春秋学の手法に従い、《属辞比事《しょくじひじ》》あるいは

《事《こと》同じくして文《ぶん》異なる》つまり同一人物でも、あえて別表現で、表現を行間《ぎょうかん》散らすことで不都合な真実を記録する中国史書のへんな癖《くせ》に従い、文章を再整理してみた。

以下、「筆法」の演習のつもりで、読者も解《と》いていただきたい。

まず、ＰＣをネットにつなぎ、『魏志』『後漢書』の「韓《かん》伝」を表示させて頂きたい。

三韓の支配構造、とくに「辰王《しんおう》問題」だが、解答は、范曄《はんよう》の解読だ。『後漢書』「韓伝」は、

> 韓有三種、一曰馬韓、二曰辰韓、三曰弁辰。……皆古之辰国《しんこく》也。馬韓最大、共立其種為辰王、都目支国、盡《ことごとく》王三韓之地。其諸国王先皆是馬韓種人焉。

とする。「三韓は皆＝古《いにしえ》の辰国」と「辰王は、悉《ことごと》く三韓に地に王なり」だ。

問題は、『魏志』「韓伝」での辰王の支配と、魏とのかかわりが、どう書かれているか、何があったか、だ。しかし、一読しては、范曄のようには読めない。『魏志』は、「有三種、一曰馬韓、二曰辰韓、三曰弁韓。辰韓者、古之辰国也。」と書くのだ。

『魏志』は、「辰韓＝昔の辰国《しんこく》」とするのに、『後漢書』は「三韓全部＝昔の辰国《しんこく》」とする。さらに、三韓の国王の先祖は、皆これ「馬韓《ばかん》種人（血統）」だと解読している。では、わが范曄氏は『魏志』の、どこを、どう読んだか。

そして、『魏志』での王の系譜の記述は、

①韓は三種あり、第一は馬韓、第二は辰韓、第三は弁韓。辰韓とは、古《いにし》えの辰《しん》国である。

②辰王は月支国に治《ち》している。臣智《しんち》の或る者には優呼臣雲遣支報安邪踧支濆臣離児不例拘邪秦支廉の号が加えられる。その官に魏の率善邑君《そつぜんゆうくん》・帰義侯《きぎこう》・中郎将《ちゅうろうじょう》・都尉《とい》・伯長がある（つまり魏から印綬を受けた）。

③王の系統は、朝鮮侯の準《じゅん》は僭号《せんごう》して王を称した後、韓地に居住して自ら【韓《かん》王】を号した。

④その後裔《こうえい》は絶滅したが、今の韓人には、猶《な》おその祭祀《さいし》を奉じている【者】がいる。漢の時に楽浪郡に属《ぞく》し、四時《しじ》に朝謁《ちょうえつ》した。

史実記述は、以下の流れとなる。これも「属辞比事《しょくじひじ》」。

◎二四六年、幽州刺史毌丘倹《かんきゅうけん》、軍団を率いて高句麗に侵攻。王都の丸都《がんと》を陥《お》とす。部下の玄菟《げんと》郡太守の王頎《おうき》は逃亡する高句麗王を追撃し、朝鮮半島の東海岸にまで達する。

◎二四六年、楽浪太守の劉茂《りゅうも》と帯方太守の弓遵《きゅうじゅん》は、部隊を出動させて濊《わい》を伐《う》った。

◎二四六年、五月、濊貊《わいばく》の韓那奚《なけい》等の数十国がそれぞれ種族を率《ひき》いて降《くだ》った、と『魏志』「斉帝紀」にある。

◎二四六年頃、帯方郡部従事《ぶじゅうじ》の呉林《ごりん》は、楽浪郡が元《もと》は韓国を統御していたという理由で、辰韓八国を分割して楽浪郡に与えた。郡の官吏や通訳の言うことは変転（帯方郡の落ち度）して、臣智《しんち》（王）は「激」し、【韓《かん》】は「忿《いか》り」（つまり韓が正しく）、馬韓の勢力は帯方郡の崎離営《きりえい》を攻めた。当時の太守弓遵《きゅうじゅん》と楽浪太守劉茂《りゅうも》は兵を起こしてこれを伐った。弓遵は戦死したが、二郡は「遂《つい》」に【韓《かん》】を滅ぼした。

◎二四七年、弓遵戦死をうけて新任帯方太守に王頎《おうき》が着官した。王頎は倭国に張政等を派遣するが、卑弥呼が死し、男王が立つが、内乱《ないらん》が起こる。

つまり、韓国において、弁辰韓合わせて二十四国あったが、その十二国は【辰王《しんおう》】に属した。【辰王】は常に馬韓人がなった。世世、相継《つ》いだが、【辰王】は自《みずか》ら王となれなかった。帯方郡は、かつて辰韓の八国（辰王に属する十二国の八国）が楽浪郡に属していたとして取り上げようとしたが、臣智《しんち》（馬韓の王たち）は激し、【韓《かん》】の忿《いか》り（臣智激韓忿）を受け、帯方太守弓遵《きゅうじゅん》が戦死する紛争がおこった。しかし、「二郡遂滅韓《かん》」と書かれ、二郡は「遂《つい》」に【韓《かん》】を滅ぼしたと『魏志』は表現する。「遂《つい》」は、講談師なら張《は》り扇《せん》のパパーンである。この字がでたら、要注意。

『魏志』「韓伝」における辰王は、「倭人伝」における卑弥呼と同様、常に極めて曖昧《あいまい》な表現がされる。

わたしの范曄《はんよう》に従う解釈だが、『魏志』の「二郡遂滅韓」の【韓《かん》】は、【韓】が忿《いか》りであり、韓族全体の意味ではなく、特定の個人を指し、それが「忿《いか》り」それを「遂《つい》」に「滅《めっ》」したと解釈したほうが文脈と史実にあう。幽州刺史支配下の楽浪郡による辰韓の領土分割、辰王の支配圏侵害への【韓《かん》】の忿《いか》り＝正当な反撃。つまり魏側の非《ひ》だ。「遂《つい》」にだ。

結論的には、『魏志』「韓伝」原文の「二郡は、【遂《つい》】に、韓を滅した」の【韓《かん》】を、地方名ではなく、人物名であり、これを【辰王《しんおう》】と同一人物として読んだ時に、全文の意味が通じる。それは、例の《事《こと》、同じくして文は異《ことな》る》だ。

また、『後漢書』で范曄が、辰王は「盡王三韓之地」だと、「三韓の地の悉《ことごと》くに王なり」だと、ことさら派手派手しく強調する理由が通じる。第三章140ページの、「以北《いほく》」に対する「極南《きょくなん》」表現のように、派手派手しく「俺って、賢いだろ」は、実に范曄のキャラだ。ここでは、「悉《ことごと》く」だ。「倭人伝」に「夷洲《けんしゅう》と亶洲《たんしゅう》」の丸写し記事を入れて、「馬鹿に分かるかなあ」だろうが、面白い男だ。

要するに、魏と、辰王を支える馬韓勢力とで、辰韓の領土の支配をめぐって紛争が生じ、この時に「辰王《しんおう》」か、それを立てていた馬韓の政治勢力が、「遂《つい》」に、潰《つぶ》されたのだ。「遂《つい》」にだ。

それが二四六年、そして次の年、二四七年に、邪馬台国でも卑弥呼が死ぬ。魏《ぎ》側の担当者は、弓遵《きゅうじゅん》戦死をうけて着任した毌丘倹《かんきゅうけん》配下の武将、王頎《おうき》だ。同一人物だ。

この時期の韓国と倭国、魏とのパワーポリティクスについては、さまざまな想像が可能だが、魏側の帝国主義的支配の結果として、韓国と倭国で紛争、政変が起こったのだろう。はっきりしないが、同時期に、魏側の同じ人物、毌丘倹や王頎等がかかわって、倭国でも共立された女王卑弥呼が死んだように、韓国でも共立された「辰王《しんおう》」が、魏との紛争で、「遂《つい》」に「滅《めっ》した」のだ。

すると、倭国と韓国は、海峡をはさんで、緊密な交流・交易があったようだが、卑弥呼《ひみこ》と辰王《しんおう》の関係は、どうだったのか。卑弥呼の死の際は、殉葬《じゅんそう》という弥生時代には、一例もない扶余《ふよ》系、北方系の葬儀だったようだが。また馬韓と同じ木棺墓《もっかんぼ》（有棺無槨）だ。すると、墓制や宗教が似ており、卑弥呼と辰王は、血縁、親戚関係でもあったのか。だが、どちらも魏には、オジャマだったようだ。するると、何らかの関係を想定したほうが、理屈が合いやすいが。野心的な歴史研究者にとって、間違いなく、ここに「大鉱脈」がありますよ。ネタ提供、やってみなはれ。

そして、「倭人伝」が司馬《しば》氏がらみの記事であるように、「韓伝《かんでん》」も同様に東夷政策を仕切る司馬氏がらみの記事だ。正始年間（二四〇―二四九）の幽州刺史毌丘倹の朝鮮半島全域での作戦は、高句《こうく》麗《り》攻略を主目的とするものだが、一万人の兵力を動員し、また楽浪郡と帯方郡の部隊も動かして、東沃沮《よくそ》、濊《わい》、韓でも戦闘が生じていた。

これは、幽州刺史独断でできる規模ではない。独断で行ない、失敗したら処刑される。出先軍の独走ではなく、軍中央、つまり少年皇帝の後見人である太傅《たいふ》であり、侍中・持節・都督中外諸軍・録尚書事であり、東夷全般を管掌する司馬懿《しばい》の承認、あるいは命令の下で、兵力も増員を得て行なわれたと考えるべきだ。

だから、「韓伝」でも、すこし不都合な真実があり、陳寿としては、【韓《かん》】と【辰王《しんおう》】を使い分けるような、あえて曖昧な記述の必要があるとすれば、それは司馬懿《しばい》に関わる史実だからだ。

そして、韓国における王についてだが、魏が三韓と交渉をはじめたとき、さかんに爵位《しゃくい》をばらまいている。辰王《しんおう》関連では、『魏志』には、「其《そ》の官に魏率善邑君《ぎそつぜんゆうくん》・帰義侯《きぎこう》・中郎将《ちゅうろうじょう》・都尉《とい》・伯長が有り」とあるが、頭に「魏率善《ぎそつぜん》」と付くのだ。倭国でも難升米《なずめ》が「率善《そつぜん》中郎将」で銀印青綬だから、韓国の「魏率善《そつぜん》中郎将」も銀印青綬だろうし、それ以上は金印であろう。辰王も金印だろう。金印は、卑弥呼だけではないのだ。

この辰王《しんおう》の官の制度を見る限り、辰王は、どう考えても「親魏韓王《しんぎかんおう》」だ。その臣下に「魏率善中郎将」の爵位と銀印を与えて、その王に何もないとは、これは考えられない。起こり得ない。

私は、絶対に、そう思う。『魏志』が「二郡は、遂《つい》に【韓《かん》】を滅《めっ》した」と表現するからだ。「遂《つい》に」と書かれる。「遂《つい》に」だ。辰王が、卑弥呼と同様に、「親魏【韓《かん》】王」だと考えて、矛盾はない。というより、そう考えないと、とても辻褄《つじつま》が合わない。

また、この私の解釈は、范曄《はんよう》の、辰王は「三韓の地の悉《ことごと》くに王なり」との解釈とも、すっきり通じるはずだ。一応、「辰王親魏韓王」説を、この本のおまけとして出しておこう。私の連帯保証人は、范曄さんだ。担保は、辰王の官の、「魏率善帰義侯《ききこう》」「魏率善中郎将」「魏率善都尉《とい》」の存在だ。親魏倭《わ》王の官にも、「率善中郎将」「率善校尉《こうい》」の爵位が与えられているが、これは数学だ。数式を整理すれば、「辰王親魏韓王《しんぎかんおう》」説となる。

「倭人伝」にたまたま詔書が全文採録《さいろく》されたから「親魏倭王」という表現が残っただけだ。246ページの⑤⑥⑦⑧⑨の烏丸《うがん》大人、鮮卑《せんぴ》大人たちも金印だろう。その配下の渠帥《きょすい》(王)たちは銀印だろう。⑤で一個の金印と、八十余個の銀印がバラまかれている。金印は、そんな大袈裟《おおげさ》な話ではない。

また、魏《ぎ》に限らず、中国王朝の異民族政策は、つねに真っ先に王号を与え、権利を保障し、朝貢《ちょうこう》という形だが、交易の利益を与えるのが常道だ。

つまり魏は、当初は、現地勢力の既得権《きとくけん》を認めていた。王号、爵位を与えた。今日なら、これを国際条約という。あるいは、貿易協定という。

だが、司馬懿《しばい》指揮下の幽州刺史府は、その支配下の楽浪《らくろう》郡、帯方《たいほう》郡は、辰王《しんおう》に対して、それを大きく破った、としか考えられない。つまり、話をひっくり返して、王権の否定と、領土分割要求だ。それでは、激しい軍事紛争になるだろう。臣智《しんち》（馬韓の王たち）は激し、【韓《かん》】は忿《いか》り（臣智激韓忿）となる。最初は、卑弥呼《ひみこ》に親魏倭王の爵位を与えながら、話をひっくり返して、難升米《なずめ》を「倭王」と認めたようにだ。倭国でも「国中不服《ふふく》」であり、「相誅殺」しあい、千余人が死んだ。

つまりは、陳寿の仕《つか》える現皇帝の、偉大な全戦全勝の祖父は、倭《わ》国政策も失敗したが、韓《かん》国政策も、いささか隠すべき理由により、いささかまずいことを行ない、その結果、見事に失敗した、ということだ。

『魏志』「韓伝」において、とくに馬韓《ばかん》のみ、こきおろしが多い理由も、ここにあるのだろう。

陳寿の「時の難」とは

さて、とりあえず最終地点だが、まず根本的なスタートラインに戻りたい。それは、『魏志』「烏《う》丸鮮卑東夷伝《がんせんぴとうい》」の編纂目的は何か、ということだ。それは旅行ガイドでもないし、外国の面白い話でもない。また、編纂された成果物は「秘府」に蔵されて、一般人の眼に触れることはない。編纂目的は、243ページの『魏志』「烏丸鮮卑伝」序文のように、「以って四夷の変（兵乱）に備える」ことだ。第一目的は、軍事なのだ。これは軍用地誌なのだ。「秘府」の文書を読めるクラスの官僚、軍人にとって、卑弥呼《ひみこ》が女だろうと男だろうと、少女だろうが、おばさんだろうが、知ったことでは無いはずだ。それより、これら異民族の関係性、血縁関係、たとえば風俗、言語、葬式の仕方が知りたいはずだ。墓の様式などは、その血縁関係を、もろにしめす。彼らは、どんな同盟や動きをするか。軍を出動させた場合、これらの異民族は、どんな動きをするか。「以って四夷の変（兵乱）に備える」なのだ。それが、中国正史外国列伝の、根本目的だ。

そして陳寿の文章の秘密、『魏志』「東夷伝」の秘密を解く鍵は、その論賛《ろんさん》（列伝の末尾の著者のコメント）にある、と私は考えている。「使訳《しやく》は時《とき》に通じ、記述は事《こと》に随《したが》う、豈《あに》常ならん哉《や》」という言葉で、『魏志』「烏丸鮮卑東夷伝」は終わる。

だが、この構文は、陳寿の何代か後の著作郎であり詩人政治家であった陸機《りくき》（二六一―三〇三）の刑死するときの辞世が、「華亭の鶴の唳《さけ》び、豈復《ま》た聞く可《べ》けん乎《や》」であるように、否定の意味をもつdown-beatなものだ。つまり、陳寿「東夷伝」の論賛は、「私の記述は常《つね》（普通）ではない」とか「どうして常の記述であろうか」といった重苦しい屈折をするのであって、何か異常なものを読む者に感じさせる。

今までは、「使訳は時《とき》に通じ……」――つまり情報不足のため正確な記述が出来なかった弁解だと解釈されている。しかし二十五史を渉猟《しょうりょう》しても、表現者が自分の記述を論賛《ろんさん》において引っ繰り返し、否定してしまうという不可解な例はない。

そこで、正史が模範とした『史記』の外国列伝を開いてみると、司馬遷が「匈奴《きょうど》列伝」の終わり

に、

「孔子は春秋を著わし、隠公・桓公の時代のことは明白に記述しているが、定公・哀公の時代になると隠微に表現している。当代（同時代）のことに触れるので、褒貶《ほうへん》をあらわにすることを憚ったのである」

と書くのに気づく。『春秋公羊《くよう》伝』定公元年には「定・哀（を述べる経文には）微辞《びじ》多し……」とある。後漢の何休《かきゅう》の『春秋公羊解詁《くようかいこ》』は定公元年記事について、「孔子は同時代の君主を畏れ、また尊貴への言及を諱《い》み、慎重に迫害される危険を避けた」と注釈する。社預《とよ》の『春秋経伝集解《しっかい》』に、孔子が「隠し諱《い》みて以て患《わざわい》を辟《さ》く」とあるように、同時代の言論弾圧を避けるため、「其の文を微《び》にし、其の義《ぎ》を隠した」のだそうだ。

『漢書』「芸文志《げいもんし》」には「春秋の貶損《へんそん》する所の大人、当世の君臣の威権勢力あるもの、其の事実みな伝に形《あら》わる。是を以て其の書を隠して宣《ひろ》げず。時の難を免《まぬが》るる所以《ゆえん》なり」とある。「時《とき》の難《なん》」を避けた――つまり、ここに同時代史（三世異辞説・所見の世）の秘密を解く鍵がある。

「時《とき》の難《なん》」という言葉を知れば、陳寿論賛の「時《とき》」の言葉が、何やら意味を帯《お》びる。陳寿は「常ではない」と言うが、また、『春秋公羊伝』隠公十年に「内なる大悪は諱《い》む」とあるように、国家の犯罪は逆に記録されないケースも有る。

邪馬台国問題も、辰王《しんおう》国問題も、つまるところ、彼ら歴史家の、精神と方法論に辿《たど》り着く。

ただし、陳寿《ちんじゅ》は春秋公羊《くよう》学者ではあるが、また、晋王朝の禄《ろく》を食《は》む歴史編纂官僚（史臣《ししん》）でもある。著作郎は年俸六百石、それに年俸三百石の佐著作郎が八人つく。三百石の下には、もっと安いのが沢山いるはず。出世コースの、もっと上を狙える、かなりの偉いさんだ。だから、『史記』の司馬遷《しばせん》や『漢書』の班固《はんこ》のような純粋な歴史専門家、それに命をかける歴史オタクとは、キャラが違うし、今日的意味での歴史家でもない。

『三国志』も陳寿も、名著、名文家として全体評価は高いが、まあ、御用新聞社の社長くらいか。昇進すれば、場合によっては、刺史《しし》・将軍として出鎮《しゅつちん》（軍司令官として赴任）せねばならないポストで、その上のポストは皇帝の直属官、大臣級だ。陳寿は、晋《しん》王朝に仕えた敗戦国の蜀《しょく》人の中での、処世術をわきまえた、出世頭《がしら》の一人なのだ。それが『三国志』編纂《へんさん》官（史臣《ししん》）、わが陳寿氏の実際だ。

さて、この本は、ちゃんとした学術論文の形をとっていないし、そのような子供じみたことをする気もないが、読者は、この本の結論から、ともかく、もう一度『魏志』「倭人伝」を読み直されて、さて、どうだろうか、理屈の辻褄があうだろうか、矛盾点はないだろうか。

もし「イエス」なら、邪馬台国は九州北部三十国、弥生《やよい》三十大集落の総称であり、女王の出身国は博多、奴《な》国であり、なんとヒミコはナズメに殺された。だが「ノー」なら、まあ、それはそれで、別な切り口からご研究ください。

でも、「イエス」の方には、高祖山《たかす》の山頂散策をおすすめする。すると、トンデモナイことに気づくはずだ。まず、東の眼下には博多《はかた》の平野と湾《わん》が見える。西の眼下には糸島《いとじま》の平野。弥生時代の海水面は今よりずっと高く、また古代は糸島水道《すいどう》があり、210ページの図のように、イトとシマは水道で分離していたそうだが、北には岬《みさき》が見えて、その海の向こうは韓国だ。

この高い山（高千穂《たかちほ》・嶽《たけ》）は、福岡県（「筑紫《ちくし》」）にあり、「韓国に向かい」、遠くに岬《みさき》（「御前《みさき》」）が見えて、朝は東から「朝日が直刺《たださ》す」ところで、夕べは西から「夕日が日照《ひて》る」のだ。『古事記』のビジュアルな表現のとおりに、朝日と夕日の強い直射を受けるのだ。

では、すると、ひょっとすると三世紀、この高い山（高千穂《たかちほ》）をクシフルタケ（久士布流多気）と呼んだ可能性は、さて、あるか。山頂で、東西南北を見まわしながら、お考えください。

『古事記』には、つぎのような記事がある。ただの神話的な空想なのか、あるいは史実の痕跡《こんせき》なのかはともかく、武田祐吉氏（角川文庫版）の訳によれば、つぎのとおり。

かれここに天の日子番《ひこほ》の邇邇芸《ににぎ》の命《みこと》、天の石位《いはくら》を離れ、天の八重多那雲《やへたなぐも》を押し分けて、稜威《いつ》の道別《ち》き道別きて、天の浮橋に、浮きじまり、そりたたして、竺紫《つくし》の日向《ひむか》の高千穂の霊《く》じふる峰《たけ》に天降《あも》りましき。

＊　＊

ここに詔りたまはく、「此地《ここ》は韓国に向ひ笠紗《かささ》の御前《みさき》にま来通りて、朝日の直刺《たださ》す国、夕日の日照《ひて》る国なり。かれ此地《ここ》ぞいと吉き地《ところ》」と詔りたまひて、底つ石根に宮柱太しり、高天の原に氷椽《ひぎ》高しりてましましき。

つまり高天原《たかまがはら》、天孫降臨《てんそんこうりん》の物語である。そして、その地理的条件は、①筑紫《ちくし》にあり、②韓国《かんこく》に向かい、③海と岬《みさき》が見えて、④朝日《あさひ》と夕日《ゆうひ》がどちらからも強く直射《たださ》し、⑤高《たか》い山、である。福岡県の話だが、もし仮に、この高祖山《たかす》と考えて、指を一本ずつおると、五本の指がみんなおれるのだ。①から⑤を満《み》たす山は、福岡県（筑紫《ちくし》）には他にない。これはトンデモナイことだ。

読者も、一本ずつ、指をおっていただきたい。

この本は、春秋学の立場からの『魏志』解読をテーマとしていたが、最後で大脱線、逸脱したことになるのだろうか。いや、『古事記』に書かれた氏族神話が、コアとなる史実をちゃんと底にもっているのなら、『魏志』と綺麗に重なるのは、当然のことだ。この山なのだ。それは、この高《たか》千穂《ちほ》だ。『魏志』も『古事記』も、そう言っていたのだ。重なって、当たり前なのだ。『古事記』は、「底《そこ》つ石根《いわね》に宮柱太《ふと》しり、高天《たかあま》の原《はら》に氷椽高《ひぎたか》しりてましましき」と、「霊じふる峰《くたけ》」の宮殿を書く。『魏志』は、「宮室、楼観《たかどの》、城柵《じょうさく》、厳《おごそ》かに設け、常に人有り、兵を持《じ》して守衛す」と、女王の宮殿を書く。『古事記《こじき》』は、それを語り伝《つた》え、語り伝《つた》えたものであり、『魏志《ぎし》』は、そこに来《き》て、それを見《み》て、見《み》たものを文字《もじ》に記録したものなのだ。

『魏志』「倭人伝」

弁辰　倭人

倭人傳

倭人在帶方東南大海之中依山島爲國邑舊百
餘國漢時有朝見者今使譯所通三十國從郡至
倭循海岸水行歷韓國乍南乍東到其北岸狗邪
韓國七千餘里始度一海千餘里至對海國其大

倭人

官曰卑狗副曰卑奴母離所居絶島方可四百餘
里土地山險多深林道路如禽鹿徑有千餘戸無
良田食海物自活乗船南北市糴又南渡一海千
餘里名曰瀚海至一大國官亦曰卑狗副曰卑奴
母離方可三百里多竹木叢林有三千許家差有
田地耕田猶不足食亦南北市糴又渡一海千餘
里至末盧國有四千餘戸濵山海居草木茂盛行
不見前人好捕魚鰒水無深淺皆沈没取之東南
陸行五百里到伊都國官曰爾支副曰泄謨觚柄
渠觚有千餘戸世有王皆統屬女王國郡使往來

魏志三十　二十九

常所駐東南至奴國百里官曰兕馬觚副曰卑奴
母離有二萬餘戸東行至不彌國百里官曰多模
副曰卑奴母離有千餘家南至投馬國水行二十
日官曰彌彌副曰彌彌那利可五萬餘戸南至邪
馬壹國女王之所都水行十日陸行一月官有伊
支馬次曰彌馬升次曰彌馬獲支次曰奴佳鞮可
七萬餘戸自女王國以北其戸數道里可得略載
其餘旁國遠絶不可得詳次有斯馬國次有已百
支國次有伊邪國次有都支國次有彌奴國次有
好古都國次有不呼國次有姐奴國次有對蘇國

倭人

次有蘇奴國次有呼邑國次有華奴蘇奴國次有鬼國次有為吾國次有鬼奴國次有邪馬國次有躬臣國次有巴利國次有支惟國次有烏奴國次有奴國此女王境界所盡其南有狗奴國男子為王其官有狗古智卑狗不屬女王自郡至女王國萬二千餘里男子無大小皆黥面文身自古以來其使詣中國皆自稱大夫夏后少康之子封於會稽斷髮文身以避蛟龍之害今倭水人好沈沒捕魚蛤文身亦以厭大魚水禽後稍以為飾諸國文身各異或左或右或大或小尊卑有差計其道里

魏志三十　二十七

當在會稽東治之東其風俗不淫男子皆露紒以木緜招頭其衣橫幅但結束相連略無縫婦人被髮屈紒作衣如單被穿其中央貫頭衣之種禾稻紵麻蠶桑緝績出細紵縑緜其地無牛馬虎豹羊鵲兵用矛楯木弓木弓短下長上竹箭或鐵鏃或骨鏃所有無與儋耳朱崖同倭地溫暖冬夏食生菜皆徒跣有屋室父母兄弟臥息異處以朱丹塗其身體如中國用粉也食飲用籩豆手食其死有棺無槨封土作冢始死停喪十餘日當時不食肉喪主哭泣他人就歌舞飲酒已葬舉家詣水中澡

倭人

浴以如練沐其行來渡海詣中國恒使一人不梳頭不去蟣蝨衣服垢汚不食肉不近婦人如喪人名之為持衰若行者吉善共顧其生口財物若有疾病遭暴害便欲殺之謂其持衰不謹出真珠青玉其山有丹其木有柟杼豫樟楺櫪投橿烏號楓香其竹篠簳桃支有薑橘椒蘘荷不知以為滋味有獮猴黑雉其俗舉事行來有所云為輒灼骨而卜以占吉凶先告所卜其辭如令龜法視火坼占兆其會同坐起父子男女無別人性嗜酒（魏略曰其俗不知正歲四節但計春耕秋收為年紀）見大人所敬但搏手以當跪拜其

魏志三十　二十八

人壽考或百年或八九十年其俗國大人皆四五婦下戶或二三婦婦人不淫不妒忌不盜竊少諍訟其犯法輕者沒其妻子重者沒其門戶及宗族尊卑各有差序足相臣服收租賦有邸閣國國有市交易有無使大倭監之自女王國以北特置一大率檢察諸國畏憚之常治伊都國於國中有如刺史王遣使詣京都帶方郡諸韓國及郡使倭國皆臨津搜露傳送文書賜遺之物詣女王不得差錯下戶與大人相逢道路逡巡入草傳辭說事或蹲或跪兩手據地為之恭敬對應聲曰噫比如然諾

其國本亦以男子爲王住七八十年倭國亂相攻伐歷年乃共立一女子爲王名曰卑彌呼事鬼道能惑衆年已長大無夫婿有男弟佐治國自爲王以來少有見者以婢千人自侍唯有男子一人給飲食傳辭出入居處宮室樓觀城柵嚴設常有人持兵守衛女王國東渡海千餘里復有國皆倭種又有侏儒國在其南人長三四尺去女王四千餘里又有裸國黒齒國復在其東南船行一年可至參問倭地絶在海中洲島之上或絶或連周旋可五千餘里景初二年六月倭女王遣大夫難升米

等詣郡求詣天子朝獻太守劉夏遣吏將送詣京都其年十二月詔書報倭女王曰制詔親魏倭王卑彌呼帶方太守劉夏遣使送汝大夫難升米次使都市牛利奉汝所獻男生口四人女生口六人班布二匹二丈以到汝所在踰遠乃遣使貢獻是汝之忠孝我甚哀汝今以汝爲親魏倭王假金印紫綬裝封付帶方太守假授汝其綏撫種人勉爲孝順汝來使難升米牛利渉遠道路勤勞今以難升米爲率善中郎將牛利爲率善校尉假銀印青綬引見勞賜遣還今以絳地交龍錦五匹（臣松之以爲地應爲綈漢文帝著皁衣謂之弋綈是也此字不體非魏朝之失則傳寫者誤也）絳地縐粟罽十張蒨絳五十匹紺青五十匹荅汝所獻貢直又特賜汝紺地句文錦三匹細班華罽五張白絹五十匹金八兩五尺刀二口銅鏡百枚眞珠鉛丹各五十斤皆裝封付難升米牛利還到録受悉可以示汝國中人使知國家哀汝故鄭重賜汝好物也正始元年太守弓遵遣建中校尉梯儁等奉詔書印綬詣倭國拜假倭王幷齎詔賜金帛錦罽刀鏡采物倭王因使上表荅謝詔恩其四年倭王復遣使大夫伊聲耆掖邪狗等八人上獻生口倭錦絳青

縑緜衣帛布丹木犾短弓矢掖邪狗等壹拜率善中郎將印綬其六年詔賜倭難升米黄幢付郡假授其八年太守王頎到官倭女王卑彌呼與狗奴國男王卑彌弓呼素不和遣倭載斯烏越等詣郡説相攻撃状遣塞曹掾史張政等因齎詔書黄幢拜假難升米爲檄告喩之卑彌呼以死大作冢徑百餘歩徇葬者奴婢百餘人更立男王國中不服更相誅殺當時殺千餘人復立卑彌呼宗女壹與年十三爲王國中遂定政等以檄告喩壹與壹與遣倭大夫率善中郎將掖邪狗等二十人送政等

還因詣臺獻上男女生口三十人貢白珠五千孔
青大句珠二枚異文雜錦二十匹
評曰史漢著朝鮮兩越東京撰錄西羌魏世匈奴
遂衰更有烏丸鮮卑爰及東夷使譯時通記述隨
事豈常也哉 魏略西戎傳曰氐人有王所從來久矣自漢開益州置武都郡排其種人分竄山
谷間或在福祿或在汧隴左右其種非一稱槃瓠之後或號
青氐或號白氐或號蚺氐此蓋蟲之類而處中國人即其服
色而名之也其自相號曰盍稚各有王侯多受中國封拜近
去建安中興國氐王阿貴白項氐王千萬各有部落萬餘至
十六年從馬超爲亂超破之後阿貴爲夏侯淵所攻滅千萬
西南入蜀其部落不能去皆降國家分徙其前後兩端者置
扶風美陽今之安夷撫夷二部護軍所典是也其太守善分
留天水南安界今之廣平魏郡所守是也其俗語不與中國
同及羌雜胡同各自有姓姓如中國之姓矣其衣服尚青絳
俗能織布善田種畜養豕牛馬驢騾其婦人嫁時著衽露其

魏志三十　卅一

緣飾之制有似羌衽露有似中國袍皆編髮多知中國語由
與中國錯居故也其自還種落間則自氐語其嫁娶有似於
羌此蓋乃昔所謂西戎在於街冀豲道者也今雖都統於郡
國然故自有王侯在其虛落間又故武都地陰平街左右亦
有萬餘落貲虜本匈奴也匈奴名奴婢爲貲始建武時匈奴
衰分去其奴婢亡匿在金城武威酒泉北黑水西河東西畜
牧逐水草抄盜涼州部落稍多有數萬不與東部鮮卑同
也其種非一有大胡有丁令或頗有羌雜處由本亡奴婢故
也當漢魏之際其大人有檀柘死後其枝大人南近在廣魏
令居界有禿瑰來數反爲涼州所殺今有劭提或降來或遁
去常爲西州道路患也 燉煌西域之南山中從婼羌西至
葱領數千里有月氏餘種葱茈羌白馬黃牛羌各有酋豪北
與諸國接不知其道里廣狹傳聞黃牛羌各有種類孕身六
月生南與白馬羌鄰西域諸國漢初開其道時有三十六後
分爲五十餘從建武已來更相吞滅於今有二十道從燉煌
玉門關入西域前有二道今有三道從玉門關西出經婼羌
轉西越葱領經縣度入大月氏爲南道從玉門關西出發都
護井回三隴沙北頭經居盧倉從沙西井轉西北過龍堆到
故樓蘭轉西詣龜茲至葱領爲中道從玉門關西北出經橫
坑辟三隴沙及龍堆出五船北到車師界戊己校尉所治高

昌轉西與中道合龜茲爲新道凡西域所出有前史已具詳
今故略說南道西行且志國小宛國精絕國樓蘭國皆并屬
鄯善也戎盧國扜彌國渠勒國皮穴國皆并屬于寘罽賓國
大夏國高附國天竺國皆并屬大月氏 臨兒國浮屠經云
其國王生浮屠浮屠太子也父曰屑頭邪母云莫邪浮屠身
服色黃髮青如青絲乳青毛蛉赤如銅始莫邪夢白象而孕及
生從母左脅出生而有結髮墮地能行七步此國在天竺城中
天竺又有神人名沙律昔漢哀帝元壽元年博士弟子景盧
受大月氏王使伊存口受浮屠經曰復立者其人也浮屠所
載臨蒲塞桑門伯聞疏問白疏間比丘晨門皆弟子號也浮
屠所載與中國老子經相出入蓋以爲老子西出關過西域
之天竺教胡浮屠屬弟子別號合有二十九不能詳載故略
之如此 車離國一名禮惟特一名沛隸王在天竺東南三
千餘里其地卑溼暑熱其王治沙奇城有別城數十人民怯
弱月氏天竺擊服之其地東西南北數千里人民男女皆長
一丈八尺乘象橐駝以戰今月氏役稅之 盤越國一名漢越
王在天竺東南數千里與益部相近其人小與中國人等蜀
人賈似至焉南道而西極轉東南盡矣中道西行尉犁國危
須國山王國皆并屬焉耆溫宿國姑墨國尉頭国皆并屬龜
茲也楨中國莎車國竭石国渠沙國西夜國依耐國蒲犁国

魏志三十　卅二

億若國楡令國捐毒國休脩國琴國皆并屬疏勒自是以西
大宛安息條支烏弋烏弋一名排特此四國次在西本國也無
增損前世謬以爲條支在大秦西今其實在東前世又謬以
爲彊於安息今更役屬之號爲安息西界前世又謬以爲弱
水在條支西今弱水在大秦西前世又謬以爲從條支西行
二百餘日近日所入今從大秦西近日所入大秦國一號犁
靬在安息條支西大海之西從安息界安谷城乘船直截海
西遇風利二月到風遲或一歲無風或三歲其國在海西故
俗謂之海西有河出其國西又有大海海西有遲散城從国
下直北至烏丹城西南又渡一河乘船一日乃過西南又渡
一河一日乃過凡有大都三郡從安谷城陸道直北行之海
北復直西行之海西復直南行經之烏遲散城渡一河乘船
一日乃過周回繞海凡當渡大海六日乃到其國國有小城
邑合四百餘東西南北數千里其王治濱側河海以石爲城
郭其土地有松柏槐梓竹葦楊柳胡桐百草民俗田種五穀
畜乘有馬騾驢駱駝桑蠶俗多奇幻口中出火自縛自解跳
十二丸巧妙其國無常主國中有災異輒更立賢人以爲王
而生放其故王王亦不敢怨其俗人長大平正似中國人而
胡服自云本中國一別也常欲通使於中國而安息圖其利
不能得過其俗能胡書其制度公私宮室爲重屋旌旗擊鼓

白蓋小車郵驛亭置如中國從安息繞海北到其國人民相
屬十里一亭三十里一置終無盜賊但有猛虎師子為害行
道不羣則不得過其國置小王數十其王所治城周回百餘
里有官曹文書王有五宮一宮間相去十里其王平旦之一
宮聽事至日暮一宿明日復至一宮五日一周置三十六將
每議事一將不至則不議也王出行常使從人持一韋囊自
隨有白言者受其辭投囊中還宮乃省為決理以水精作宮
柱及器物作弓矢其別枝封小國曰澤散王曰驢分王曰且
蘭王曰賢督王曰汜復王曰于羅王其餘小王國甚多不能
一一詳之也國出細絺作金銀錢金錢一當銀十有織成細布言
用水羊毳名曰海西布此國六畜皆出水或云非獨用羊毛
也亦用木皮或野繭絲作織成氍毹毾㲪罽帳之屬皆好其
色又鮮於海東諸國所作也又常利得中國絲解以為胡綾
故數與安息諸國交市於海中海水苦不可食故往來者希
到其國中山出九色次玉石一曰青二曰赤三曰黃四曰白
五曰黑六曰綠七曰紫八曰紅九曰紺今伊吾山中有九色
石即其類陽嘉三年時疏勒王臣槃獻海西青石金帶各一
又今西域舊圖云罽賓條支諸國出琦石即次玉石也大秦
多金銀銅鐵鉛錫神龜白馬朱髦駭雞犀瑇瑁玄熊赤螭辟
毒鼠大貝車渠馬腦南金翠爵羽翮象牙符采玉明月珠夜

魏志三十　二十三

光珠真白珠虎魄珊瑚赤白黑綠黃青紺縹紅紫十種流離璆
琳琅玕水精玫瑰雄黃雌黃碧五色玉黃白黑綠紫紅絳紺
金黃縹留黃十種氍毹五色毾㲪五色九色首下毾㲪金縷
繡雜色綾金塗布緋持布發陸布緋持渠布火浣布阿羅得
布巴則布度代布溫宿布五色桃布絳地金織帳五色斗帳
一微木二蘇合狄提迷迷兜納白附子薰陸鬱金芸膠薰草
木十二種香大秦道既從海北陸通又循海而南與交趾七
郡外夷比又有水道通益州永昌故永昌出異物前世但論
有水道不知有陸道今其略如此其民人戶數不能備詳也
自葱領西此國最大置諸小王甚多故錄其屬大者矣　澤散
王屬大秦其治在海中央北至驢分水行半歲風疾時一月
到最與安息安谷城相近西南詣大秦都不知里數驢分王
屬大秦其治去大秦都二千里從驢分城西之大秦渡海飛
橋長二百三十里渡海道西南行繞海直西行且蘭王屬大
秦從思陶國直南渡河乃直西行之且蘭三千里道出河南
乃西行從且蘭復直西行之汜復國六百里南道會汜復乃
西南之賢督國且蘭汜復直南乃有積石積石南乃有大海
出珊瑚真珠且蘭汜復斯賓阿蠻北有一山東西行大秦海
東東各有一山皆南北行賢督王屬大秦其治東北去汜復
六百里汜復王屬大秦其治東北去於羅三百四十里渡海

也於羅屬大秦其治在汜復東北渡河從於羅東北又渡河
斯羅東北又渡河斯羅國屬安息與大秦接也大秦西有海
水海水西有河水河水西南北行有大山西有赤水赤水西
有白玉山白玉山有西王母西王母西有脩流沙流沙西
有大夏國堅沙國屬繇國月氏國四國西有黑水所傳聞西
之極矣　北新道西行至東且彌國西且彌國單桓國畢陸
國蒲陸國烏貪國皆并屬車師後部王王治于賴城魏賜其
王壹多雜守魏侍中號大都尉受魏王印轉西北則烏孫康
居本國無增損也北烏伊別國在康居北又有柳國又有巖
國又有奄蔡國一名阿蘭皆與康居同俗西與大秦東南與
康居接其國多名貂畜牧逐水草臨大澤故時羈屬康居今
不屬也呼得國在葱領北烏孫西北康居東北勝兵萬餘人
隨畜牧出好馬有貂堅昆國在康居西北勝兵三萬人隨畜
牧亦多貂有好馬　丁令國在康居北勝兵六萬人隨畜牧
出名鼠皮白昆子青昆子皮此上三國堅昆中央俱去匈奴
單于庭安習水七千里南去車師六國五千里西南去康居
界三千里西去康居王治八千里或以為此丁令即匈奴北
丁令也而北丁令在烏孫西似其種別也又匈奴北有渾窳
國有屈射國有丁令國有隔昆國有新梨國明北海之南自
復有丁令非此烏孫之西丁令也烏孫長老言北丁令有馬

卅四

脛國其人音聲似鴈鶩從膝以上身頭人也膝以下生毛馬
脛馬蹄不騎馬而走疾馬其為人勇健敢戰也短人國在康
居西北男女皆長三尺人衆甚多去奄蔡諸國甚遠康居長
老傳聞常有商度此國去康居可萬餘里　魚豢議曰俗以
為營廷之魚不知江海之大浮游之物不知四時之氣是何
也以其所在者小與其生之短也余今汜覽外夷大秦諸國
猶尚曠若發蒙矣況夫鄒衍之所推出大易太玄之所測度
乎徒限處牛蹄之涔又無彭祖之年無緣託景風以迅遊載
騕褭以遐觀但勞眺乎
三辰而飛思乎八荒耳

『後漢書』「倭伝」

倭在韓東南大海中依山島爲居凡百餘

國自武帝滅朝鮮使驛通於漢者三十許國國皆稱王世世傳統其大倭王居邪馬臺國案今名邪摩惟音之訛也樂浪郡徼去其國萬二千里去其西北界拘邪韓國七千餘里其地大較在會稽東冶之東與朱崖儋耳相近故其法俗多同土宜禾稻麻紵蠶桑知織績爲縑布出白珠青玉其山有丹土氣溫腝冬夏生菜茹無牛馬虎豹羊鵲鵲或作䧿其兵有矛楯木弓竹矢或以骨爲鏃男子皆

三貢　後漢列傳七十五　十七　徐仁

黥面文身以其文左右大小別尊卑之差其男衣皆橫幅結束相連女人被髮屈紒衣如單被貫頭而著之並以丹朱坋身說文曰坋塵也音蒲頓反如中國之用粉也有城柵屋室父母兄弟異處唯會同男女無別飲食以手而用籩豆俗皆徒跣以蹲踞爲恭敬人性嗜酒多壽考至百餘歲者甚衆國多女子大人皆有四五妻其餘或兩或三女人不淫不妒又俗不盜竊少爭訟犯法者沒其

妻子重者滅其門族其死停喪十餘日家人哭泣不進酒食而等類就歌舞爲樂灼骨以卜用決吉凶行來度海令一人不櫛沐不食肉不近婦人名曰持衰若在塗吉利則雇以財物如病疾遭害以爲持衰不謹便共殺之建武中元二年倭奴國奉貢朝賀使人自稱大夫倭國之極南界也光武賜以印綬安帝永初元年倭國王帥升等獻生口百六十人願請見桓靈閒倭國

大亂更相攻伐歷年無主有一女子名曰卑彌呼年長不嫁事鬼神道能以妖惑衆於是共立爲王侍婢千人少有見者唯有男子一人給飲食傳辭語居處宮室樓觀城柵皆持兵守衛法俗嚴峻自女王國東度海千餘里至拘奴國雖皆倭種而不屬女王自女王國南四千餘里至朱儒國人長三四尺自朱儒東南行船一年至裸國黑齒國使驛所傳極於此矣會稽海外有

東鯷人（鯷音達奚反）分爲二十餘國又有夷洲及澶洲傳言秦始皇遣方士徐福將童男女數千人入海（事見史記）求蓬萊神仙不得徐福畏誅不敢還遂止此洲世世相承有數萬家人民時至會稽市會稽東冶縣人有入海行遭風流移至澶洲者所在絕遠不可往來（沈瑩臨海水土志曰夷洲在臨海東南去郡二千里土地無霜雪草木不死四面是山谿人皆髡髮穿耳女人不穿耳土地饒沃既生五穀又多魚肉有犬尾短如麕尾狀此夷舅姑子婦卧息共一大牀略不相避地有銅鐵唯用鹿格爲矛以戰鬪摩礪青石以作弓矢取生魚肉雜貯大瓦器中以鹽鹵之歷月所日乃啖食之以爲上肴也）

『晋書』「倭人伝」

倭人在帶方東南大海中依山島爲國地多山林无良田食海
物舊有百餘小國相接至魏時有三十國通好户有七萬男子
无大小悉黥面文身自謂太伯之後又言上古使詣中國皆自
稱大夫昔夏少康之子封于會稽斷髮文身以避蛟龍之害今
倭人好沉没取魚亦文身以厭水禽計其道里當會稽東冶
之東其男子衣以横幅但結束相連略无縫綴婦人衣如單被
穿其中央以貫頭而被髮徒跣其地温暖俗種禾稻紵麻而
蠶桑織績土无牛馬有刀楯弓箭以鐵爲鏃有屋宇父母兄弟
卧息異處食飲用俎豆嫁娶不持錢帛以衣迎之死有棺无椁
封土爲冢初喪哭泣不食肉已葬舉家入水澡浴自潔以除不
祥其舉大事輙灼骨以占吉凶不知正歳四節但計秋收之時
以爲年紀人多壽百年或八九十國多婦女不淫不妬无爭訟
犯輕罪者没其妻孥重者族滅其家舊以男子爲主漢末倭
人亂攻伐不定乃立女子爲王名曰卑彌呼宣帝之平公孫氏
也其女王遣使至帶方朝見其後貢聘不絶及文帝作相又
數至泰始初遣使重譯入貢

[編・著者紹介]

孫栄健（そん・えいけん）

著書に『日本渤海交渉史』（彩流社）『「魏志」東夷伝への一構想』（大和書房）『邪馬台国の全解決』（六興出版）『朝鮮戦争』（総和社）『胡媚児』（ベネッセ）『塩の柱』（批評社）『言語のくびき』（影書房）『領域を超えて』（新幹社）『古代中国数学「九章算術」を楽しむ本』『特高と國體の下で』（以上言視舎）
『Windowsの基本の基本』『はじめてのVisual Basic』『一夜づけのOutlook』（以上明日香出版社）『消費者金融業界』（日本実業出版社）ほかがある。

装丁………山田英春
DTP制作………勝澤節子
編集協力………富永虔一郎、田中はるか

【決定版】
邪馬台国の全解決
中国「正史」がすべてを解いていた

発行日❖2018年2月15日　初版第1刷

著者
孫栄健

発行者
杉山尚次

発行所
株式会社言視舎
東京都千代田区富士見2-2-2 〒102-0071
電話 03-3234-5997　FAX 03-3234-5957
http://www.s-pn.jp/

印刷・製本
モリモト印刷㈱

ISBN978-4-86565-114-0 C0021